어둠 속의 코끼리,
팍스 아메리카나

Escape from Empire
by Alice H. Amsden
Original copyright ⓒ 2007 Massachusetts Institute of Technology
Korean translation copyright ⓒ 2008 Motivebook
This Korean edition was arranged with MIT Press, USA
through Best Literary & Rights Agency, Korea
All rights reserved.

이 책의 한국어판 저작권은 베스트 에이전시를 통한 원저작권사와의 독점 계약으로
도서출판 모티브북이 소유합니다.
저작권법에 의해 한국 내에서 보호를 받는 저작물이므로 무단 전재와 무단 복제를 금합니다.

Escape from Empire

어둠 속의 코끼리,
팍스 아메리카나

미국의 대외 경제정책, 전세계를 위기에 빠뜨리다

엘리스 암스덴 지음 | 김종돈 옮김

서문

이 책은 자유방임주의라는 매우 어려운 문제를 다루고 있다. 자유시장의 개념과는 달리 자유방임주의는 개발도상국의 경제에 있어 매우 중요한 의미를 지닌다. 자유란 개발 경제의 후발주자들이 새로운 준비를 하는 것과 마찬가지로, 거대 권력이 개발도상국들에게 자체적인 경제 개발 과정을 스스로 결정하고 시장과 국가의 개입을 선택하도록 허용할 때만이 가능한 것이다.

미국의 대외경제 정책에 대한 논쟁은 대부분 분노로 끝나기 마련이다. 이 주제만큼 격분된 반응을 불러일으키는 논쟁도 드물다. 따라서 이 책의 초고를 읽으며 분노의 감정을 품었을지도 모르는 전문가들께 특별히 감사의 마음을 전한다. 잭 웰치Jack Welch가 제너럴 일렉트릭을 경영할 당시의 제2인자였던 로니 에델하이트Lonnie Edelheit는 매우 중요한 비판을 해 주었다. 하버드 법학대학원의 비판적 법학 연구를 처음으로 시작했던 던컨 케네디Duncan Kennedy 역시 의미 있는 조언을 해 주었다. 대부분의 초고 검토자들은 다양한 방식으로 이 책에 대한 관심을 보였다. 이미 뜨거운 감자는 꺼내졌고, 다만 여러 사람들의 입맛을 만족시켜 줄 수 있기를 바랄 뿐이다.

차례

▸▸▸ **서문** 005

1 천국은 기다려주지 않는다
경계의 눈빛 009 | 통계 015 | 천국의 속임수 023 | 탈사회적 실험 026 | 악의 근원 028 | 초대형 공격 030 | 민주주의 033 | 총, 세균, 강철 037

2 태양이 지지 않는 곳에 임금은 오르지 않는다
실마리를 찾아서 038 | 국내 문제 041 | 불로소득 046 | 재벌 050
영농 혁명 056 | 새로운 길 060

3 천국과 지구를 맞바꾸다
새로운 변화 062 | 변화의 조짐 064 | 유연성을 위한 투쟁 067 | 날카로운 눈빛 070 | 어리석음이 낳은 비극 072 | 회담 076 | 반향 081

4 족쇄 원조
진정한 원조 084 | 돈으로 살 수 없는 것들 086 | 매듭 091 | 농업 지원 092
군사 원조 099 | 실패한 실험 106

5 신들의 선물
그대 자신을 알라 108 | 창조의 선물 110 | 퇴보 114 | 천국의 작업 117 | 소득 증대 품목 119 | 취업의 기쁨 124 | 법칙은 변화한다 127

6 새로운 희망

기준 정비 129 | 알렉산드리아 도서관 131 | 위대한 어머니 135 | 세상에 공짜는 없다 139 | 감시 시스템 146 | 자유주의 사상가들의 몰락 148

7 디엔 비엔 푸 : 지식은 영원하다

공장과 최전선이 정보를 공유하다 149 | 하루 20센트 150 | 학습의 문화 156 | 석유 이야기 159 | 고통과 교훈 165

8 밀짚 바구니는 이제 그만

부유함의 의미 167 | 시가 자본주의 169 | 무지는 은총이 아니다 171 | 죽은 자를 되살리다 174 | 두뇌 혹은 지구력? 181

9 미국의 이데올로기

아이디어에서 이데올로기로 183 | 도망갈 곳이 없다 185 | 이디 아민 이해하기 189 | 변동이 가장 큰 비용 192 | 해방 195

10 악마가 모든 것을 장악하다

혼자보다는 둘이 낫다 197 | 소득의 평등 200 | 록펠러 204 | 독립의 유산 209 | 부자에서 가난한 삶으로의 추락 212

11 위대한 후발 주자들

권력 215 | 천국이 자유방임주의에 대해 배우다 219 | 거대한 중국과 더욱 방대한 아시아 222 | 천국은 고집불통을 싫어한다 229 | 위대한 결말 : 탐정의 재등장 232

▶▶▶ **참고문헌** 237
▶▶▶ **찾아보기** 248

1
천국은 기다려주지 않는다

땅 위에 거대한 거인들이 살았다.
_창세기 6장 4절

경계의 눈빛

　미 제국은 솔로몬이나 알렉산더 대왕이 점령했던 지역보다 훨씬 광활한 영토를 2차 세계대전이 끝나고 반세기가 지나는 동안 두 번의 시기에 걸쳐 장악했다. 첫 번째 미 제국의 출발은 작은 보트로 비유되지만, 두 번째 시기에는 호화 유람선을 띄운 것과 같았다. 첫 번째 시기의 성장과 번영은 천국에서 내려진 은총처럼 보였다. 그러나 두 번째 시기에는 불평등과 경기침체가 지옥의 불길처럼 전세계를 휩쓸었다. 미 제국주의의 성장과 쇠퇴를 어떻게 규정하든지 간에 그것을 흑백논리로 나눌 수 없으며, 놀라운 변화를 겪어 온 것이 사실이다. 게다가 중국과 인도처럼 현재 고공행진을 펼치고 있는 새로운 경제

대국들은 이 지구상의 생존 방식을 급격히 변화시키게 될 것이다.

1950년부터 1980년에 이르는 첫 번째 미 제국의 시기 동안 세계는 경제적인 전성기를 누렸다. 특히 아프리카나 중동 지역의 개발도상국들은 전무후무할 정도의 높은 경제 성장률을 기록했다. 국가 전체의 소득과 개인의 소득은 식민지 시대의 역사를 통틀어 그 어느 시기보다 놀라운 증가를 보였다. 첫 번째 미 제국 시기는 이러한 성장에 대한 공로를 인정받기에 충분하다.

하지만 그 후로 30년이 지나는 동안 마치 천둥번개가 몰아치듯이 새로운 변화의 시기가 찾아 왔다. 베트남 전쟁, 석유 파동, 월스트리트Wall Street의 신용 하락과 같은 사건들로 인해 전성기는 종말을 맞이한다. 1970년대가 지나자 모든 뉴스는 최악의 소식들을 전하며 프랭클린 루즈벨트Franklin Roosevelt로부터 리처드 닉슨Richard Nixon에 이르던 용감무쌍한 번영에 종지부를 찍게 된다. 1980년 로널드 레이건Ronald Reagan이 집권을 하면서 미국의 두 번째 제국의 시기가 시작된다. 부채 위기가 후진국을 강타했고, 그 후로 25년이 흐른 뒤에도 두 번째 미 제국의 전통적인 처방은 효력을 잃고 만다. 이제 천국은 서서히 지옥으로 바뀌고 있었다. 전성기에 어둠의 그림자가 드리워진 것이다. 영향력 있는 사람들은 가능한 모든 논쟁을 벌이기 시작했지만 결말 없이 끝났고, 지식인들은 성장에 대해 침묵으로 일관하며 관심을 접기 시작했다. 아시아 국가들 가운데 극히 일부만이 세계적인 수준의 기술적 진전을 달성하고 있었다.

하나의 제국이 자신이 구가하는 사상들에 대한 윤리적인 책임과는 관계없이 번영을 이룰 때에는 성장이 지속된다. 두 번째 미 제국 시대 역시 번영을 이루기는 했지만, 미국 국민들은 그렇지 못했으며

'세계화'라는 무서운 도전에 노출되고 만다.

각 민족은 역사의 흐름 속에서 전진과 퇴보를 반복하기 때문에 제3세계의 경제적 성장과 파산 역시 일반적으로 그 사회의 문화적 결과로 설명된다. 공자孔子가 근면한 노동을 신성시했기 때문에 아시아의 성장이 유교의 덕이라고 믿는 사람들이 많았다. 하지만 아시아가 항상 고성장을 이룬 것도 아니며, 1950년대에는 성장이 지체되자 유교가 근본적으로 상업을 무시했다는 이유로 비난의 대상이 되기도 했다. 문화가 바뀌지 않는 상태에서 성장률이 높게 나타나면 문화는 성장을 결정하는 요소로 평가받지 못하게 된다. 문화가 중요한 척도로 평가받기 위해서는 반대의 논쟁들도 고려해야 한다. 어떤 미국인은 "아무도 우리를 좋아하지 않는다."라고 말한다. 그러나 다른 미국 인은 이렇게 말한다. "모두가 우리처럼 되고자 하기 때문에 우리를 좋아하게 되어 있다." 문화란 신념, 행동양식, 조직, 정책 등의 총합이며 반체제 문화는 그 반대의 개념들의 총체이다.

미 제국의 문화와 반체제 문화는 개발도상국들에게 강렬한 인상을 심어주었고, 미국의 권력에 의한 문화적 장악력이 세계를 지배하게 되었다. 2차 세계대전 이후 미국의 1인당 국민소득과 제3세계의 1인당 국민소득은 크게 벌어지기 시작해서 4 대 1이나 5 대 1이 되었고, 심지어는 40 대 1이 되는 경우도 있었다. 소득의 격차가 커지면 커질수록 미 제국의 영향력은 더 넓은 영역에까지 미쳤다. 때로는 그 영향이 개발도상국들에게 긍정적인 영향을 미치기도 했지만 재앙을 불러일으킨 적도 있다.

1929년부터 1980년까지 민주당이나 공화당 출신의 대통령을 통틀어 미국의 반체제 문화는 지식, 독창성, 실험정신이라는 세 가지의 중요한 덕목 위에 구축되었다. 그것을 기반으로 시장과 국가라는 개발의 두 가지 축이 양립했다. 미국의 대외 경제 정책마저도 이 사이에서 균형을 잡으며 가장 최상위에 존재했다.

미국의 이단적 사고는 굿윈D. K. Goodwin이 루즈벨트 가에 대해 쓴 《특별한 시대: 프랭클린과 루즈벨트: 2차 세계대전의 국내 전선*No Ordinary Time: Franklin and Eleanor Roosevelt: The Home Front in World War II*》이라는 책으로부터 그 역사적 기원을 찾아볼 수 있다. 그는 책에서 대공황 시기에 자유 기업이 제 역할을 하지 못함으로써 경제적 추락을 경험했던 사실로부터 출발하여, 케인스Keynes의 경제 실험과 뉴딜 정책이 꾀했던 산업 계획, 전쟁 기간의 군사력 동원과 해제, 붉은 혁명, 녹색혁명, 전기 혁명까지 다루고 있다. 케네디Kennedy 대통령의 최측근이자 퓰리처상을 받은 역사학자 아서 슐레징거 주니어Arthur Schlesinger Jr.도 미국을 "실험을 위한 국가"라고 묘사한 적이 있다. 이러한 실험 정신으로부터 제3세계에 대한 미국의 위대한 실험이 등장했다. 그 핵심은 "자신의 두뇌를 활용하고 자신을 위한 게임을 즐겨라."라는 것이었다. 자유방임주의에 대해 리처드 닉슨은 "그렇더라도 아무도 우리를 비난하지 않는다."라고 표현했다.

아무리 위대한 전성기를 누리고 있고 비할 데 없이 실험적이라 하더라도 전문가들 역시 어리석은 실수를 저지르곤 한다. 미국은 구소련연방을 무시무시한 위협으로 여겼지만 실제로는 무력한 존재였고, 베트남의 경우에는 쉽게 무시하곤 했지만 구소련연방과는 정반대의 나라였다. 구소련연방과의 냉전으로 인해 엄청난 경제적 손실이 발생했으며, 제3세계는 소련과 미국 정부 사이에서 독자적으로 행동하려 했지만 거의 아무런 이득을 보지 못했다. 유일한 수혜자라고는 이집트의 아스완댐 정도였다. 베트남 전쟁은 미국이 타민족 내부의 전쟁을 어떻게 다루어야 할지 전혀 모르는 상태에서 진행되었기 때문에 결국 참패로 끝나고 말았다. 이와 똑같은 상황이 이라크 전쟁에서도 벌어졌다. 미국이 늘 자랑하던 정보와 경험, 그리고 실험정신이 부족했기 때문에 실패한 것이다.

두 번째 미 제국의 시기는 베트남 전쟁에서의 패배와 일본의 경쟁으로부터 시작되었다. 첫 번째 미 제국 시기의 모토가 '똑똑하게 행동하라'이었다면 두 번째 시기는 '강해져라'이었다. 당시 미국에서 금융 서비스가 가장 큰 단일 산업으로 성장하게 된 것은 전례가 없는 일이었다. 월스트리트는 자신들의 영역과 영향력을 확대하기 위해서 재무부에 제3세계의 자본 시장 규제를 완화시킬 수 있는 압력을 가하도록 요구했다. 다국적 기업들은 개발도상국들로 하여금 자유무역을 받아들이고 투자 제한을 완화하도록 요구했다. 공화당과 민주당 출신의 대통령들 모두 이러한 재계의 요구를 수용했다. "영국은 19세기 초반에 자유무역의 원칙을 수용하기 이전에 터키에서 먼저 이를 실험했다."고 프루이어 J. V. Puryear가 《근동 지역의 국제 경제와 외교 International Economics and Diplomacy in the Near East》에서 말했듯이 미국의 실험정신은 냉소적으로 바뀌었다. 두 번째 미 제국은 설탕, 쌀, 옥수수, 면화가 미국 시장에 무관세로 수입되려면 개발도상국들이 세계화되어야 한다고 주장했다. 남반구의 국가들이 제조업 분야에 대해 자유화 조치를 취하자 미국은 제3세계의 국가들이 주로 수출하던 기계, 직물, 철강과 같은 품목들에 대항해 자국의 제조업을 보호하게 된다. 자본 시장이 붕괴했을 때 규제완화가 실질적으로 효과가 있는지 실험을 해봐야 했지만, 수백만 명이 감당해야 했던 절망적 상황에도 불구하고 미국은 꿈쩍도 하지 않았다.

1998년 클린턴Clinton 행정부 시절 무역대표부를 맡았던 대표자의 보고서에는 규제완화와 무역장벽 해제를 넘어 악마적 근성을 드러내는 표현이 담겨 있었다. "미국은 강력한 세계적 지배를 통해 장기적인 번영과 위엄을 지켜낼 수 있으며, 우방국들에 대해 시장의 개방과 경제 자유화를 더욱 강요해야 한다. 우리가 지닌 권력을 포기한다면 세계에서 가장 강력하고 효율적인 경제 강국이 되기 위해서 필요한 원칙과 가치를 시험할 기회를 놓치고 말 것이다." 이 무시무시한 보고서는 위대한 경제학자인 리카도Ricardo와 스미스Smith가 말한 내용을 마치 할리우드 영화의 흔한 해피엔딩으로 받아들이는 것 같다. 세계 최고의 경쟁력을 지닌 국가가 수입을 오히려 제한하고 열세에 처한 국가들의 시장을 대폭적으로 개방할 때 강대국이 더욱 강해진다는 논리이다. 그들은 자유무역으로부터 모든 것을 얻게 된다. 이론적으로 볼 때 수입이 취약한 산업을 파괴시킬 수도 있지만, 개방이 자신의 약점을 보완할 수도 있다. 그 대신에 빈곤한 국가들은 해외 투자가들로부터 도움을 받게 된다. 실제로 해외 투자가들은 빈곤국들의 산업을 건설하는 데 도움을 주기도 하고 소유권을 장악하기도 한다. 소유권이 시장에서는 의미가 없지만 개발도상국들이 먼저 시장을 자유화해서 얻을 것은 전혀 없다.

2차 세계대전 이후에 미국의 탈사회 반체제 문화는 미국의 정통 문화와 시장의 모토를 능가하는 영향력을 갖는다. 두 시기의 미 제국이 보여준 예기치 않은 성과는 과연 어떻게 이루어진 것일까? 그리고 왜 아시아는 다른 개발 지역들과는 달리 통치자가 누군지와 관계없이 성장을 거듭할 수 있었을까? 이제 경제 체제의 신비로운 메

커니즘을 풀어보고자 한다.

통계

이 책에서 20세기 동안 개발도상국들에 대한 미국의 영향이 천국에서 지옥으로 추락한 것에 관하여 다루는 내용들이 얼마나 설득력을 지닐까? 두 시기에 걸쳐 진행되어 온 미 제국의 모습은 정말 다른 것인가? 이러한 차이점들이 과연 식민 해방이나 아시아의 성장, 남미의 몰락과 같은 결과들을 충분히 설명할 수는 없는 것일까?

논쟁의 취약점은 이미 예견된 것이다. 2차 세계대전 이후 미국의 제국주의가 구분되는 면도 있지만 공통점 역시 많다. 양대 세계대전이 치러지는 동안 미국은 매우 거친 행위자로서의 역할을 담당했다. 민주주의를 실행하는 제3세계 국가의 정부들도 미국의 경제적 이익에 적대적이라면 오래 버티지 못했다. 1953년 이란 모사데Mossadegh 정권의 석유 문제, 1973년 칠레 아옌데Allende 정권의 구리 문제가 그러했다. 다른 한편으로 두 시기의 미 제국은 모두 문화적으로나 정치적으로 자국의 거대 산업과 손을 잡으려고 노력했다. 첫 번째 제국의 시기에 미국은 영국과 프랑스의 통치하에 있던 시장을 침투할 계기를 갖게 되었다는 면에서 탈식민지 시대의 가장 큰 도전자가 되었다. 두 시기의 발전은 그 누구도 상상할 수 없었던 거대한 테크놀로지의 발달에 기인한다. 그것으로 인한 기대감은 광범위하게 확산되어 제3세계의 산업화가 미국의 다국적 기업에 의해 진행되는 측면을 강화시켰다. 시장, 가격, 정치적 통제의 문제는 미국이 20세기의 후반부를 어떻게 조종해 왔는지를 잘 보여준다.

두 시기의 미국은 경제 개발의 핵심인 현대적 산업을 개발할 목적으로 개발도상국들에게 유연한 태도를 취해 본 적이 거의 없다. 80%에 이르는 기부금이 자국의 소비를 위한 원조였음에도 불구하고 미국의 이러한 인색한 자세는 대외 원조를 어렵게 만들었다. 일자리를 창출할 공장과 설비에 대한 투자가 없는 상태에서 수자원, 하수도 시설, 도로 설비, 교육에 대한 해외 원조는 복지 수준은 높일 수 있으나 고용을 창출하지는 못했다. 아이들의 교육을 강조했지만, 졸업 후에 일자리를 찾지 못하는 대학생들에 대해서는 관심이 없었다. 미 제국은 제3세계가 자신의 경쟁 상대로 성장하는 것을 원치 않았던 것이다.

국가 개입의 모델과 제3세계의 수입대체 전략(공식적으로 수입된 물품을 국내에서 생산하는 정책)에 대해서도 많은 논쟁이 존재한다. 많은 나라에서 이미 정부의 개입은 막대한 비효율성과 부정부패를 양산한다는 것이 입증되었다. 만약 정부가 누군가를 선택한다면 그 권력은 어디서 나오는가? 탈사회 문화와 개입주의 정부가 태어난 상황에서 어떻게 천국을 이야기할 수 있을까?

천국과 지옥으로 뚜렷이 구별되는 두 시기가 지니는 취약점이 어떤 것이든지 간에 2차 세계대전 이후의 시기에 나타난 기록들은 많은 것을 설명해 준다. 평균적으로 볼 때 자유 시장 경제보다는 정부의 개입하에서 보다 빠른 속도로 성장이 진행되었다. 이미 갖추어진 체계하에서 시장이 완전히 자유로워 질 수는 없기 때문이다. 개방에 대한 가장 큰 논쟁의 핵심은 바로 자본이었다.

첫 번째와 두 번째 시기의 미 제국이 거둔 놀라운 경제 성장률의 차이는 그래프 1.1에서 확인할 수 있다. 1950년에서 1980년에 이르는 전성기에 개발도상국들의 성장률은 매년 평균 5%를 기록하며 선진국의 평균 4%보다 높은 수치를 보여준다. 세계은행의 자료에 의하면 이것은 유사 이래 처음 일어난 일이며, 생활수준, 1인당 국민소득, 임금, 빈곤의 경감 현상이 놀랄 만큼 확대된 결과이다. 그러나 이러한 부흥의 기세는 곧 종말을 맞이한다. 원유가격의 상승으로 인한 인플레이션과 베트남 전쟁을 겪으면서 연방 준비위원회는 통화관리 경제 정책을 도입하게 된다. 자본 수급에 비상이 걸리자 개발도상국들이 갚아야 할 부채에 대한 이자율이 높아졌고, 미국 내의 실업 노동자들은 외국으로부터 수입된 상품을 구매할 능력을 잃게 되었다. 새로운 미 제국은 새로운 정책들을 가지고 등장했다. 그 후로 제3세계 국가들의 평균 성장률은 곤두박질치기 시작했고, 25년 동안 겨우 3%를 간신히 유지하는 정도로 전락했다. 중동은 저축과

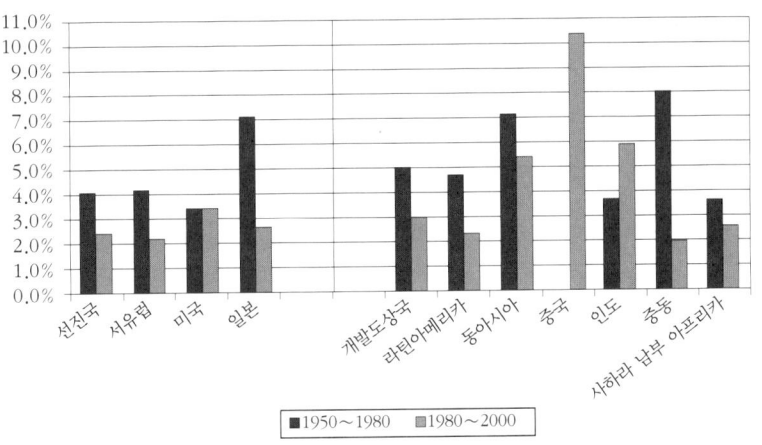

그래프 1.1
소득 성장 : 1950~1980년과 1980~2000년
출처 : 세계은행 (1980년, 1994년) 세계 개발 보고서 개발 지표 (세계은행, 2002년), 세계은행 온라인 데이터

투자가 끊기면서 8%에서 2%대의 급격한 쇠퇴를 맞이했다. 중남미와 아프리카 역시 만성적인 높은 실업율과 현저한 경제 후퇴를 경험했다. '중남미와 지중해의 국민 1인당 생산 평균 증가율은 1960년에서 1980년 사이에는 3%이었던 것이 1980년과 2002년의 기간에는 0.5%로 급감했다.' 중남미의 1인당 평균 수입은 1980년에서 2005년까지 25년 동안 10%의 상승세를 보인 반면, 1960년에서 1980년의 20년 동안에는 무려 82%의 상승세를 기록했다. 1990년 발행된 국제연합UN의 〈인력개발보고서〉에 따르면 케냐와 같이 낮은 소득의 국가는 1960년대와 1970년대에 상당히 건실한 성장을 보였고 그 기간 동안에 1인당 소득은 1년에 3%의 상승을 보였다. 하지만 대부분의 아프리카 국가들은 1980년대에 1년에 0.9%의 1인당 소득 감소를 보이며 마이너스 성장을 기록했다. 그리고 1990년대에 들어서 상황은 더욱 악화되었다.

이 두 시기에도 미국은 비슷한 수준의 높은 성장률을 기록했다. 하지만 소득 분배의 양극화는 심화되어 중남미에서 부유한 국가와 빈곤한 국가의 차이만큼 벌어지게 된다. 미국의 중산층의 소득은 1973년에 1996년 달러 가치를 기준으로 40,400달러였으나 1996년에는 43,200달러를 간신히 넘어섰다. 23년 동안 불과 7%의 성장만 보인 것이다. 더 많은 부를 축적한 데 반해 중산층의 정체된 소득 증가율로 인해 가족들 가운데 두 명 이상이 생계를 유지하기 위해 직업을 가져야 했고, 많은 사람들이 두 가지 이상의 일에 종사해야 했다. 미국 국민의 0.01%만이 해마다 평균 6백만 달러의 소득을 올리며 매년 17%의 수입 증가를 경험했다. 장기 침체를 겪고 나서 2005년부터 경기가 회복된 일본에서도 마찬가지 현상이 나타났다.

탈규제, 사유화, 비용절감, 부유층에 대한 세금감면 등으로 대변되는 레이건 정책으로 인해 평등주의가 사라지자 국가 전체가 공포에 휩싸이게 되었다.

개발도상국가를 연구하는 대부분의 경제학자들은 소득 분배의 균형이 이루어질수록 국가 전체의 소득이 증가한다는 것을 발견했다. 분배가 성장에 미치는 영향에 대해서는 논쟁의 여지가 있고 분배의 방법 또한 다양하지만, 모두 한 방향을 향하고 있는 듯하다. 많은 농민들이 식민시대에 자신들의 땅으로부터 쫓겨나야 했으며 토지의 집중은 지방의 불평등 구조를 심화시켰다. 첫 번째 미 제국은 연합군의 통치하에서 일본의 토지개혁을 실시했고 민주화 교육과 거대 기업 조직을 해체하기 시작했다. 그러나 반대로 두 번째 미 제국의 시기에는 수많은 농민들의 터전이었던 토지의 개혁이 실패로 돌아가게 된다. 인구가 도시로 몰리면서 기존과는 다른 분배의 방법들을 연구하게 되었지만 대부분 불평등 구조를 더욱 심화시키고 말았다. 중남미에서는 '비공식' 부문의 고용 비율은 1990년부터 1997년에 이르는 7년의 기간 동안에 52%에서 58%로 상승했다. 하지만 비공식 부문의 노동자들은 매우 낮은 임금과 열악한 노동환경에 처해 있었기에 '공식' 부문에 고용되는 것이 나을 정도였다. 국가의 전체 소득 가운데 자본 시장이 아닌 임금이 차지하는 비율이 줄어들었다. 정보의 신뢰성을 위해 선발된 중남미 8개국 가운데 6개국의 임금이 하락세를 보였다. 미국의 재무성, 국무성, 세계은행, 국제통화기금IMF으로 대표되는 워싱턴회의의 시험 대상이었던 멕시코에서는 1975~1980년 기간 동안 37%에 이르던 임금이 1985~1992년의 기간에는 20%로 하락했다. 한국, 싱가포르, 인도네시아, 말레이시아, 태국,

필리핀에서는 임금이 지속적으로 상승했다. 아프리카의 가나, 짐바브웨, 이집트, 모로코, 튀니지, 터키에서는 멕시코와 비슷한 수준의 하락세를 보였다. 전체 개발도상국 가운데 1975~1979년과 1987~1991년의 기간 동안에 실질 임금 수준은 24개국 중 16개국에서 하락했다. 분배의 불평등과 임금의 하락은 아프리카, 중남미, 중동 국가들에서 두드러졌다.

세계적인 기준에서 볼 때 대부분의 아시아 국가들은 매우 평등한 소득 분배 구조를 보였으며 '레이거노믹스Reaganomics'나 신자유주의와는 다른 자본주의의 유형을 보여 주었다. 자유 시장의 이데올로기가 적절한 기능을 발휘하고 있었다. 이 지역의 국가들은 세계대전 이후에 보유하고 있던 제조업의 경험과 정부의 지원을 통해 자동차, 석유화학, 조선, 철강과 같은 중간단계의 산업에 집중함으로써 비교우위의 법칙을 적절히 활용했다. 2차 세계대전 직후 중국과 인도는 아시아의 다른 나라들에 비해 상대적으로 느린 성장세를 보였다. 중국은 과도한 중앙집권에 의한 계획을 실행했지만 현대 산업의 기초는 다져졌으며, 전기를 거의 모든 마을에 설치하였고 교육이 보편적인 가치로 자리 잡게 되면서 정부의 연구개발 기관들에 인적자본을 충분히 조달할 수 있는 기반을 마련했다. 1980년대가 지나면서 인도의 경제 성장률은 다른 개발도상국 전체에 비해 높은 수준을 유지했다. 인도는 그 이전까지 식량의 자급과 소규모 자영업을 원조하기 위한 산업화에 시간을 투자해야 했기에 더딘 성장세를 보였다. 그 후로 시장 개혁이 시작되자 간디Mahatma Gandhi의 정치적 정통성을 뒷받침하던 기능공과 소규모 생산업자와 같은 낡은 산업 구조는 인도 최초의 수상인 네루Nehru가 장려한 대규모 산업과 기업들의 등장으로 인해 그 자리를 내주어야 했다. 1990년대 시장 개혁이 시작되기도 전에 놀라운 성과가 나타나기 시작했다. 전자, 통신, 항공 산업, 인도과학연구소에 대한 정부의 투자에 힘입어 방갈로르 지역에서는 소프트웨어 산업이 급성장하게 되었다. 군부 역시 중국과 러시아의 공격으로부터 안전하다고 판단된 방갈로르 지역을 과학과 테크놀로지의 중심지로 선택했다. 그에 따라 방갈로르 지역에는 인도의 다른 어떤 곳보다 많은 경력직 기술자들로 넘쳐났다. 이 지역에서 소프트웨어 산업이 발전하고 있을 때 인도 정부가 기여한 바는 그다지 눈에 띄지 않았다. 1978년 중국의 성장은 35%에서 40%의 저축률이 보여주듯이 매우 기이한 현상으로 받아들여졌다. 국가별로 저축률(소득의 일부에 대한 저축)이 다른 이유를 명쾌하게 설명해 준 경제이론은 없지만 다른 아시아 국가의 국민들 역시 저축을 많이 했다. 인도의 저축은 무려 30%나 증가했지만, 중남미 국가들은 20% 이하의 저축률을 보였다.

베를린 장벽이 무너지자 러시아는 시장의 논리에 무방비로 노출되었고, 결국 경제의 파탄을 맞이했다. 반면 중국은 그러한 재앙을 경험하지도 않았고 현대적 산업의 기반이 되는 국가 지배 구조를 단 한 번도 포기해 본 적이 없다. 중국은 일본, 한국, 대만, 태국이 시장과 정부, 그리고 국가의 보조와 성과 표준의 체계화 등을 활용한 경험으로부터 배우기 시작했다. 융자가 가능하기 위해서 과학집약 기업들은 연구 개발과 신상품 개발에 관련된 일정 수준 이상의 성과에 도달해야만 했다. 중국 정부는 '세상에 공짜는 없다.'라는 논리를 내세웠다. 중국 내 도시의 소득 분배 계수는 1987년에는 16이던 것이 시장개혁이 시작된 1997년에는 28로 증가했다(소득 분배 계수가 높을수록 불평등이 심한 것을 의미한다).

자본의 집약과 빈곤의 경감 현상이 함께 진행되었다. 자본은 유능한 인재를 키우고 그들을 고용할 일자리를 만들었다. 아시아개발은행에 의하면 1960년부터 2000년 사이 아시아의 빈곤율은 65%에서 17%로 급감했으며 영아 사망률은 1,000명당 141명에서 48명으로 줄었고 평균 수명은 41세에서 67세로 늘어났다.

미국의 정치권과 재계 모두 1990년대의 중남미를 유력한 차세대 경제 주자로 손꼽았다. 정치적으로 이미 민주화를 경험했고 신보수주의의 활동이 가속화되었기에 중남미는 자본 시장에서 투자 적격지로 떠올랐다. 그러나 미국의 자유무역 실험 대상이었던 멕시코의 1인당 소득은 1935년에서 1982년에 이르는 기간 동안 평균 3.1%를 기록했지만 1983년부터 1999년의 기간에는 평균 0.02%를 기록했을 뿐이다. 같은 기간에 멕시코의 최소 임금은 처음 기간에 연간 1.4%가 오르더니 두 번째 기간에는 매년 6.9%씩 감소했다. 자본의 위기가 멕시코와 중남미 전체를 잠식하게 되었다. 푸에르토리코에서는 1940년대 국민총생산GDP이 높은 성장을 보였다. 1960년에서 1970년까지 성장률은 아시아의 도서 국가들인 싱가포르의 8.8%, 홍콩의 10%, 대만의 9.2%에 필적할 만했다. 그러나 1975년에서 1984년까지 푸에르토리코에 새로운 금융 체계가 도입되자 GDP 성장률이 1.9%까지 곤두박질쳤다. 같은 시기에 싱가포르, 홍콩, 대만은 여전히 8.5%, 9.9%, 8.0%라는 높은 성장률을 유지했다. 고질적인 채무국으로 최악의 상황에 놓였던 국가들 가운데 하나인 아르헨티나는 IMF의 권고를 무시하고 나서 2000년부터 회복의 기미를 보였다(같은 현상은 1997년 아시아의 외환위기 이후에 한국의 경우도 마찬가지이다).

볼리비아에서는 미국이 이미 오래전부터 처방해 온 시장중심의 변화가 보통 시민들의 삶에 거의 아무런 변화를 가져오지 못했다. 코카 농장의 농부출신인 에보 모랄레스Evo Morales 전前 볼리비아 대통령은 2005년 볼리비아의 적들에 대항할 방법으로 사회주의 운동을 앞세운 정치운동을 전개한다. 천연가스 개발에도 불구하고 당시 볼리비아의 국민소득은 25년 전의 상황보다 더 악화되었다. 2006년 페루 선거에서는 '미국이 주도하는 자유무역 모델은 이제 지겹다.'라는 주장들이 설득력을 얻고 있었다. 중남미 경제는 2000년 이후 회복세를 보였지만, 그것은 중국에 대한 원자재 수출이 대폭 늘었기 때문이다. 중남미 국가들 가운데 미국의 가장 큰 총애를 받은 칠레는 미국에 대한 메기 류의 수출 증대로 인해 생기를 되찾았고 기술력은 없지만 임금을 잘 주는 직장이 늘어났다.

두 번째 미 제국은 중남미를 치유하는 데 필요한 비용을 낼 생각이 없었다. 아시아가 성장 일로를 걷는 동안 중남미 경제는 침몰하고 있었기 때문이다.

천국의 속임수

서양 문명의 확산에 대한 논쟁이 많음에도 불구하고, 식민주의는 제3세계의 전체 소득이나 1인당 소득을 증가시키는 데에 있어서는 실패한 것이 분명하다. 해군 출신들이 권력을 잡은 이후에 미국 정부는 필리핀을 교육의 본보기로 만들었다. 하지만 풍부한 천연자원과 인적 자원에도 불구하고 필리핀은 성장의 길을 찾지 못했다. 미국의 또 다른 식민지였던 쿠바는 60년간 미국의 지배에 의해 황폐해지면서 피델 카스트로Fidel Castro가 이끄는 무장 게릴라들에게 정권을 빼앗기고 만다. 대영제국의 점령하에서 최고라고 기록된 성장률은 놀랍게도 너무 낮은 수준이었다. 영국의 보물창고였던 인도는 19세기 중반에서 1947년에 이르는 기간에 연간 1%를 밑도는 성장률을 유지할 뿐이었다. 이집트의 평균소득은 1900년에서 1945년까지 약 20%의 하락을 보였다. 나이지리아의 연평균 소득은 1963년 영국의 점령이 끝난 시점에서도 낮은 수준이었던 2파운드로 조사되었다. 대영제국은 두 번째 미 제국과 그다지 많은 차이가 없이 '영원히 해가 지지 않으며 임금은 영원히 오르지 않는 곳'이라는 말이 가장 잘 어울리는 점령국이었다.

하지만 식민주의에 관한 저급한 홍보와 값싼 지식의 확산은 매우 더디게 진행되었다. 역사적으로 볼 때, 2차 세계대전 이후에 현대화에 합류한 국가들이 전쟁 이전에 이미 제조업의 경험을 획득했었다는 사실을 알 수 있다. 일부 중남미 국가들은 식민지 시절에 제조업 경험을 축적했다. 하지만 식민지였던 100여 개의 국가들 가운데 대부분은 이러한 제조업의 경험을 전혀 하지 못한 상태였다. 경험이 없는 상태에서는 우리가 재벌이라고 부를 정도로 모든 분야의 사양에 맞게 상품을 선택하고 자금을 마련하여 기업을 세우고 생산한다는 것이 불가능하다. 경험은 실수를 줄이고 정확한 투자를 가능하게 한다. 경험이 있는 기업들은 부정부패를 통해 스스로 자멸하기 보다는 확신을 갖고 장기적인 이익을 창출하기 마련이다. 제조업 분야의 경험은 보다 효율적인 정부를 만든다. 하지만 시장의 사고방식은 생산보다는 교역을 강조한다.

저명한 고전경제학자들은 개발을 시장의 교역, 거래, 구매와 판매로 바라보았다. 가격은 경제학자가 무역에 붙인 기준이다. 생산과 기술에 관한 지식은 당연한 것으로 받아들여졌다. 당대의 기술은 현실적으로 자유로운 존재이기 때문이다. 아담 스미스Adam Smith가 말한 노동 분화의 기능을 잘 보여주는 예로, 장식 핀을 생산하기 위해서 제조업자들은 핀이 어떻게 만들어지는지 잘 둘러보고 감독만 하면 됐다. 기술은 오직 가진 자들의 전유물이었다. 하지만 오늘날에는 단순히 예리한 관찰만으로 핀을 만들 수 없다. 새로운 물자는 어떻게 만들어지는가? 기계는 어떻게 작동하는가? 핀을 어떻게 포장하는가? 거대 기업이 성장하고, 기술혁신이 산업의 생사를 가르고, 기업의 연구와 개발을 위한 연구소들이 과학과 독점권으로 무장하고 있는 현실 속에서 지식은 가치 있는 것이며 철저히 보호되어야 하는 대상이 되었다. 서류화 작업을 하는 대신 비밀리에 소통하는 것이 중요한 일상으로 자리 잡았다. 이미 습득한 기술과 지혜는 변하지 않았지만 발전은 전혀 다른 변화를 겪어 온 것이다.

 아시아와 중남미의 기업들은 철강이나 혈청 산업과 같은 중간 산업에 진입을 시도하면서 최소한의 비용으로 상품을 팔기 위한 지혜를 모아야 했다. 이들은 새로운 기술을 획득하고 현실에 적용하여 독점적으로 장악함으로써 경쟁에서 살아남기 위해 새로운 기구들을 필요로 했다. 또한 정부의 지원을 통해 생존의 길을 모색해야 했고, 그렇지 못한 경우 해외 경쟁업체들이 세계 시장에서 행하는 덤핑을 견뎌낼 수 없었으므로 브랜드 가치, 높은 품질, 제조 능력, 마케팅 전략 등에 집중해야 했다. 하지만 두 번째의 미 제국 시기는 시장의 개방을 주도하고, 기술과 제도를 획득하는 데 있어 합당한 대가를 중시했기 때문에 개발도상국들을 더욱 어려운 처지로 내몰았다.

탈사회적 실험

　첫 번째 미 제국 시기에는 제3세계의 산업 정책들이 성과를 얻지 못했지만 모든 사람들에게 중요한 점을 시사했다. 높은 수준의 자동차 생산 노동자들에게는 고임금의 직업과 중소기업들에게는 현대적인 부품을 생산할 수 있는 기회를 제공하고, 이민 온 전문 경영인과 기술자들에게는 고용의 기회를 주었으며, 재정 분야에서는 새로운 기업들의 융자를 가능케 했고 경험 있는 기업인들이 자유방임에 기초하여 재산을 축적할 수 있었다. 수입을 통해 생산 품목을 정함으로써 산업화에 대한 노력을 기울였으며, 이 모든 과정은 안정적이고 원활하게 진행되었다. 전쟁기간 동안에 물자 부족을 경험한 뒤로 억눌려 있던 수입에 대한 요구는 폭발적으로 증가했고 무역수지의 불균형을 초래했다. 사람들이 텔레비전을 갖고 싶어 했고 열대지방에 사는 사람들은 냉방 기구를 필요로 했다. 트럭, 트랙터, 자전거나 스쿠터, 기계와 의약품을 원했다. '수입대체'는 외환 거래를 구조했고, 시장의 수요에 의해 이루어졌다. 어떤 제품을 수입하면 확실한 시장의 수요에 따라 내국민들은 기꺼이 구매할 의사를 표출했다. 가령 텔레비전 제조는 구리와 옥수수를 수출할 때보다 기술적 노하우를 축적할 수 있는 장점을 안겨주었다. 수입대체는 학습효과를 강화시켰다. 텔레비전 조립 라인의 노동자는 매우 낮은 임금을 받았지만 탄광이나 농업에 종사할 때보다 안전한 노동환경에서 근무했다.
　하지만 이러한 반문화는 공급에 의해 결정되는 시장의 비교우위의 법칙을 어긴 셈이었다. 노동력이 풍부한 국가는 더 많은 노동자들이 생산할 수 있는 상품을 만들어야 한다. 시카고대학의 한 정통파 경제학자는 국가가 컴퓨터칩을 생산할 때나 감자칩을 생산할 때나 비슷한 소득을 올릴 수 있다고 했다. "수입되는 제품을 생산하지 말라. 이는 기술 학습에 엄청난 시간적 소모와 보호관세를 야기한다. 수출할 수 있는 제품을 생산하는 것이 더 큰 가치를 지닌다. 보다 많은 원자재를 생산하라."고 한 미국 정부의 조언에는 신랄함이 묻어난다.

비교우위의 모순은 2차 세계대전 이후 UN의 중남미 사무소에 의해 그 정체가 폭로되었다. 후대에 정당성을 인정받은 아르헨티나의 경제학자인 라울 프레비쉬Raul Prebisch는 수입대체 산업화ISI(Import Substitution Industralization)의 핵심적인 옹호자였다. 그는 제3세계 수출의 90%를 차지하던 원자재의 가격이 시간이 지나면서 제조업 품목의 가격에 비해 상대적으로 하락하게 된다고 주장했다. 원자재 수출업자들은 수지를 맞추기 위해 더 많은 것을 내주어야 했다. 이들은 합성 직물이 천연 고무를 대체하고 나일론이 면화와 삼, 사이잘삼의 자리를 차지하고, 알루미늄이 무쇠를 대체하고 사카린이 설탕의 자리를 위협함에 따라 새로운 신기술의 변화에도 추격당했다. 첫 번째 미 제국은 프레비쉬 박사를 사탄으로 규정했지만 반대 입장은 곧바로 일축되기 일쑤였다. 탈사회와 마찬가지로 제3세계는 정통 경제학으로부터 탈피하여 자신의 길을 걸어가게 되었다.

모든 압력에도 불구하고 오늘날 가장 선진화되고 성숙한 하이테크 산업 국가들은 수입대체의 원칙을 고수하고 있다. 아시아에서는 계산기, 컴퓨터, 핸드폰 제조업자들이 필요한 부품을 일본과 같은 해외에서 구매한다. 그리고 단계적이고 선택적으로 수입대체를 실행한다. 정부의 직접적인 보호는 없지만, 그에 상응하는 조치들이 취해진다. 정부는 과학 공단 설립이나 반도체 디자인 서비스 제공, 정부 연구소로부터의 기술 이전, 여신與信, 기술 개발에 대한 공동투자와 같은 간접적 지원을 제조업자들에게 제공한다.

제조업의 경험을 지닌 국가들의 수입대체 현상은 철강, 시멘트, 석유화학제품, 자동차, 트럭 부품, 텔레비전, 타이어와 같은 중간 단계 품목의 수출의 모태가 되었다. 일단 내수시장에서 판매를 한 뒤에 풍부한 경험을 쌓게 되면 해외로 진출하는 것이다. 수출 집약 산업의 성장과 수입대체 정책에 대한 전반적인 사고방식은 결국 오류와 실패로 판명되었다.

악의 근원

1980년대 일본 제조업 분야의 급성장으로 인해 미국의 산업은 거대한 구조조정이 불가피해졌다. 국가 전체 소득에서 제조업이 차지하는 비중은 낮아졌고 미국인의 삶의 질도 하락했다. 직종별 노동조합의 활동은 자취를 감추고 도심지의 제조업체들은 문을 닫기 시작한 반면 금융 서비스를 필두로 한 서비스 부문은 큰 신장세를 보였다. 투자정보 서비스 부문은 재무성의 총애를 받으며 주식투자, 선물 중개인, 투자은행, 상업은행, 저축은행, 제2금융권과 벤처 캐피탈의 네트워크를 강화시키는 결과를 가져왔다. 제3세계는 스스로 물자와 자본을 조달할 수 있는 성장 경제가 아닌 성장 시장으로 규정되어 자본 시장을 흡수할 만한 상대로 받아들여졌다.

투자정보 서비스 부문의 성장은 대외 경제 업무에 있어서 미 국무성에 대한 재무성의 승리를 의미했고 제3세계의 성장률 하락에 근본적인 원인을 제공했다. 그 연관성은 다음과 같이 설명할 수 있다. 일부 국가에서 2차 세계대전 이전부터 나타난 현상으로 미국의 재무성이 제3세계의 자본 시장에 탈규제 압력을 가하고, 월스트리트의 주도하에 제3세계 국가들에 대한 반강제적 융자를 진행한다. 이러한 강압적 융자는 개발도상국들이 오랫동안 준비해 온 프로젝트들에 대한 과도한 여신으로 이어졌고, 연방 준비위원회는 높은 이자율을 통해서 융자 상환 비용을 증가시켰다. 그 결과 아시아를 제외한 제3세계의 국가들은 고질적이고 만성적인 부채의 악순환을 겪었고, 과도한 융자를 갚기 위한 통화 팽창으로 인해 제3세계 정부는 개입을 포기해야 했다. 이 모든 과정이 미 재무성, 연방 준비위원회, IMF, 세계은행에 의해 진행되었다. 자본의 유출입을 신중하게 관리하던 오랜 전통을 지닌 개발도상국들이 국제 금융 시장의 투기성 단기 자금으로 인해 곤경에 처하게 되자 그 어떤 해결책도 소용이 없었다.

이제 미 제국은 더 이상 감출 것이 없어졌고 제3세계의 성장을 꾀하려던 두 번째 미 제국의 시도는 여지없이 실패로 돌아갔다. 남미에서는 대중에 영합하는 정권들이 속속 권좌에 올랐고, 아프리카와 중동 지역에서는 실업문제가 도시생활의 불안을 증폭시키고 있었으며, 종교적 근본주의가 전세계로 확산되었다. 일본과 첫 번째 미 제국의 자유계약식 접근 방식을 충실히 따라 온 아시아를 제외한 제3세계의 발전 동력은 심각한 상처를 받았다.

시장개방이 지닌 취약한 문화가 얼마나 많은 국가의 개발을 실패로 이끌게 되었는가?

초대형 공격

전후 시기 동안 제3세계 국가들의 평균적인 성장률은 큰 하락을 보였지만 평균이라는 수치에는 또 다른 진실이 숨겨져 있다. 전성기와 암흑기 동안 아시아는 놀라운 성장세를 기록한다. 아시아에서는 일본을 모델로 삼아 성장을 지속했다. 한때 일본의 식민지였던 한국과 대만을 선두로 동아시아에서 가장 먼저 성장이 가속화되었고 인도네시아, 말레이시아, 태국과 같은 동남아시아로 성장세가 확산되었다. 도서 국가인 홍콩과 싱가포르도 지속적으로 성장했으며 성장의 분위기는 인도와 같은 남아시아로 확산되었다. 이들은 신보수주의와 정통 자유방임주의를 거부하고 시장과 국가의 지도를 결합하여 새로운 경제 모델을 구축하였다. 그리고 오랜 휴지기를 지나 지구상에서 최대 시장으로 성장하게 되었다. 낮은 임금, 풍부한 인구, 다수의 대학 졸업자와 전문 경영인, 그리고 숙련된 노동자와 경험 많은 기술자들의 수적 증가가 이를 가능하게 만들었다. 스스로 제국의 길을 걷던 중국과 인도가 깨어나기 시작했고 브라질, 인도네시아, 이란이 여기에 가세했다. 나이지리아 남부와 남아프리카 공화국은 다음 주자가 될 준비를 하고 있었다. 이들은 신화 시대의 그리스에 패배한 나라들이 아닌 현명하고 성숙한 거대 후발주자였다.

영국의 계몽주의 역사학자이자 로마 전문 작가인 에드워드 기번 Edward Gibbon은 신기술을 개발한 유럽과 그 주변의 국가들이 항상 권력을 장악하게 될 것이라고 주장했다. 과거와 마찬가지로 권력은 선진화된 국가로부터 다른 곳으로 이동한다. 이에 반해 옥스퍼드대학의 역사학자였던 아놀드 토인비 Arnold J. Toynbee는 1934년부터 출간된

열두 권의 세계역사서에서, 장기적으로 볼 때 많은 인구와 강력한 종교적 토대를 보유한 국가에 권력이 전이된다고 주장했다. 오늘날 일부 개발도상국은 제국의 시절부터 이미 많은 인구를 지녔으며 식민지 시절에도 포르투갈(브라질)이나 영국(인도), 네덜란드(인도네시아)와 같은 유럽의 열강에 의해 독립적인 제국들과 관계를 맺어왔다. 네덜란드는 거의 30년 동안 노력을 기울였지만 인도네시아의 아체를 정복하지 못했고, 1908년에 자바, 발리, 세레브스, 마두라와 함께 단일한 식민지로 통합되어 인도네시아라고 명명되었다. 역설적이게도 식민주의자들은 이후에 자신들을 몰아낸 제3세계의 거대 국가들이 탄생하는 데 기여를 했다.

지구상에 거대 국가가 출현하면서 2차 세계대전 이후에 미국이 지배했던 방식으로 세계가 재편될 것이다. 거대 국가들의 출현으로 세계적인 절대 권력은 과거의 유물이 되었다. 미국뿐 아니라 중국 역시 절대 권력에 의존할 수 없다. 하나의 국가가 절대 권력을 향유하던 시대는 이제 끝이 난 것이다. 제국을 강성하게 만드는 것은 그 나라의 위대성과 그 나라가 세계 경제의 발전에 얼마나 기여할 수 있는가이다. 그렇지 않을 경우 베트남, 아프가니스탄, 이라크와 같은 역사는 반복될 것이고 강력한 제국으로 성장하지 못할 것이다.

중국은 독자적으로 행동하지 않기 때문에 더욱 큰 세력을 키워갈 수 있다. 중국은 아시아의 일부분이며 아시아 경제가 급성장한다면 중국의 경제도 마찬가지로 성장의 길을 걷게 될 것이고 그 반대의 경우 역시 마찬가지일 것이다. 소위 소프트파워라고 일컫는 지역 간의 무역, 투자, 제조업, 아이디어와 패션, 음악과 영화가 아시아의 블록을 강화하여 미국이나 유럽과 경쟁을 할 것이다. 실업률이 한

블록에서 다른 곳으로 옮겨감에 따라 일자리를 창출해야 하는 정부의 책임은 더 커진다. 그러나 경쟁이 치열해지면서 세계적인 복지의 수준 역시 향상된다.

아시아 국가들은 무역을 통해 공동체적 운명의 길을 걸었지만, 제국들의 등장 이후 외교적으로 대립하게 되었다. 한국은 일본을 증오하고 일본은 중국을 혐오하는 식이다. 이러한 갈등은 새로운 중산층에게 그다지 만족스럽지 못한 현상으로 비쳐진다. 미국 부시George W. Bush 행정부의 콘돌리자 라이스Condoleezza Rice 국무장관이 중국과 협상을 진행하면서 경고성 태도를 보였을 때 아시아 지역의 투자 분석가들은 라이스 국무장관을 '구시대적' 인물로 평가했다. 아시아가 주도하는 시대의 초반에는 내부의 경쟁이 두드러졌지만, 이제 아시아는 서방의 경쟁상대로 떠오르고 있다.

미국은 인근에 지역적 동반관계를 맺을 만한 대상이 없다. 중남미에게 미국은 최선이자 최악의 인근 나라이다. 미국은 석유 수입량의 절반을 중남미 국가들에게 의존한다. 미국 국경 남부에 대한 대외투자는 상당히 높은 수준이고, 멕시코 수출의 90%는 미국과 캐나다 시장으로 흡수되며 중남미 이민자들은 미국 도시들의 모습을 바꾸어 놓았다. 중남미는 1980년대 채무국의 위상으로 추락한 이후에 미국 정부에게 최적의 자유 시장으로 비쳤다. 중남미의 지식인들은 뉴잉글랜드 사람들처럼 서구화되었으며 보스턴 사람들처럼 계몽주의를 신봉하게 되었지만 또한 동시에 반미 감정이 여전히 남아 있다. '문명화된' 국가인 미국이 서방 세계 전체에서 만성적인 범죄를 근절할 권리를 가졌다고 주장한 먼로독트린Monroe Doctrine과 루즈벨트의 유산은 여전히 미국 내에 잔존한다. 스페인과 미국의 전쟁이 끝난 시점부터 뉴욕 증권 시장의 대폭락이 있던 시기에 미국 군대는 적어도 서른두 차례나 중남미를 침공한 바 있다. 1973년에 대중적인 지지를 바탕으로 선출된 칠레 대통령에 대한 전복을 계기로 중남미는 광범위한 불안에 휩싸였다. 중남미의 경제 후퇴를 멈추기 위해 도입된 자유 시장 체제의 실패에 대해 브라질, 아르헨티나, 베네수엘라, 우루과이, 에쿠아도르, 페루에서는 반미의 목소리가 커져갔지만 미국은 전혀 신경을 쓰지 않았다.

미국이 중남미와의 무역에서 흑자를 내면 중남미는 아시아와의 무역에서 흑자를 내고 아시아는 미국과의 무역에서 흑자를 내야한다. 하지만 중남미 경제가 이미 수렁에 빠진 상태이고 수입능력마저 현저히 낮기 때문에 미국은 그들에게서 도저히 무역 흑자를 낼 수 없다.

미국과 중국의 경쟁 관계는 아시아와 중남미 시장 각자의 성과에 달려 있다. 이제 아시아는 좋은 성과가 기대되지만 중남미는 그 반대의 입장에 놓여 있다. 이 문제를 해결하기 위해 두 번째 미 제국은 이데올로기를 버리고 중남미에 대해 책임 있는 태도를 보여야 할 것이다. 현대적인 의미의 마셜플랜Marshall Plan이 바로 그것이지만 미국은 변화에 대해서 무능한 모습만 보일 뿐이다.

민주주의

오늘날 제국들은 더 이상 상대 국가에 대해 직접적이고 공식적인 정치통제를 행사할 수 없다. 자유가 아니면 죽음을 요구했던 1857년 인도의 세포이 항쟁과 1900년 중국의 의화단 사건 이후로 시대는 변했다. 하지만 선진국과 빈곤국 사이의 격차는 더 심화되었기 때문에 오늘날 제3세계에 대한 제국들의 지배력은 더욱 커졌다. 국가의 소득이 권력을 규정하는 상황에서 권력과 소득의 분배는 전세계적으로 더욱 왜곡되었다. 과거에는 선진국의 1인당 소득이 개발도상국의 4~5배 이상 차이 났다. 선진국들이 빈곤국들보다 40배 이상의 달러를 보유하고 있기 때문에 지금 그 차이는 30~40배로 늘어났다.

개발도상국들 간에도 1인당 국민소득의 차이에 따라 산업화된 국가들과 그렇지 못한 국가들로 양분되기 시작했다. 초기에는 아시아처럼 인구가 많은 나라들과 아프리카, 중남미, 중동처럼 인구가 적은 나라들로 구분되었다. 침략적 제국들은 보다 값싼 노동력을 요구하였고 인구가 적은 농업 지역의 빈곤을 더욱 심화시켰다. 아프리카의 금, 구리, 다이아몬드 광산이나 케냐의 커피와 차 농장에서의 심각한 인력난을 보상하기 위해 높은 임금을 지불하거나 시장의 법칙에 따라야 했지만 제국주의 국가들은 턱없이 낮은 보수로 식민지 국민들의 땅을 착취했다. 실제로 아프리카인들은 생계를 유지할 수 있는 다른 대안이 없었다. 자원이 풍부하고 노동력이 귀한 콩고와 로데시아, 콜롬비아와 베네수엘라, 인도네시아와 말레이시아에서는 권력으로 저임금 경제를 장악했다. 따라서 이 지역들은 호주나 캐나다, 뉴질랜드, 미국 등 백인들이 새로이 정착한 지역의 경우와 마찬가지로 수요와 공급의 법칙에 따라 임금이 상승했어야 한다. 미국의 남부와 브라질은 오랜 동안 노예 제도를 통해 노동력을 쉽게 조달해 왔다.

식민주의의 잔재로 인해 제3세계 국가들 간의 경제적 차이는 시간이 지나면서 제조업에 대한 경험의 유무에 따라 더욱 커졌다. 주요 식민지 국가들은 제조업의 중요성에 대해 깨닫기 시작했으며 독일, 이탈리아, 일본은 모든 물리적 사회 기반이 파괴되었던 전쟁의 폐허로부터 모두 회복되었다. 이 과정에서 가장 중요한 것이 바로 제조업의 경험이었다.

탈식민지화가 시작되기 전에 아르헨티나, 브라질, 칠레, 중국, 한국, 말레이시아, 멕시코, 인도, 인도네시아, 대만, 태국, 터키 등은 제조업에 대한 경험적 학습을 했다. 이들 가운데 대부분은 일본의 전쟁준비 과정이나 유럽과 중국, 그리고 미국의 이민을 통해 제조업의 경험을 쌓아갔다. 전쟁 이전의 제조업 경험으로 모든 국가들이 성공을 이룬 것은 아니지만, 그러한 경험이 없이는 2차 세계대전 이후 반세기 동안의 다양한 산업의 선진화를 이룩하지 못했을 것이다.

제조업의 경험으로 도시 지역에서는 재벌 기업, 경영인, 기술자, 법조인, 회계인, 교육받은 엘리트, 높은 대학 졸업생 비율, 수많은 노동자층이 등장했으며, 이들은 전형적으로 민주주의를 위해 투쟁을 담당할 이익그룹으로 변하게 되었다. 1960년대와 1987년에 한국에서는 대학생들이 민주주의를 위한 혁명을 주도했다. 1989년 중국에서는 중국 공산당 당국의 권위에 도전하는 노동자들과 대학생들이 천안문 광장으로 뛰쳐나왔다. 그러나 1970년대 중남미의 반정부 시위에서 대학생들은 자취를 감추기 시작했다. 최대의 제조업 기술력을 지녔던 인도에서는 1947년이라는 매우 이른 시기에 민주화 운동이 일어났다. 식량을 자급자족하기 위해 많은 노력이 곧 이루어졌고, 중소 기업을 위한 특정 산업 분야에 대해 특혜가 주어졌지만 결과는 참담했다. 중국은 유일한 예외였지만 중국 역시 민중 운동가들이 정치를 키워갔다. 코트디부아르와 같은 일부 농경 국가에서도 민주주의가 실행된 경우가 있었다. 하지만 산업 규모가 너무 작아 실업률이 높아지고 계층 상승이 차단되면서 민주주의는 실패를 맞이하게 되었다. 코트디부아르의 민주주의는 부족 간의 경쟁으로 인해 무너지고 말았다.

아랍과 아프리카 국가들의 제조업 종사자의 수는 너무 적었다. 1956년의 통계에 따르면 400만 명의 인구를 지녔던 튀니지에는 단지 143명의 의사와 41명의 기술자가 있었을 뿐이다. 천만 명의 인구가 있던 모로코에는 19명의 무슬림 의사와 17명의 모로코 유대인 의사가 있었고 15명의 무슬림 기술자와 15명의 모로코 유대인 기술자가 있었다. 더 많은 전문가들이 숙련을 거치면서 좋은 일자리를 찾기 위해 이주를 했고 미숙한 기술력, 현대적 산업, 현대화된 서비스에 대한 미숙한 투자가 이어져 결국은 정치 세력화를 위한 토대를 마련하지 못하는 악순환을 반복했다. 17개의 아랍 국가들 가운데 4개 국가만이 다당제 선거 제도를 갖고 있었으며, 사하라 남부 아프리카 지역에서는 42개 국가 가운데 29개 국가만이 현대화된 정치 제도를 갖추었다.

서방 국가들의 문명화 과정은 영국의 마그나 카르타와 같은 정치적 선진화와 산업 혁명을 통해 경제적 선진화와 복지국가가 될 수 있는 발판을 마련했다. 그러나 제3세계의 발전 양상은 전혀 달랐다. 이들은 중남미의 하시엔다와 같은 가부장제도로부터 출발하여 경제 개발과 민주주의를 획득했다. 그러나 선진국과 빈곤국 사이의 소득 분배의 격차가 심화되면서 제3세계 국가들의 민주주의는 새로운 과제를 떠안게 되었다. 대내적으로는 선거를 치러야 했고 대외적으로는 경제 정책의 투명성을 보장해야 했다. 국내의 민주주의와 미국 재무성, 세계은행, IMF, 세계무역기구WTO의 민주화 가운데 어떤 것이 더 쉬웠을까? 이 문제는 여전히 답을 찾지 못한 상태이다.

총, 세균, 강철

제레드 다이아몬드Jared Diamond는 초기 사회를 '총기, 세균, 강철'의 의미로 해석한다. 그가 분석한 고대 사회에서는 현대의 생존을 위해 필수적인 형식적, 제도적, 전국가적 기술혁신의 시스템이 존재하지 않았다. 가장 성공한 후발주자들이 양대 세계대전 이전의 제조업의 경험을 토대로 성장하기 시작하여 생산과 실행 능력, 경영, 신기술, 관료주의, 정치체계와 같은 거의 대부분의 기술을 보유하게 되었다. 세균을 박멸하고 강철을 만들며 거대 권력으로부터 무기를 빼앗기 위해서는 조직적으로 기술을 연마해야 했다.

아놀드 토인비와 에드워드 기번은 모든 제국들이 내부로부터 멸망한다고 보았다. 토인비는 이것을 '자살'이라고 보았고 기번은 '무절제'로 보았다. 첫 번째 미 제국은 자신들의 무지와 무절제에 대해 값비싼 대가를 치렀다. 베트남 전쟁에서의 민족 전쟁이 지니는 의미를 이해하지 못한 것이 화근이었다. 그러나 미국은 자신의 추락으로부터 새로운 권력을 얻었다. 두 번째 미 제국은 이제 무절제의 탓이기도 하지만 근본적으로는 위대성의 결여라는 이유로 쇠퇴의 길을 걷게 되었다. 세계 전체의 경제 개발을 등한시했기 때문이다. 이제라도 미국의 사고방식은 바뀔 수 있을 것인가? 아니면 너무 늦어 버린 것일까?

2
태양이 지지 않는 곳에 임금은 오르지 않는다

> 역사상 가장 많은 기록을 남겼음에도 불구하고
> 거의 아무 일도 이루어 지지 않은 곳은
> 바로 인도 정부이다.

실마리를 찾아서

식민주의가 붕괴한 뒤로도 지구상의 황량한 곳까지 문명을 퍼뜨렸다는 제국들의 자화자찬과 변명은 여전히 지속되고 있다. 미 제국은 스스로 얼마나 문명화되었는지, 혹은 경제 성장에 얼마나 영향을 미치는가에 따라 평가가 이루어져야 하지 않느냐는 질문을 받고 있다. 하지만 유럽과 일본의 식민주의는 실제로 칭찬을 받을 만한가? 유럽 열강과 일본이 군이 권력의 사용에 의존하지 않고 자유무역과 아시아의 공동번영이라는 사상을 퍼뜨린 것 외에도 기술 혁신과 기술 개발, 마케팅이라는 실질적인 기술을 교육시켜본 적이 있는가? 고전경제학자들이나 신고전경제학자들이 예상했던 바와 같이 기술을 쉽게 요구하고 기술이 쉽게 이전될 수 있었는가? '척박한' 지역들이 더욱 잘 식민지화될 수 있거나 본래의 모습대로 유지될 수 있었는지 여부는 판단하기 어렵지만, 역사학자들은 식민 제국들이 자신들의 식민지가 발전하는 것을 끊임없는 방해했다는 사실을 폭로해 왔다. 항상 독립적으로 행동한 일본은 영국의 비호를 받았던 인도와 비교해 보면 상당한 성공을 거둔 셈이다.

살충제와 말라리아 치료법이 개발되면서 유럽인들은 자신들이 지배하던 식민지보다 더 넓은 영역으로 침투하기 시작했고 조셉 콘라드Joseph Conrad가 말했듯이 암흑의 심장부까지 공격해 갔다. 철도가 건설되기 시작했고 북미의 기술 개발은 광산과 대규모 농장에 적용되었다. 중국인이 경영하던 말라야의 주석 탄광에서 보듯이 지역민들이 사용한 원시적 방법들보다 월등하게 뛰어난 기술력이 속속 세상에 모습을 나타내기 시작했다. 고무와 같은 합성 화학 물질이 값비싼 천연자원의 자리를 대체하기 시작하여 라이베리아와 같은 천연 고무 주요 생산 국가들은 파산을 맞이했다.

이러한 기세는 계속 이어졌지만, 유럽이나 일본을 제외한 국가들에는 이 모든 것이 퇴보와 파괴로 받아들여졌다.

1차 산업혁명을 시작으로 식민지 국가들 사이의 빈부 격차는 더욱 심화되었다. 개발도상국의 엘리트들은 중산층을 형성하는 왕족, 교사, 의사, 성직자, 공직자, 지주, 상인, 기술자, 대부업자들에 비해 뒤처지거나 국내 반란 세력으로부터 치안세력으로 전환되었다. 국내 경제가 성장하지 못한 상황에서 광물 추출과 농업의 대외 이익은 현저히 줄어들거나 생산 국가에 긍정적인 영향을 미치지 못했다. 새로운 농장과 설비에 대한 투자가 기술 획득보다 더 중요한 의미를 지녔기 때문에 학습은 아무런 도움이 되지 못했다. 사용되지 못하는 기술은 가지고 있어봐야 소용이 없는 것이다.

식민지인 인도의 직물 수출과 자유국가였던 일본의 직물 수출은 1899년 이미 비슷한 수준을 기록했다. 일본은 중국에서 발명된 비단 제조법을 활용하여 직물 수출을 크게 확대했다. 이러한 차이를 만든 것이 과연 식민지 점령이었는가? 아니면 인도가 영국의 민주주의를 배우느라 너무 바쁜 나머지 무굴 제국 시기를 제외하고 항상 뒤처지는 운명을 타고난 것인가?

이러한 질문에 대한 답을 이 짧은 책에서 설명하기는 어렵지만 개발에 있어 가장 중요한 요소를 결정하는 두 가지 실마리는 찾아볼 수 있다. 저명한 역사학자인 에드먼드 실버너Edmund Silberner가 쓴 글을 살펴보자.

영국 경제가 전세계의 운영자로 그 세력을 확대하던 100년이 넘는 기간 동안에 영국 정부는 부분적으로나마 개혁적이거나 이상적인 자유방임의 모습을 보여주지 못했다. 그리스의 비극 시인인 아이스킬로스의 고슴도치 격언처럼 1688년부터 1815년까지 정권을 쥐고 있던 하노버 정부는 치안, 무역, 제국과 군대의 권력이 가장 중요하다는 사실을 발견했다. 부르주아 무역상과 자본가들과 불편하긴 하지만 건설적인 협력관계를 유지하는 데 있어 영국 정부는 시장경제를 위한 기초 조건을 형성할 수 있는 전략적 목표를 세웠다. 1846년부터 1914년까지 영국의 헤게모니하에 영국식 세계 질서를 유지하기 위해 엄청난 재정적 투자를 기울였다. 당시 문인들, 특히 정치경제학자들은 영국이 무기로 일어선 선조들에게 어떤 빚을 졌는가에 대해 이미 망각하거나 애써 기억하려 하지 않았다.

국내 문제

제국들이 개발 계획의 지원을 반대했던 이유는 항상 자본의 부족이었다. 제국주의는 싼 값으로 통용되는 것이 아니었다. 제국들이 법률과 질서를 유지하기 위해 지출한 재정적 부담이 가장 큰 부분을 차지했다. '주류세는 국가 수입의 가장 큰 원천이었고 경찰, 감옥, 법정은 주요한 소비 품목에 해당했다.' 식민지의 역사를 통틀어 끊임없이 야기된 불안정 때문에 법률과 질서를 유지하는 데 가장 많은 재정을 지출해야 했다. 1804년에 아이티의 독립 전쟁과 1857년 인도 세포이 항쟁, 1899~1900년에 있었던 중국의 의화단 사건 등은 가장 잔인했고 값비싼 대가를 치룬 사건에 해당된다. 1873~1874년의 아샨티 전쟁, 1879년 줄루 전쟁, 1919년 한국의 민족주의 운동, 1930년대 토착 징발에 항의한 로데시아 항쟁, 간디가 이끈 인도의 불복종 운동, 1906년 나이지리아의 사티루 반란, 1917년 아베쿠타 항쟁, 1929년 아베 여성들의 세금 항쟁, 1946년 석탄 광부들에 의한 잔혹했던 투쟁, 1920년대 초반의 중국 공산당의 전복, 1940년대 말 라야에서의 공산주의 게릴라 운동, 1950년대 필리핀과 베트남의 공산주의 내전, 1954년 케냐의 마우마우 반란을 포함하여 태만, 수확 포기, 방해 작업 등 농민들의 수많은 반란이 이어졌다.

유럽의 저축 가운데 30%가 1차 세계대전 시기 동안 해외 투자에 사용되었다. 하지만 대부분의 자금은 호주, 미국, 캐나다, 뉴질랜드, 로데시아, 남아프리카와 같은 백인 정착 지역에 투자되었다. 유럽 국가들의 1인당 소득이 131달러에 달할 때 아프리카와 아시아의 1인당 소득은 11달러에 머물렀다. '토착' 농작물을 경작하기 위한 관개시설과 기술력은 형편없는 수준에 머물러 있었다. 그 대신 해외 산업은 두 번째 혁명의 고통 속에서도 천문학적인 해외 자금을 끌어들였다. 중국과 인도의 현대적 생산 라인에 의해 발달하기 시작한 직물 산업은 지역의 산업 엘리트들에 의해 보조를 받았다.

 자금의 부족과 함께 민주주의의 부재로 인해 외국인들이 의사결정권을 독식하게 되었다. 17세기부터 영국, 네덜란드, 프랑스는 매우 정교한 체제로 무장하고 정치적 자유를 사회 전반에 확산시켰지만, 대다수 내국민들이 자유의 개념이 전혀 없거나 그 혜택을 전혀 받지 못하고 거대 제국들에 점령되게 되었다. 식민지들은 투자의 기회와 정치적 후원을 얻지 못했다.

 유럽을 중심으로 산업 혁명의 수혜자들이 받았던 혜택은 식민지까지 영향을 미치지 못했다. 물론 대부분의 고등 교육 기관에서 현대적인 법체제가 수립되거나 기초 과학에 대한 교육이 이루어졌을지는 모른다. 하지만 전체적으로 볼 때, 교육의 수준은 너무나 원시적이었다. 1950년에 영국, 벨기에, 미국의 성인 문맹률은 3~4%였지만, 브라질은 51%, 말라야는 62%, 인도는 83%에 이르렀다. 19세기 유럽의 기술적 실험을 통해 당시 초기 교육이 경제 성장에 그다지 중요한 의미를 지니지 않았다는 것을 알 수 있다. 심지어 유럽과 미국에서 공식 교육은 높은 평가를 받지 못했다. 직업을 얻기 위해서는 기술이 필요했지만, 문제는 식민지에 일자리 자체가 턱없이 부족했다는 점이다.

 유럽의 식민지들은 유색인종 차별로 인해 고통 받았다. 현대화를 위해 반드시 기술을 보유한 노동자가 필요했던 전문가와 기업가 계급은 어려운 상황을 맞이했다. 인종 차별은 재능 있는 사람들의 경험을 제한했고 행정능력의 발달에도 악영향을 미쳤기 때문에 고용의 장애가 되었다. 또한 지역 기업인들에 대한 정부의 지원이 제대로 이루어지지 않는 결과를 초래했다. 노벨 경제학상을 수상한 아서 루이스W. Arthur Lewis에 의하면 좀더 나은 식민지에서는 학교, 과학 기술의 도입, 법체제의 현대화, 행정구조의 강화와 같은 긍정적인 면이 나타났다. 하지만 대부분의 경우 식민주의는 해당 지역에 대해 전반적으로 무관심했고 일본을 제외한 제국주의 권력들이 자유주의와 급진주의 운동의 출현을 희생시키면서 기존의 권력 계보를 통해 통치하려고 했기 때문에 오히려 현대화 과정에서 장애물로 작용했다. 전통적인 권력층과 결탁하고 자유주의와 급진주의 운동세력을 탄압하면서 식민주의자들은 산업화와 농업 현대화, 민주화를 위한 의제들의 발의 자체를 방해했다.

유럽인들은 고용을 제외한 경영, 교육, 정치면에서는 현지주민들에게 호감을 샀다. 국제 해운과 같은 현대적 서비스는 유럽인과 미국인들이 장악했다. 1850년대 이전에 인도인들은 인도양 전체를 통제했다. 하지만 헤드릭D. R. Headrick이 《발전의 촉각The Tentacles of Progress》에서 쓴 바와 같이 인도의 해운 산업은 1850년 이후로 유럽인들에 의해 선박이 소유되면서 완전히 파괴되었다. 문제는 단지 경제적인 효율성에 머물지 않았다. 해운 산업은 매우 정치적인 분야였고, 프랑스, 이탈리아, 일본의 해운 산업이 살아남기 위해서는 정부의 노력이 반드시 필요했다. 인도 정부는 오로지 영국 업체들에게만 특혜를 주곤 했다.

식민 지역의 풍부한 광물과 수출 대상 곡물을 해안가의 항구로 운송하던 철도 산업을 통해 새로운 경영자와 기술자 계층이 탄생했다. 철도 산업을 통해 최초로 전문 경영 체계가 등장한 것이다. 철도를 건설하기 위해 필요한 자본은 집단농장이나 직물 공장, 또는 해운 회사를 매입하는 비용보다 더 큰 규모였다. 따라서 기업가는 독자적으로 철도 회사를 소유할 능력을 갖지 못했다. 대부분 수많은 주주나 대리권자들이 철도를 경영했다. 경영 임무는 너무 방대하고 다양하며 복잡했다. 이러한 일은 전임 경영자들만이 할 수 있는 특별한 기술과 훈련 과정을 요구했다.

인도는 다른 어떤 식민지보다 광범위한 철도 체계를 지니고 있었지만 철도 산업을 통한 기술력은 거의 습득하지 못했다. 헤드릭에 의하면, "인도의 자동차 제조업의 성공과 인도에서 아프리카, 동남아시아, 중동 지역으로 운송된 상당한 양의 중고 자동차의 수출물량을 통해서 인도가 이 분야의 산업에 비교우위에 놓여 있었다는 점을 알 수 있다. 하지만 영국 점령 당시 철도는 인도 운송 수단의 4%만을 담당했다. 운송 수단의 80%를 차지했던 14,420대의 자동차는 영국으로부터 수입되었다. 이것은 시장 권력이 아닌 정부의 정책에 의한 결정이었다. 1920년대가 되어서도 인도 철도 사업에 근무했던 기술자들은 모두 유럽인들이었으며 인도인들은 관련 업무에 고용되지 못했다."

윌킨스M. Wilkins는 《다국적 기업의 성장The Maturing of Multinational Enterprise》에서 이렇게 기록하고 있다. "1930년대에 쿠웨이트와 바레인에서는 미국인들이 영국 기업들을 통해 유전 시설을 경영했다. 바레인의 석유 개발 업체는 대부분 영국인을 고용했고, 쿠웨이트 석유

업체의 절반이 영국 자본에 의해 운영되었으며, 대부분 영국인 경영인들을 고용했다." 1930년대에 미국인들은 이라크의 석유 산업 가운데 25% 정도를 장악했으며 '미국 기술자들이 이라크 북부의 키르쿠크에서 근무했다. 키르쿠크에서 트리폴리와 하이파로 향하는 파이프 라인은 미국 기술자들에 의해 미국의 원자재로 건설되었다. 그리고 이라크의 석유 산업은 대부분 영국인에 의해 경영되었다.' 멕시코의 석유 산업의 노사문제의 해결을 위해 파견된 위원단은 '멕시코에서 근무하던 대부분의 석유 굴착업자들이 외국인들인 점을 발견하고 멕시코 기술자들의 서비스를 활용하도록 석유 업체들에게 강제하는 것이 바람직하다.'고 조언했다. 멕시코는 1938년에 석유 산업을 국유화했으며, 주요 해외 석유 기업들의 반발로 1970년대까지 멕시코의 석유 산업은 자문위원단의 도움을 받지 못했다.

인종 차별이 정부의 정책에서 폐지된 후에도 차별은 여전히 존재했다. 러드너M. Rudner가 주장한 바에 의하면, 말라야의 고무 산업의 경우에는 '영국인 농장 권력의 경우, 본인의 이익에도 미치지 못하는 가격에 고무를 생산할 수 있는 소규모 농장주들이 시장에 등장하면서 말라야의 고무 산업은 결국 소규모로 전락하고 말았다. 이러한 상황에서 영국의 농장주들은 자신들의 자본을 보호해 줄 정책을 수립하기 위해 현지의 정치권력과 결탁하기에 이른다. 근본적으로 수출가격을 보호하기 위해 만들어진 국제적인 고무가격의 규제는 식민지였던 말라야에서 소규모 농장주들의 경쟁적 지위를 파괴하기 위해 계산된 조치였다.'

차별 정책을 잘 보여주는 또 다른 예로서, 인도 정부가 시범적으로 시도한 차 농장의 3분의 2가 1836년 영국의 독점적 권리로 영구

임대된 역사적 사실이 있다. 바네르지D. Banerjee는 "영국 정부가 인도 정부의 직접적인 비호 아래 차 산업에 대한 투자의 폭을 지속적으로 늘려갔다."고 말한다.

인종 차별과 차단, 금지, 장벽은 지식의 이전을 방해했다. 그렇지만 식민지의 인종 차별 정책은 능력 있는 유색 인종들을 차별하는 수단으로 악용되었다는 점에서 더욱 파괴적이었다. 식민지의 엘리트들이 정부의 고위 행정직에 채용되더라도 그들의 역할은 매우 제한되었다. 영국의 분할 통치 정책은 식민지의 엘리트층을 서로 대립하게 만들어 역동적이고 통합된 중산층의 출현을 차단했다.

일본이 점령했던 식민지들은 역사적으로 전쟁을 통해 제조업의 경험을 얻었으며 유럽의 식민지들보다 훨씬 더 쉽게 획득하는 경향을 보였다. 1차 세계대전 기간 동안 아시아에 대한 유럽의 수출은 차단되었다. 일본 제품에 대한 수요가 늘어났지만 공급 능력은 턱없이 부족했다. 일본은 식민지에서 이러한 부족한 공급 능력을 채웠고 일본 산업에 경쟁이 될 만한 식민지 산업을 금지한 1911년의 법안을 한국에서는 예외로 적용하게 되는 상황을 낳았다. 일본의 거대 산업은 한국의 직물과 시멘트 산업에 투자를 했다. 영국과는 달리 일본은 식민지에서 현대화를 진행했고 제조업을 발전시켰다.

불로소득

유럽의 식민지들의 상황을 더욱 어렵게 만든 것은 부유한 사람들은 세금을 적게 내고 가난한 사람들에게 거의 아무런 혜택이 주어지지 않았다는 것이다. 개인의 부와 대중적 빈곤이 거의 평행선을 그리며 유지되었다. 이것은 정부가 무관심과 겉치레로 일관했기 때문이다. 사회적 기반 시설은 군대나 부도덕한 민간 계약자들에 의해 건설되었으며, 이와 유사한 상황이 오늘날 아프가니스탄과 이라크에서도 나타나고 있다.

이집트의 산업은 1914년이 되어서야 정부의 공식 지원을 통해 어려움을 극복할 수 있었다. 1830년대에 무함메드 알리Muhammed Ali 정권하에서 얻은 제조업의 경험에도 불구하고 이집트 정부의 지원은 존재하지 않았다. 당시 제조업의 경험은 시기상 제법 이른 실험으로 간주되었고 공장, 군수창고, 학교 등이 세워졌으며, 경험 부족, 군부의 영향, 영국의 무자비한 세금이나 관세와 같은 장애로부터 자유롭게 시도되었다.

식민지들의 비교우위 산업이었던 농업은 거의 아무런 혜택을 받지 못했다. 노벨상 수상자인 아서 루이스는 정부가 농부들을 착취하기 위해서는 생산력을 높여야 했으며, 이를 위해서는 환금작물을 생산하고 농지 주변에 도로와 관개시설을 건설해야 했다고 말했다. 그러나 식민지 정부들은 이런 부분에 전혀 신경을 쓰지 않았다.

대부분의 신식민지 역사학자들이 주장하듯이 강압과 태만으로부터 화염병은 탄생했다고 한다. 수출하기 쉬운 상품작물을 더 많이 심고, 자급자족을 위한 작물의 경작 비율은 낮추도록 강압을 넣음으로써 수출은 증대되지만 국내의 기근이 심화되어 식민지 정부는 농민들의 분노를 샀다. 바셋T. J. Basett이 주장하듯이 '면화의 경우 생산량은 정부의 강제력의 수준에 비례했다. 경작에 대한 강압이 느슨해지면 수확 역시 줄어들었다.' 당시 미국에서 출하된 면화를 대체할 만한 원산지를 찾고 있던 프랑스는 코트디부아르를 면화 생산지로 낙점했다. 하지만 아프리카의 생산자들은 다른 지역의 장인들로부터 면화의 품질을 인정받았고 사하라 지역으로의 수출을 통해 많은 이익을 얻고 있었다. 프랑스 식민 정부는 면화 수출의 안정성을 확보하기 위해 권력에 호소했다. 이러한 강압적 경작 행태는 프랑스령 수단의 말리 면화 생산지와 포르투갈령이었던 모잠비크에서도 나타났다.

1912년 코트디부아르의 철도가 보아크 시에 이르렀을 때 바셋은 이렇게 기록했다. "면화를 포함한 다른 농작물이 사바나 사람들에게 쉽게 전달되었다." 지역 경비대는 강제적으로 농민들에게 벼 생산 농경지를 두 배로 늘리고 500헥타르의 면화 농장을 경작하도록 지시했다. 농민들은 자신들이 소유한 농장의 3분의 2를 면화 경작을 위해 떼어 두도록 '권고 받았다.' 해당 지역의 프랑스 통치권자는 '과학적'인 방법을 신뢰했고, 면화만 심는 것이 지역 경비대의 감독을 수월하게 만든다는 점을 강조했다. 불복종은 채찍으로 다스려졌다. 지휘관들은 무임금으로 아프리카의 노동력을 착취하던 농장을 별도로 운영했다. 만약 생산량이 떨어지면 해당 생산 단위의 수장을 불러내 땅에 엎드리게 한 뒤 채찍으로 체벌했다. 머리에 큰 돌을 얹고 마을을 걸어 다니는 벌을 주기도 했다. 아프리카 지역의 지도자들은 식민정부의 관료들에게 쌀, 옥수수, 기장, 땅콩 등을 무상으로 제공했기 때문에 지역민들의 짐을 더 무겁게 했다. 영농 방식의 개선이 없는 상황에서 의무적으로 공납을 제공하는 것은 식량 공급을 감소시켰다. 민주주의에 대한 논의에서도 농민들은 제외되었다. 프랑스인과 영국인들은 더 많은 공물을 바치는 마을의 추장들에게 더 많은 보너스와 수당을 주었다.

재정이 바닥난 식민정부는 더욱 굴욕적인 태도를 취해야 했다. 풍부한 천연자원과 더 많은 노동력을 필요로 했던 말라야, 케냐, 로데시아, 잠비아, 남아프리카와 같은 식민지에서는 노동력 수급을 위해 추악한 일들이 행해졌다. 시장의 평균 임금보다는 낮은 수준으로 유급 노동력을 확보하기 위해 일반 가정들은 터무니없이 높은 세금을 내야했고 농지는 분할 관리되었다. 콩고, 로데시아, 남아프리카, 케냐에서처럼 아프리카인들에게 세금을 부과하고 땅을 빼앗는 행위로 인해 남성들은 강제 노동에 종사해야만 했고 미혼 남성의 임금이 주어졌으며 식량은 런던 열대위생학회에서 정한 칼로리로 계산되었다. 이들은 멀리 떨어진 곳에서 노동을 해야 했고 여성들은 집에서 홀로 농사를 지어야 했다. 결과적으로 생산성은 저하되었고 가족들은 분산되었으며 매춘, 빈곤, 질병이 만연했다. 몇 년 뒤에 남아프리카와 중앙아프리카에 에이즈가 확산되면서 가족 구성원들을 분산시켰던 식민지 정책은 1930년대부터 이러한 질병의 확산을 더욱 심화시키는 상황을 불러왔다. 호주나 뉴질랜드와 같이 노동력이 귀한 백인 거주 지역에는 고임금 경제가 발달한 반면, 그렇지 못한 식민지들은 강압적 방식과 훈련 미숙으로 인해 저임금 경제가 지속적으로 유지되었다.

식민지의 행정이 관개설비와 철도에 대한 개발 비용을 늘려감에 따라 채무자들의 부담은 거의 재난 수준에 이르렀다. 1909년 인터뷰에 응했던 한 이라크인은 이렇게 말했다. "똑같은 상황이 벌어지고 있어요. 1882년에 영국이 합병했던 이집트의 상황이 이라크에 일어날 겁니다. 일단 관개설비가 들어오면 수출을 위해 필요한 설비가 있어야만 토양의 생산성을 올릴 수가 있죠. 그러려면 철도가 건설되어야 합니다. 결국 돈 문제가 발생하죠. 외국 업체들이 영국에 융자를 신청하고 융자가 이루어지면 관개시설과 철도가 건설됩니다. 수

확기가 지나도 절대로 융자를 갚을 수 없는 상황이 되요. 이 과정에서 군사적 개입은 필수적입니다. 가까운 나라인 인도에 식민정부의 군대가 주둔해 있으니 점령은 손쉬운 게임이 됩니다. 이라크는 결국 이집트처럼 되고 마는 겁니다."

재벌

무력이 아닌 시장의 논리에 의해서만 외국 기술의 이전을 통한 품질향상이 가능하지만 그것은 여전히 어려운 문제이다.

1880년대에 백인이 경영하던 브라질의 설탕공장들 가운데 일부는 철도업자들이 개발하기도 했지만 전반적으로는 실패작에 그쳤다. "일부 설탕공장들의 재정적인 성공을 통해 브라질의 설탕공장들도 성공적으로 경영할 수 있다는 긍정론이 일었지만, 여전히 부정적인 시각이 만연했다."고 그레이엄R. Graham은 기록했다. 여러 나라에 진출했던 대규모 무역 업체들도 기술 이전에 있어 특별한 성과를 거두지 못했다. 영국의 대기업인 자딘 매디슨 앤 컴퍼니Jardine Matheson & Co.가 중국에 영국의 면화 방적기 두 대를 들여놓았지만 경영 부실로 인해 곧 사업을 접어야 했다. 그에 반해 인도네시아의 한 도시에서는 자바 설탕을 제조하던 내실 있던 공장이 소규모 지주인 정치인에게 매수되어 네덜란드의 설탕공장에서 잠시 근무했던 사람을 경영자로 고용하고 중국인 경리가 사무를 보는 곳으로 전락하고 말았다.

해외 기술자들의 능률은 사회 문화적 차이로 인해 제한을 받기도 했다. 1850년대 오토만 제국에서 유럽의 기독교인들은 가장 비효율적인 사람들의 표본이었고 정치적 설득력도 없었다. 현지 언어를 안다고 하더라도 그 장벽을 넘어서지는 못했다. 여러 경우에서 보듯이 기술자들은 새로운 기술을 가르치기보다는 기계를 운영하는 일에만 몰두했다. 외국인과 오토만 노동자 간의 심한 임금 격차로 인해 두 그룹 사이의 불편한 관계는 더욱 심화되었다.

의외로 많은 해외 기업들이 기업가 정신의 탁월함을 보여주지 못했다. 새로운 산업을 시작할 때 현지의 토착 기업들을 주도하기보다는 따라가는 편이었다. 해외 기업들이 외부의 외국인을 기술 제공자로 교체하였을 때 그들은 선두 주자가 되거나 산업 확대의 분석가 역할을 하기보다는 기존의 기업 경영에 만족하며 해외 시장에 발을 들여놓는 편이었다. 예를 들어, 브라질에 대한 영국의 직접투자는 브라질의 선두 기업들에 비해 뒤처지는 형편이었고 멕시코 철도의 경우 북미의 자본이 브라질의 주요한 철도 두 구간을 건설하기 전에 이미 브라질 현지의 기업들이 226킬로미터의 선로를 깔아 놓은 상태였다. 결국 미국과 유럽의 다국적 기업들은 중남미의 제조업 분야, 특히 소비재 부문에 상당한 투자를 했지만, 1910년대와 1920년대에 시작된 거대 규모의 투자 시기에 많은 수의 현대적 산업들은 이미 기반이 잡힌 상태였다. 중남미의 담배 회사들은 대부분 20세기 초반에 설립되었고 1890년대에 설립된 회사들도 있었다. 이들은 아르헨티나, 브라질, 칠레, 멕시코에서 왕성하게 성장했다. 시장에서 가장 큰 규모였던 브리티시 아메리칸 토바코BAT(British American Tobacco)는 1차 세계대전 이후에 현지 기업을 합병해 가면서 선두주자로써의 교두보를 확보했다. 아르헨티나의 육류 포장 산업은 영국 기업과 지역 기업들을 포함하였으며 1907년에 세 회사 가운데 두 곳은 미국 업체들에 의해 인수되었다. 코닝 글래스웍스Corning Glassworks와 피츠버그 글래스 컴퍼니Pittsburg Glass Company는 1942년 아르헨티나에서 재정적으로 어려움을 면치 못하던 크리스탈레리아스 리골루Cristalerias Rigolleau에 대한 경영권과 함께 이미 현지 시장에서 우위를 차지하고 있던 또 다른 우수 기업을 인수하여 생산자와 구매자 간의 견고한 네트워크를 구축했다.

중국에서는 불과 한두 차례의 시도를 제외하고 1914년이 되어서야 서양인이 직물 공장을 소유하게 되었지만, 중국 현지의 현대적 직물 공장들은 이미 1890년대부터 등장했다. 일본은 중국의 면화 공장의 인수와 합병을 서둘렀다. 중국인들은 스스로가 개척자적인 면모를 지녔다. 외국 기업들은 직물을 제외한 중국의 산업에 투자를 했지만 대부분 다국적 기업이라고 하기에는 규모가 작은 수준이었다. 외국 투자가들이 일본에 진출하는 것은 1896년에서 1차 세계대전 기간에 이르러서이다. 이때 일본은 이미 적극적인 자세를 보이고 분명한 산업가적 기질을 보인 시기였다.

인도에 거주하던 외국인들은 19세기의 주요 수출 품목이었던 마직물 산업을 시작한 장본인이었으며 철도 건설의 주역이기도 하다. 하지만 인도인들은 면직물, 발전 설비, 선박, 건설, 설탕, 철강, 엔지니어링, 농업 설비, 화학, 자동차, 항공 산업 분야에 더 많은 관심을 기울였다. 영국인들은 번거롭고 복잡한 법안들을 폐기함으로써 인도에 철강 회사를 설립하려는 의도를 노골적으로 드러냈지만, 인도는 영국 정부가 자국의 철강 산업에 뛰어들어 철강 수출에 차질을 초래할까 우려하여 이를 허락하지 않았다. 하지만 단 하나의 영국 기업인 만이 이 분야에 손을 대려고 했으며, 인도 최초의 철강 공장은 오늘날 인도 최대의 재벌가 집안인 타타Tata 가家에 의해 설립되었다. 독일 철강이 수출을 할 때에는 인도의 철강 산업은 견딜 만했다.

터키에서 현대적 생산 설비를 설립한 최초의 외국인들은 바로 오토만 제국 시대부터 터키에 거주해 온 이주민들이었다. 1912년 이전에 이즈미르에 세워진 최대 규모의 직물 공장은 18세기 말엽과 19세기 초반부터 이즈미르에서 활동 중이었던 프랑스와 영국계 가족들이 소유하고 있었다. 역설적이게도 1차 세계대전 이후에 토착 무슬림 자본가들의 경제적 자립을 강조한 민족주의자들(젊은 투르크인들)에 의해 비무슬림인들이 추방되고 난 뒤에 터키에 대한 순수한 해외 투자가 이루어졌다. 당시 해외 투자가들은 터키의 공백상태를 채우며 제조업 생산의 63%를 차지하게 되었다.

이론상으로 해외 기업들은 풍부한 자본 공급과 같은 긍정적인 역할을 한다. 1930년에 한 역사학자는 "일본인들이 소유했던 직물 공장이 미친 영향을 이해하지 않고서는 중국의 직물 산업에 진출할 수 없다."고 말했다. 그럼에도 불구하고 외국 투자가들은 선두 그룹을 형성하거나 현지에서의 경쟁을 물리칠 만한 힘을 갖지 못했다. 1910년대만 하더라도 중국 담배산업의 거대한 다국적 기업이던 BAT와 중국 현지의 경쟁 업체이었던 난양Nanyang은 중국 시장에서 치열한 경쟁 관계에 있었다. 난양의 소유주인 치엔 차오 난Chien Chao-nan은 생산을 위해 상해의 해외 양허 지역에 물류창고를 세우기도 했다(난양은 일본의 기술력을 활용해 홍콩에서 담배 생산의 경험을 축적한 바 있다). 역사학자인 코크란S. Cochran에 의하면, BAT가 이 물류창고를 매입하기 전날 BAT의 내부 매판買辦(중국에 상주하는 외국 상관, 영사관 등에서 중국 상인과의 거래 중개를 위해 고용한 중국인) 가운데 한 명이 난양의 입장을 대변하여 BAT의 경영진에게 난양의 권리 포기를 강요하지 말 것을 주장했다고 한다. 치엔이 이끌던 난양은 119대의 미국산 담배 제조 기계를 설치하고 그 공장을 매입했다. 1890년대에 현지 소비를 위한 직물 제조업체를 오토만 제국에 설립하려 했던 기업가들은 맨체스터 직물 회사들의 이해관계를 대변하던 로비스트들의 압력에 의하여 도산하기도 했다. 영국 대사는 처음에는 영국 직물제조업자들로부터의 위협에 대비하고 자신의 재임용을 보장받기 위해서 행정 처리를 지연시키며 직물 공장의 건설을 방해했지만, 나중에는 현지 정부를 압박하여 세금을 높게 부과하면서 더욱 적극적으로 개입하게 되었다. 결국 직물 공장의 건축은 무산되었다.

직물 분야처럼 급속한 기술적 변화를 경험하던 산업의 경영에서 기술은 성장의 발판이 될 정도로 중요한 요소였다. 그러나 해외 투자가들이 항상 뛰어난 기술을 지닌 것은 아니었다. 일본의 철강 산업은 1897년 독일로부터 최초로 기술적인 지원을 받았지만, 독일 기술자들은 일본의 야와타 웍스Yawata Works의 기대에 미치지 못했다. 당시 최고 기술자의 임금이 일본 수상의 급료보다 두 배나 높았다는 놀라운 사실에도 불구하고 독일 기술자들은 일본 기술자들이나 관리들을 경영할 만한 지식이나 능력을 갖추지 못했다. 야와타는 결국 일본에 파견된 독일 기술자들의 능력이 최고 수준에 미치지 못한다는 결론을 내렸다. 멕시코의 금융 서비스는 생산 방법의 개선이나 새로운 기술개발보다는 정부의 정책 조작과 시장 정비에 더 많은 관심을 기울인 나머지 유럽의 소규모 금융 자본의 지원만 받을 수 있었다. 인도의 직물 산업에서는 해외 기업들이 20% 정도의 생산을 차지했지만 만족할 만한 수준에는 미치지 못했다. 유럽인 소유의 공장이나 인도인 소유의 공장 책임자들은 기술적 경험을 지녔던 반면에 상업적 경험은 두 경우 모두 평범한 수준에 머물렀다.

기술 이전 교육이 그다지 이상적으로 실행되지 못한 것과 마찬가지로 학습 역시 해외 기술을 흡수할 만큼 충분한 투자를 이끌어내지 못하고 불안정한 양상을 띠었다. 1890년대에 인도의 뭄바이 직물 공장에 종사하던 중간 경영 그룹의 기술자들 가운데 약 60%는 모두 유럽인들이었으며 1920년대에는 약 3분의 1가량이 외국인들로 구성되었다. 인도인들은 외국인 고문들의 기술 지원 서비스가 없으면 자체적으로 기술을 운용할 수 있는 충분한 기술력을 갖추지 못했던 것으로 보인다. 멕시코의 직물 산업은 1830년대에 시작되었지만 해외 투자가들은 1890년대에 영국의 랭커셔의 수준 높은 기술력을 가진 영국인이나 맨체스터에서 교육을 받은 사람들에 의해 공장들이 운영되었다고 평가했다. 1896년 멕시코 북부 토레온의 새로운 공장은 프랑스로부터 40명의 숙련공들을 고용했다. 브라질 최대의 면화 공장 가운데 하나인 아메리카 파브릴America Fabril은 1878년 두 명의 상인과 한 명의 기업가로 시작했다. 그러나 1921년에 이르러서는 경영 책임자는 요크셔 출신의 사람이었고 40명이 넘는 공장 감독들이 다양한 부문에 고용되었다. 그와는 반대로 1914년부터 1922년 사이에 중국에는 직조 공장이 300%나 증가했고 대부분의 공장들은 이 기간에 자금을 비축하였으며, 외국 기술자보다는 내국인들을 고용했다. 마찬가지로 1900년에 브라질의 영국인 소유의 리오 제분 공장은 교육 프로그램을 통해 브라질 사람들이 무역에 대해 배웠고 현지인 출신이나 영구 거주자들 가운데 기술자들과 노동자들이 약 250명에 달했다고 보고했다. 1883년에 방사를 생산하기 시작한 오사카 방적 회사에도 유사한 상황이 나타났는데, 늘 그렇듯이 영국인 기술자가 방적 기계 설치를 감독했다. 오사카의 조폐소에서 근무하던 외국인 기술자는 증기 기관의 설치를 도와주기 위해서 찾아 왔지만 일본인 기술자가 동참했고 기계 설치를 전적으로 외국인의 기술력에 의존하지는 않았다. 일본에서는 식민 통치의 독립적 산업화에 탁월한 능력을 지녔던 외국인들에게 모든 것을 의존하던 시대는 끝나가고 있었다.

영농 혁명

대규모 농장의 건설과 함께 과학영농이 식민지 세계에 확산되었다. 전문적이고 대규모로 운영하던 토지의 생산량을 늘리고 병충해에 강한 다양한 작물을 개발하기 위한 영농법에 대부분의 공공 투자가 집중됐다.

새로운 식물들을 새로운 땅에 정착시키기 위한 연구를 진행하기 위해 19세기부터 식물원이 등장했다. 자바에는 네덜란드 식물원, 실론에는 영국 식물원, 인도에서는 차 산업을 위한 영국의 정원들이 지어졌다. 미국 최초의 주립대학들은 1840년대에 농업을 확산시키기 위한 의도로 설립되었다. 런던 외곽의 엄청난 규모를 자랑했던 큐 왕립 식물원Kew Gardens은 식물을 배포하는 중심지 역할을 했다. 그곳에는 내한성이 강한 고무나무가 길러졌고 보루네오에서 미얀마, 서인도제도에 이르는 영국의 아열대 식민지로 수많은 품종을 보냈다. 19세기 말엽까지 새로운 문화를 수입하는 것보다 연구 작업이 자리를 차지하게 되었고, 식물원은 단순히 새로운 작물을 시험하는 것에서 탈피하여 화학자, 곤충학자, 균류학자, 식물학자, 수의학자, 농업 기술자들을 대규모로 고용하는 과학 연구소로 탈바꿈하기 시작했다. 한 역사학자에 의하면 "우수한 식물을 연구하고 우수한 줄기를 교접하여 새로운 종을 발명하는 것이 가장 위대한 성공이었다."고 한다.

일본에서는 마이어스R. H. Myers와 사부로Y. Saburo가 기록한 바에 의하면 농부들이 생산력이 높고 병충해에 강한 볍씨와 비료, 농장 설비, 해충을 박멸할 방법들을 포함한 새로운 영농법을 획득하기 시작했다. 대만과 한국 등의 일본 식민지들은 전문적인 벼농사 지역이자 일본의 식량 조달을 책임지고 있었기 때문에 이들에게 기술과 지식을 이전하는 것은 매우 신중한 일이었지만 높은 교육 수준에 힘입어 비교적 쉽게 진행되었다. 1898년 대만에 최초의 농업 기술원이 설립되었다. 1910년에는 대만에서 이루어진 영농 실험들을 통해 1,679종 가운데 가장 우수한 300종의 볍씨가 선택되었다.

인도 동북부의 가장 낙후한 지역들 가운데 하나였던 비하르에서는 1890년에 실험적 농장들이 등장하기 시작했다. 관개설비, 비료, 농기계, 수확, 파종법에 대한 연구가 사탕수수, 밀 그리고 다른 곡물에서도 이루어졌다. 불행하게도 농민들은 이러한 정보와 관련된 용어들을 이해할 수 없었고 실험적 영농법은 인근 지역에 거의 보급되지 못했다. 농민들이 직접 목격한 다양한 영농법들 가운데 몇 가지가 유출되는 경우가 있었다. 하지만 1920년대에 한 신문에 의하면 소규모 자본에 의존하던 사람들은 의지가 있다 하더라도 추천 받은 개선 사항들을 현실에 적용하는 것이 거의 불가능했다. 과학적인 영농에 의한 성과를 달성하기 위해서 주정부는 자유무역을 포기해야 했다. 일부 초등학교가 실험을 위한 정원을 갖고 있었고 학습을 한 아이들이 부모들에게 기술을 가르칠 수 있었지만 소규모 농장들이 곡물을 더 잘 기르기 위해서는 교육과 정부의 지원을 통한 여신, 종자, 설비, 판매의 도움을 필요로 했다. 영국 정부는 우간다의 커피농장에 더 많은 노동력을 조달하기 위해 커피 수확물 전체를 직접 매수하기도 했다. 나이지리아에서는 불공정한 무역상들이 땅콩을 거래하는 것이 금지되었고, 정부가 코코아 생산을 위해 코코아 콩 가공 공장을 설립하기도 했다. 서인도제도에서는 정부가 면화 생산을 위해 조면 공장과 사탕 분쇄 공장을 설립했다.

하지만 농민들에 대한 기술적 지원이 얼마나 진지하게 이루어졌는지는 의문의 여지가 있다. 정부의 지원이 전분야로 확산되지 못했기 때문이다. 주로 식량을 생산하던 빈곤층의 농민들은 거의 아무런 혜택을 받지 못했다. 그에 반해 좋은 종자를 얻은 농민들이 생산량을 증가시키기 위해 노하우를 쌓아도 쓸모가 없었다. 좋은 종자를 파종할 수는 있었지만 경작에 활용하지 못했고 최상의 경작을 위해 필요한 원칙들을 알지 못했다.

현지의 농업 전문가가 존재하지 않았기 때문에 농업 기술의 이전은 장애에 부딪히게 되었다. 19세기에 교육에 대한 운영 지식이 반드시 필요한 것은 아니었지만 농업 전문가는 반드시 필요했다. 가나의 골드코스트에는 1951년에 최초의 기술대학이 설립되었는데, 이는 가나가 독립하기 불과 6년 전의 일이다. 사하라 남부에 있던 남아프리카 유일의 대학은 2차 세계대전 직전에야 아프리카인들을 받아들이기 시작했다. 포르투갈이 점령하던 가장 낙후된 식민지들이었던 앙골라와 모잠비크에서는 88명의 아프리카인들이 1950년대 중반이 되어서야 기술학교에 입학했고, 1961년에 단지 두 명의 기술자가 배출되었다. 현지의 토착 농학자가 턱없이 부족했기 때문에 과학 영농은 여러 곳으로 확산되지 못했다. 열대지방에 있던 영국의 식민지들은 독립을 하던 즈음에 150명의 농학자가 졸업했고 프랑스의 식민지에서는 네 명만이 졸업을 할 수 있었다.

1899년과 1913년 사이에 열대지방으로부터의 수출이 증가하면서 중산층이 등장했다. 여기에는 무역업자, 대부업자, 세금징수원, 상점주인, 지역 관리, 건축업자, 항구 소유주, 교사 등이 포함되었으며 이들은 상류층으로의 상승을 주도했다. 이들은 민족주의 운동에 불길을 당겼으며 독립에 대한 분위기를 조성했다. 그러나 이러한 엘리트층이 전문가는 아니었으며 농업과 제조업을 현대적인 발판으로 키워가는 데 필요한 기술과 경영 노하우는 전반적으로 부족했다. 인종 차별 정책은 식민지의 토착민들이 전문적 기업이나 대규모 농장을 소유하고 경영하는 데 큰 장벽이 되었고 서구문화에 참여하는 과정에서도 장애로 작용했다.

영국 정부는 농업을 식민지의 상대적 우위로 간주했으며, 영국 본토는 부가가치가 높은 제조업에 더욱 집중하는 모습을 보였다. 좋은 기후에서 소규모 농업의 생산력이 증가하고 다양한 대체 품목들이 늘어났지만, 상품 가격은 하락했고 산업의 근간이 되기보다는 낮은 생산성과 고된 노동으로 이어졌다.

그럼에도 불구하고 대규모 농업은 정부의 지원에 힘입어 19세기에 큰 변화를 겪으며 생산성이 대폭 개선되었다. 농업에서 출발한 자유방임주의의 모델은 정부 지원이 곁들여진 농공업으로 대체되었다. 이러한 상황은 이후에 녹색혁명으로 이어졌다. 결국 정부의 농업 지원 모델은 산업 부흥으로 이어져 정부 주도의 산업화를 탄생시켰다.

새로운 길

자본주의 시장의 형성 이후에 식민지들은 거의 아무런 혜택을 받지 못했다. 중앙아프리카 농부들은 임금 노동자 시장의 평균보다 낮은 수준으로 하락했고 노동 시장에서는 구타와 비명이 끊이지 않았다.

권력과 통치, 행정력, 권한, 인종 차별 정책과 방어통치를 활용할 수 있는 통제력에서 경제 개발의 실마리를 찾아볼 수 있다. 통치력은 식민주의의 핵심이며 영국의 부흥을 이끈 주역이다. 하노버 왕조의 통치자들은 이를 잘 활용하여 엄청난 혜택을 얻었다. 기술 정보를 얻기 위한 제3세계의 투쟁의 핵심은 바로 정책과 의사결정에 대한 권력 쟁취였다. 제3세계는 이러한 권력을 갖지 못했고 성장은 더욱 느려졌다. 중국과 인도는 제국들의 태만함을 틈타 자본을 축적하고 직물 산업을 발전시킬 수 있었다. 호주를 비롯한 백인의 후발 정착지들은 비슷한 시기의 식민주의 국가들과 사회적으로나 정치적으로 동등한 방식으로 성장해갔기 때문에 서로 경쟁하는 모습을 보였다. 아르헨티나, 브라질, 칠레, 멕시코는 식민지 상태를 벗어났기 때문에 제조업 분야의 경험을 쌓아가며 해외 이주민들을 받아들였다. 1868년 페리Perry 제독에 의해 개항한 일본은 통합 정부를 통해서 열강들보다 뒤늦게 산업화를 시도했으나 자신의 운명을 스스로 개척해 가는 능력이 월등했기에 인도를 훨씬 앞지를 수 있었고, 세계 시장을 향해 호령하게 되었다.

하노버 왕조의 영국은 강력하고 명석한 존재였다. 실버너Silberner가 말했듯이 하노버 정부는 성장에 필요한 큰 주제들을 잘 파악하고 있었다. 지식은 국가의 성장에 매우 중요한 실마리이다. 유럽은 산업혁명을 계기로 새로운 단계로 도약할 수 있었다. 영국의 식민지들이 학습을 할 수는 있었지만 그들은 작은 것에 매달렸고 큰 것을 보지 못했다. 일본의 식민지들도 전쟁 준비를 위해서만 산업화를 경험했으며, 일본의 적국들도 자신의 식민지를 방어하기 위해 산업화에 박차를 가했다. 전쟁 이전의 식민주의가 누린 오랜 통치 기간 동안에 100여 개의 개발도상국들 가운데 12개국만이 제조업을 경험했을 뿐이다. 이것은 문명의 확산보다는 지식에 대한 통제를 의미하는 것이었다.

첫 번째 미 제국은 바로 이러한 논쟁의 중심에 있다. 2차 세계대전 이후에 개발도상국들은 미국의 첫 번째 제국의 시기에 과거보다 더 많은 자기 통제력을 부여받아 유례없는 성장을 기록한다. 가장 강력한 제국이 탄생한 기간에 제3세계는 산업화를 위한 두뇌 개발에 전념하여 마침내 자신의 길을 찾게 되었다.

3
천국과 지구를 맞바꾸다

> 어느 날 유럽 통합의 선구자인 장 모네가 나와 내 아내와 함께 걷던 중에 이런 말을 했다. "번스타인, IMF를 누가 운영하게 될 것 같은가?" 나는 "거트 씨가 첫 번째 책임자가 될 것입니다."라고 대답했다. "내 말은 그런 뜻이 아니네. 국무성 내부의 어떤 인물이 IMF를 움직이게 될 거냐는 말일세."
>
> _에드워드 번스타인, 《사제들 속의 레위 A Levite Among the Priests》에서

새로운 변화

2차 세계대전 이후 미 제국은 이단자이자 냉전주의자로 변신했다. 광적인 수준으로 반공산주의를 내걸었지만 자본주의 진영 내에서는 오히려 비정상적인 사고방식에 치우쳤다는 점에서 논쟁이 많던 시기이다. 공산주의와의 충돌 때문에 제3세계의 마음을 사로잡기 위한 정책들을 쏟아냈다. 우선 미국은 세3세계의 개발계획을 강하게 비판하기 시작했다. 그리고는 자유무역에 대한 수정주의 개념을 유포하기에 이른다. 그것은 바로 '당신들 스스로 해결하라.'라는 것이었다.

대규모 과학 실험, 연구, 개발, 고등교육, 제대군인 원호법, 무상 대학교육, 텔레비전 퀴즈쇼 등은 모두 두뇌 개발과 실험정신을 부추

겼다. 미국 문화에서 반反인텔리주의는 인텔리주의를 거스르는 것으로 새로운 사상에 대한 시도를 허용했다. IMF와 세계은행은 1944년 브레튼우즈 협정에 의해 UN은 1945년 샌프란시스코에서 모두 이 시기에 맞춰 설립된 기구들이다. 이러한 기구들의 탄생은 그 자체로도 매우 신선한 발상이었다. 이 기구들은 거대 권력에 고개를 숙였으며, 간단한 주문에도 정책들을 신속히 이행했다.

제3세계 국가들은 이 모든 흐름과 역행의 시대에서 혜택을 받았다. 만약 이들이 자본주의 진영에 머물러 있었더라면 자유시장의 형태에서 벗어나 떠돌다가 자신의 정책을 밀어붙여 결국은 스스로에 대한 시각을 잃어버리게 되었을 것이다. 이 시기는 최근의 역사상 가장 자유로운 시대였으며 눈에 띌 정도의 성장세를 기록했다.

루즈벨트와 케네디는 이단적 사상을 합법화시킨 학계 인물들로 두뇌집단을 구성했다. 루즈벨트는 자신의 뉴딜 정책을 거의 파괴시키다시피 한 금융 및 경제 관련 지식인들을 '완고한 보수파'라고 불렀고, 미국 국내 사정으로 인해 제3세계의 정부 정책에 대한 이들의 공격은 별다른 중압감은 없었다. 뉴딜 정책의 수장이자 콜롬비아대학 교수인 렉스포드 터그웰Rexford G. Tugwell 박사는 푸에르토리코에서 경제 개발 계획을 실험했다. 케네디는 하버드의 혁신적 학자인 존 케네디 갤브레이스John Kennedy Galbraith를 인도 주재 대사로 임명했다. 공화당 행정부도 해외에서 벌어진 일탈을 어느 정도는 눈감아 주었다. 아이젠하워Eisenhower 대통령의 수석 고문이자 자신의 동생이었던 밀턴Milton은 FDR에 근무했다가 나중에는 존스홉킨스대학의 총장이 되었다. 교육자로서 그는 남미를 자유시장이 아닌 자유적 거래자로 규정했다. 닉슨 대통령은 베트남과는 달리 제3세계에 대한 미국의 정책을 "우리가 어떻게 하더라도 사람들은 신경 쓰지 않는다."라는 말로 잘 표현한 바 있다.

무역 법안에 대한 첫 번째 미 제국의 고의적인 무관심이 오히려 제3세계의 성장에 도움이 된 셈이다. 워싱턴은 상호의존 관계의 원칙을 적당히 무시했다. 개발도상국들은 선진국들보다 유리한 무역 조건을 통해 혜택을 받았고, 관세장벽 덕분에 산업화에 더욱 박차를 가할 수 있었다. 이러한 접근 방식은 두 번째 미 제국이 채택한 엄격한 무역 정책과는 정반대의 개념이다. 두 번째 미 제국 시기의 무역 정책은 선진국이나 개발도상국들이 동등한 규범을 따라야 한다는 것이었다. 프랑스 작가 아나톨 프랑스Anatole France는 19세기 프랑스 법안의 엄격성에 대해 "부자와 가난한 사람이 다리 밑에서 잠을 잔 범죄에 대해 똑같은 처벌을 받았다."고 할 정도였다.

정책 결정의 완전한 자유는 경제 성장 초기에 있어 매우 중요했다. 과연 자율적인 정책 결정은 언제든지 가능하며 반복 실행될 수 있을까?

변화의 조짐

시간이 지나면서 식민주의에 대한 미국 내의 반대의 목소리는 점점 더 높아갔다. 침대차 짐꾼Sleeping Car Porters 노조의 급진적 흑인 위원이었던 필립 랜돌프A. Philip Randolph에 의하면 2차 세계대전은 자유를 위한 전쟁이 아니라 '백인의 통치'를 지속하고 유색인종을 착취하려는 전쟁이었다. 전국 유색인종 발전연합National Association for the Advancement of Colored People의 사무총장이었던 월터 화이트Walter White는 루즈벨트 대통령으로 하여금 영국을 압박하여 1942년에 인도의 독립을 선언해야 한다고 주장했다. 인도는 마침내 1947년 독립을 했다. 또한 월터 화이트는 일본이 패배한 동남아시아에서 제국주의 열강들이 철수해야 한다고 주장했으며, 중국 내의 백인 군대의 인종 차별을 고발하고 호주의 '백호주의' 이민 정책을 강하게 비난했다. 호주에 미국 흑인 군대가 도착했을 때 심한 박해를 받았기 때문이다. 화이트는 '유색인종에 대한 백인들의 장악'을 끝내려면 불가피하게 새로운 전쟁을 치러야 한다고 경고했다.

미국 내의 인종 차별에 대한 투쟁은 1954년 대법원의 브라운 대 교육위원회Brown v. Board of Education 사건과 1964년 시민법의 통과를 촉발했고, 개발도상국들의 유색인종 투쟁과 맞물려서 진행되었다. 골드스타인J. Goldstein과 코헤인R. O. Keohane에 의하면 이것은 단순한 우연의 일치가 아니다. 독립을 외치던 제3세계의 지식인과 정치인들은 인종 차별 철폐운동의 확산에 대해 이미 알고 있었으며 그들 가운데 일부는 서구 민주주의 사회에 인종 차별 철폐를 주장하던 서방의 지식인이나 정치인들과 직접적으로 접촉했다. 북부 도시들은 흑인 유권자들의 말에 귀를 기울이기 시작했으며, 자동차노조연합과 같이 대규모의 흑인 노조원을 거느린 노조들은 자유주의를 지지하게 되었다. 곧이어 독립은 미국 지식인 사회에 주요한 요구사항으로 자리 잡았고, 루즈벨트와 같이 우호적인 목소리를 내던 지원자들에게 정치적 힘을 실어 주었다.

개발도상국들이 자유무역주의에 대해 느끼던 불신과 노골적인 적개심은 독립운동의 원동력이 되었다. 미국은 멕시코의 차풀테펙에서 열린 회의에서 '회의적인 태도'를 지닌 중남미 회원 국가들에게 자유무역의 가치를 강조했다. 하지만 비교적 견실한 경제 성장을 보이며 스스로를 서방의 일부라고 여기던 중남미 국가들은 아시아나 아프리카, 혹은 중동 국가들보다 자유무역에 대해 호의적인 자세를 보였다. 상대적 우위에 기초한 자유무역은 미국이라는 악마적 존재의 속임수로 여겨졌다. 이미 풍부한 원자재와 값싼 노동력을 보유하고 있던 빈곤 국가들이 원자재 수출과 값싼 노동력에만 의존한 제조업으로는 절대로 발전할 수 없었다. 이러한 원시적인 전문성으로는 새로운 기술을 개발할 수 없고 생산 과정이 주로 외국인들에 의해 이루어지는 것이 일반적이었기 때문에 기술 투자를 위한 충분한 소득을 얻지도 못했다. 전문화와 비교우위는 여러 가지 불리한 입장에 놓인 국가들의 상황을 더욱 악화시키는 원인이 되었다.

완고한 보수적 기업가나 정치인들도 곧 유연한 입장을 취하기 시작했다. 여러 국가들이 독립을 쟁취하고 자치정부를 수립한 과정은 20세기의 가장 위대한 변화였다. 영국 식민지 시대의 마지막 수상이었던 해럴드 맥밀란Harold Macmillan은 이러한 움직임을 '변화의 바람'이라고 표현했다. 구시대의 정치 연합을 뒤흔들고 낡은 경제관계를 전복시킨 것 외에도 독립은 미국의 전폭적이지만 냉소적인 승인을 얻어냈다. 유럽의 국가들이 자신의 식민지들에 대한 독점적 권한을 잃게 되고 미국 기업들이 공백을 채우기 시작함으로써 경제적 이익이 확대될 것이라는 기대감이 커졌기 때문이다.

프랑스와 영국이 1956년 수에즈운하에 대한 통제권을 유지하기 위해 이집트를 침공했을 때 자유주의에 대한 미국의 확신이 증명되었다. 아이젠하워 행정부 시절에 미국은 이집트 편에 섰다. 미국 정부는 베트남을 제외한 기타 국가들의 독립을 전폭적으로 지원했다.

서로 다른 자원, 인구 규모와 밀도, 지형적 특색, 역사, 문화, 정부와 경제를 가졌던 개발도상국들에게 독립이라는 변화가 찾아왔다. 이런 다양한 상황에 직면한 미국 경제 외교 정책은 말 그대로 악몽과도 같았다. 미국에게는 두 가지의 현실적인 선택권이 주어졌다. 모든 국가들에게 자유 시장을 강요하는 것이 두 번째 미 제국이 택한 방법이다. 대부분의 개발도상국들은 이 방법에 반대했지만 막대한 대가를 치러야 했다. 국가별 적합한 제도적 개혁이 없이는 가시적인 경제 성장을 촉진하기 힘든 상황이었다. 두 번째 선택은 개발도상국들이 자본주의 영역 안에서 스스로의 길을 찾도록 하는 것이었다. 그러나 세계은행과 IMF가 잘못된 길로 이끈 나머지 더욱 경직된 상태로 변질되어 갔다. 미국은 이 두 번째 선택의 길을 걷게 되었다.

유연성을 위한 투쟁

　미국 정부는 1930년대부터 세계 경제의 성장을 촉진하는 수단으로써 '원조가 아닌 거래'라는 원칙을 수립했다. 미국 의회가 조건 없는 원조에 제동을 걸었기 때문에 그다지 기대할 만한 정책 수단이 되지 못했다. 안보를 강조한 첫 번째 미 제국은 영국 정부의 무역이 '자유무역 제국주의'와 같은 가치를 지녔다는 이유에서, 무역이라는 방식을 선호했다. 개방된 국제 관계를 통해 미국은 상대 국가에 대해 면밀하게 조사하고, 경제 정책과 정치적 내분, 군사적 대비상황을 보다 투명하게 감시할 수 있었다. 상대 국가들은 자유무역을 통해 수출 지향적 시장에 더욱 의존하게 되었으며, 미국의 내수 시장은 세계 최대 규모로 성장하여 미국 정부는 유리한 협상카드를 손에 쥘 수 있었다. 이론상으로 자유무역은 개발도상국들에게 성장의 기회를 더 많이 제공하여 자본주의의 보호를 받을 수 있는 강력한 장치였다.

미국의 무역 정책이 견지하던 대원칙은 바로 상호주의였다. 내가 시장을 개방하면 당신도 개방해야 하며 서로 이익이 되는 관계를 맺어야 한다는 것이다. 1934년 미국 의회는 상호주의 무역 법안을 통과시켰고, 이는 미국의 고립주의를 종식시켰고 자유무역은 강제적 수단으로써 공헌하기 시작했다. 보호주의 시장에 대한 보복으로 미국 시장을 차단하는 것 대신에 상대 국가들은 미국 상품에 시장을 개방하도록 강요받았다. 결국 의무적인 자유무역이 된 셈이다.

상호주의 자유무역을 가장 열렬히 지지한 사람은 테네시 출신의 코델 헐Cordell Hull 의원으로 1933년 루즈벨트 대통령에 의해 국무장관으로 임명되었다. 헐 의원은 상원의 재무위원회에 다음과 같이 보고했다. "자유로운 무역은 가장 평화로운 방식이다. 높은 관세와 무역장벽, 그리고 불공정한 경쟁은 또 다른 전쟁이나 마찬가지이다." 헐 의원의 재직 마지막 해인 1944년에 브레튼우즈 국제 금융 회의가 개최되었다. 미국은 세계은행 최대의 기부 국가였기 때문에 의장 선출 권한과 직원들의 인사권을 장악하였고 세계은행이 세우는 모든 정책들에 대한 절대적인 결정권을 행사했다. 당시 중남미의 융자 국가들에게 서비스를 제공하던 인터아메리칸 개발은행의 사정도 마찬가지였다. 미국은 IMF의 의장 국가였으며 부의장까지 직접 선출했다. 따라서 브레튼우즈 세계은행 기구들이 자본에 목말라 하던 개발도상국들에 대한 융자에서 자유무역을 조건으로 내세우는 헐 의원의 주장에 따라 점차 모든 대륙에 조건부 융자가 적용되기 시작했다.

트루먼Harry Truman의 국무장관이었던 딘 애치슨Dean Acheson 장관에 의하면 거의 외골수와 같았던 헐 의원은 입법권에 놀라운 집착을 보였고 자신의 주장을 현실화시켜 관세장벽을 없애고 상호 우호적인 무역협정을 타결하기 위해 노력했다. 케인스는 '헐 의원의 광신도적인 제안'이라는 표현을 쓰기도 했다. 케인스는 대공황과 분쟁의 시대에 관세를 유지하는 것이 평화로운 방법인 반면 관세에 대한 논쟁은 적대감을 불러일으킬 것이라고 주장했다. 대중적인 믿음에도 불구하고 시장의 보호가 오히려 무역을 증가시켰다. 산업화에는 원자재와 제조 부품, 기계가 필요했다. 이러한 수요는 현지에서 충족될 수 있으며 그 외의 품목들은 수입을 하면 되었다. 산업화 과정에 있는 국가가 관세 혜택을 받는 자유무역 국가보다 더 빠른 성장을 할 수만 있다면 수입을 줄이기보다는 더 많은 물품을 수입하게 되므로 무역은 확대된다.

하지만 자유무역은 첫 번째 미 제국만을 위한 이상향이었다. 이러한 제국주의자들은 계몽주의의 후손들이었으며 한 가지 중요한 사실을 알고 있었다. 자유무역이 다른 어떤 상대들보다 자신들의 산업화에 유리할 것이라는 점이다. 그런데 어떻게 개발도상국들의 무역에 대한 첫 번째 미 제국의 접근법이 유연하다고 말할 수 있는가? 세계 최강의 미국이 모든 선택권을 가진 상황에서 무역 정책을 포함한 산업 정책들을 개발도상국들이 과연 자유롭게 행사할 수 있었다고 말할 수 있을까?

날카로운 눈빛

미국은 대외 원조와 소규모 융자, 그리고 기술 이전 과정에서 제3세계에 관한 정보를 수집하기 시작했다. 미국 정부는 오랜 기간에 걸친 역사적 감시와 다국적 기업의 이익 때문에 중남미에 대해 큰 관심을 보였다. 아시아는 언어 장벽으로 인해 미국의 관심이 가장 적게 미친 곳으로 해외 기업의 수도 적었고, 아시아 정부들 역시 민족주의 성향이 강했다.

세계은행이 직원들을 파견하여 필리핀과 같은 개발도상국의 고급 관료들과 함께 경제개발 계획 수립에 참여하도록 주도한 것은 예외적인 일이 아니었다. 미국이 이끌던 발전 연합 세력은 중남미의 모든 국가들이 추진하는 경제개발 계획을 일일이 검토했던 것으로 알려졌다. 1953년 태국에서 외환 위기가 있은 후에 세계은행과 IMF는 검토 팀을 파견하여 태국의 외환 거래 시장을 자유화시켰다. 아르헨티나에서 이집트에 이르는 국가들의 재무장관들은 IMF를 거치면서 전문가로서의 경험과 지식을 얻었다. 1965년에서 1967년 사이에 인도네시아의 수카르노Sukarno 정권이 유혈사태를 통해 전복되고 친 서구 성향의 군부 독재자인 수하르토Suharto가 정권을 장악하면서 미국에서 교육 받은 버클리 마피아라고 불리던 전문 관료들이 인도네시아의 시장 개방에 일익을 담당하게 되었다. 칠레의 아옌데 정권이 유혈 폭동으로 무너지자 시카고대학 출신의 마피아가 피노체트Pinochet 독재 정권의 최측근 고문으로 임명되기도 했다.

미국은 한국 정부의 경제기획원 바로 옆에 미국 대사관 청사를 두고 두 건물을 지하 통로로 연결하기도 했다. 미국의 경제학자들은 한국과의 원만한 관계에 대해 이야기하곤 했지만 한국의 개발 대통령인 박정희는 자신의 회고록에서 미국과 한국의 관계를 고양이가 쥐를 갖고 노는 것에 비유했다. 1960년대 후반에 미국은 한국이 조선소를 건립하려는 것을 그 규모가 너무 크다는 이유로 반대했다. 조선업은 철강 구조물, 대형 크레인, 해안에서 떨어진 곳에 세워진 항만 시설 등을 갖춘 세계에서 가장 거대하고 효율적인 시설이다. 당시 영국에 주재하던 한국 대사는 스코틀랜드의 파산한 선박 회사들을 찾아다니며 선박 제조 설계도를 손에 넣었다. 미국은 한국의 철강 산업이 세계적인 장악력을 갖게 될 지도 모른다는 생각에 철강 회사에 투자하는 것을 반대했다. 이는 곧 미국의 철강 회사들에 대한 도전을 의미했기에 세계은행은 한국의 철강업 투자에 대한 융자를 거절했다. 한국의 철강 산업은 2007년 현재 세계 4위의 수준이며 아마도 가장 생산적인 설비를 지닌 나라일 것이다. 한국의 철강 산업은 일본이 전쟁 준비를 하는 사이를 틈타 자금을 축적했다. 인도가 IBM을 자국 시장으로부터 퇴출시키려는 시도를 미국이 방해했던 일로 인해 인도의 컴퓨터 산업이 치명적인 손실을 보았지만 결국 소프트웨어 서비스의 성장에 도움을 받게 되었다. 인도의 초기 소프트웨어 업체들 가운데 하나는 IBM이 간과했던 컴퓨터 분야에 집중하면서 경험을 쌓기도 했다. 마찬가지로 IBM을 추방하려던 브라질의 컴퓨터 산업에 미국은 의도적인 손해를 입혔지만 인도와 달리 브라질은 컴퓨터 산업에서 특별한 두각을 나타내지 못했다.

  미국 정부는 이 모든 것을 조종하는 장본인이었고 심지어는 제3세계가 자유무역 체제로부터 일탈하거나 새로운 개발 계획을 세우는 모든 과정을 감시했다. 첫 번째 미 제국의 유연성은 의도적인 것이 아니라 우연히 나타난 것이다.

어리석음이 낳은 비극

'재분배 무역'을 통해 빈곤 국가들에 자본주의를 고착시키고, 다른 선진국들과의 경쟁에서 자연스럽게 벗어나기 위해 상호주의 원칙을 채택하지 않기로 결정한 첫 번째 미 제국 덕분에 개발도상국들은 급속한 성장을 이룩할 수 있었다. 당시 무역 전쟁은 미국과 개발도상국 간이 아닌 미국과 유럽 간에 벌어지고 있었지만, 유럽과의 무역 협상은 유연하게 진행되었다. 일부 예외를 제외하고 미국이 개발도상국들에게 자신의 시장을 개방했지만 미국의 수출로부터 개발도상국들이 자국 시장을 보호하도록 허가했다. 생활용품에 대한 미국의 관세가 급락한 반면 무역 상대국들의 관세는 급상승했다. 과세 대상 품목들에 대한 제3세계의 미국 평균 관세는 대공황 시대인 1932년에 60% 가까이 올랐던 것이 1960년에 12%로 급감했고 1990년대에는 3.5%로 떨어졌다.

미국 국제무역 위원회의 전前 의장인 알프레드 에크스Alfred E. Eckes에 의하면 냉전 기간 동안에 미국은 무역 정책에 헤게모니를 투사하는 외교 정책의 수단으로 삼았으며, 그 자체를 목적으로 보지는 않았다. 시간이 지나면서 미국의 외교가들과 협상가들은 일본과 서유럽의 안정과 발전, 개발도상국들의 경제 발전 기회와 같은 외교 정책상의 목적을 달성하기 위해 일방적인 무역자유화를 장려했다. 미국의 지도자들은 관세장벽을 없앴지만 경쟁 국가들에게 동등한 의무를 지우고 엄격한 무역장벽을 유지했기 때문에 결과적으로는 상대 국가들의 내수 시장과 공격적 기업가들을 미국의 경쟁으로부터 보호하는 결과를 초래했다.

 동맹국들을 지원하고 2차 세계대전으로부터의 재건을 장려하기 위해서는 거대한 미국 시장을 개방해야 한다는 주장이 우세했다. 정책가들은 수입을 촉진하기 위해 미국 관세에 대한 빠른 삭감을 주장했다. 그들은 상호 균형적인 관세 양허를 위한 법령을 과도한 구속으로 간주했으며 수출보다는 수입을 증가시키는 정책들을 입안했다. 무역 정책에 관해 의회보다 한 수 높은 권력을 지녔던 미국 국무성은 해외의 달러 부족을 경감시켜 주기 위해 전후 시기에 미국의 무역 과잉을 감소시키고자 했다. 그 결과 미국인들은 해외로부터 수입된 상품을 구매하도록 부추겨졌다. 한 보고서는 "우리는 납세의 부담과 함께 불공정한 무역 불균형을 경험하고 있다. 이제 수입 지향적인 국가가 된 셈이다. 미국인들이 손해를 볼 것이라는 점을 전혀 걱정하지 않는 모습이다."라고 기록했다.

 1953년 트루만 대통령에게 보고된 상호안전위원회의 문서에는 미국이 자동차, 기계, 라디오, 텔레비전 등의 소비재 전자제품 산업에 대해 '불필요한' 보호 정책을 철폐해야 한다고 지적하고 있다. 이러한 산업은 이미 많은 발전을 보이며 과잉 생산 상태였으므로 미국은 두려울 것이 없다는 주장이었다. 이 보고서는 실질적인 수입 증대를 꾀하기 위하여 직물이나 의류에 대해 25% 이상의 관세를 삭감해야 한다고 주장했다.

 아이젠하워가 이끄는 공화당 정부하에서 전략적 무역 정책은 더욱 유연한 모습을 보이게 된다. 군부 출신인 아이젠하워 대통령은 노동집약 산업의 보호주의에 사로잡힌 경제계에 대해 극도로 비판적인 태도를 취했고, 자신의 일기에서 비극적일 정도로 어리석은 근시안적 시각을 비판하고 있다. "소비에트 연방에 대항한 동맹국들의 전략적 수출 통제를 지원하기 위해서 미국은 서방 시장에 새로운 대안을 제시해야 한다."며 아이젠하워는 세계 무역 체제의 추진이 비록 미국의 기준에 의해 정해지더라도 사람들이 적정한 최저 수준 이상의 삶을 누릴 수 있어야 한다고 주장했다. 그렇지 않을 경우 미국은 공산주의의 장기적인 공격의 희생양이 될 것이라고 믿었다.

1948년부터 미국은 브라질, 스리랑카, 쿠바, 파키스탄 등의 개발도상국들과 상호주의 무역협정을 통해 상당한 권리를 양도했으며 대금 지불과 개발의 명목으로 미국에 대한 수출에서 차별을 두는 것에 동의했다. 미국 시장에 대한 차별은 매우 광범위하게 적용되었다. 1950년 미국 관세위원회가 조사한 바에 의하면 미국과 상호주의 무역협정을 맺은 42개국 가운데 4개국만이 수출 허가나 거래 통제 절차를 밟지 않은 정도였다. 이 네 개의 개방 국가들마저 심한 수준의 통제는 없었다. 이들은 미국의 신식민지였던 쿠바, 엘살바도르, 과테말라, 아이티였다.

1958년 상공회의소는 미국이 관세 양허를 받은 품목에 대한 정보와 함께 자국 대체 품목들과 경쟁관계에 있던 상품들에 대한 정보를 국무성에 요청했다. 국무성은 독일에 대해서는 사무기기와 타이프라이터, 일본에 대해서는 비타민 등 일부 예를 들어 주었지만 '실제로 더 많은 상품들이 있더라도' 이들에 대한 구체적인 조사나 연구는 이루어지지 않았다고 인정했다. 달리 말하자면 국무성은 협상의 결과들에 대해 관리 감독을 하지 않았고, 미국의 이익을 위한 비즈니스나 자유화로부터 얻을 혜택에 대해서도 정확한 정보를 확보하고 있지 않았던 것이다.

　케네디 대통령 역시 트루만이나 아이젠하워와 같은 생각을 갖고 있었다. 케네디는 미국이 수입 장벽을 없애는 것이 빈곤국들의 경제 개발에 큰 힘이 될 수 있다고 믿었다. 1963년 연설에서 케네디는 아프리카와 아시아, 그리고 중남미의 개발도상국들에 대해 미국 시장을 개방해야 한다는 환태평양 책임론을 역설했다.

　이러한 분위기는 1968년 베트남이 미국의 지불 균형에 혼란을 야기하면서 일대 전환을 맞이했다. 닉슨이 승리한 그해의 대통령 선거에서는 비상호주의와 일방적 무역 자유화에 대한 대중들의 실망감이 표출되었다. 미국 국제무역 위원회의 전前 의장은 "일본, 대만, 한국, 브라질과 같이 급격히 산업화를 성공시킨 국가들은 자국 내에서 자유무역을 실행한 것보다는 미국의 개방된 시장에 대한 접근성 때문에 놀라운 경제 성공을 거두었다."는 결론을 내렸다.

　실제로 미국 시장의 개방은 과도할 정도로 과장되어 있었다. 미국, 유럽, 일본의 높은 관세는 직물, 신발, 미네랄 제품처럼 개발도상국들이 상대적 우위를 지녔다고 여겨지는 산업 분야를 완벽하게 보호해 주고 있었다. 19세기의 대표적인 예외이자 주도적인 내수 부문이었던 미국 직물에 대한 관세는 1812년에 시작하여 거의 200년에 이르는 최근에까지 적용되었다. 경제학자들은 미국의 독립 전쟁 이후에 중국 남경, 인도, 그 이후 일본에 맞선 보호 조치가 없었다면 남부 면화에 대한 손쉬운 접근성과 기술 혁신의 공로에도 불구하고 미국의 직물 산업은 붕괴했을 것이라고 지적한다.

　역설적인 것은 화학, 기계, 비철금속과 같이 자본집약적이고 기술적으로 발전된 분야의 산업에 대한 미국 시장의 유연한 개방을 통해 급성장을 하던 개발도상국들은 비교우위의 자리를 차지하고 높은 수준의 기술력을 수출할 수 있었다. 이러한 국가들의 산업화는 최적의 시기를 맞이한 것이다. 가장 많이 피해를 본 나라들은 비교우위의 장점을 살리지 못한 원자재 수출 국가들이었다.

상대적으로 말하자면 첫 번째 미 제국의 시기는 너무나 많은 혜택을 베풀었다. 재분배 무역 체제하에서의 세계 경제의 성장은 유례에 없는 높은 기록을 세웠으며, 그 성장의 주인공들은 바로 극빈국들을 포함하는 제3세계 국가들이었다. (17쪽 그래프 1.1 참조) 유럽과 일본의 성장이 두드러진 상황에서 첫 번째 미 제국이 비상호적인 무역 체제를 유지할 수 있는 여지는 그다지 커 보이지 않았다. 다른 선진국들이 자국의 시장을 끊임없이 봉쇄한 반면 미국은 수입을 계속할 수 없었고 그럴 의지도 없었다. 제국주의의 안전한 모델을 고수하려면 제국은 강력한 경제적 힘을 누려야 하고, 자신보다 선진화된 동맹국들로부터 든든한 지원을 얻어야 한다. 미국은 강했지만 미국 본토에서의 성장을 유지하지 못했기 때문에 가공할 정도의 권력을 장악하지는 못했다.

회담

전후 미국은 무역을 세계화하여 가능한 많은 국가들이 이 시스템에 따르도록 강제하는 과정에서 제3세계에 큰 혜택을 주게 되었다. 전후 시기의 우월한 지위를 통해 미국은 강력한 다자간 무역 시스템을 구축하여 자신의 전략적 이익을 보호하며 정치경제적 지도력을 유지할 수 있는 만족할 만한 수단들을 강구하기에 이른다.

관세와 무역에 관한 일반협정GATT은 1947년에 체결되었으며, 1995년 우루과이라운드WTO가 그 자리를 대체할 때까지 유지되었다. WTO와 비교해 보았을 때, GATT는 호전적인 초강력 국가보다는 안전을 우선시하는 제국의 산물이었고 개발도상국들에게 유연하고 고분고분한 태도를 보였다. GATT 회원국들이 모든 협약 사항들을 반드시 준수할 의무는 없었으며 자신들이 지킬 수 있는 것들만 지키면 되는 분위기였다. 선택의 자유는 경제 발전에 더 큰 힘을 실어 주었다. GATT에는 WTO보다 더욱 강력한 안전장치가 있었는데, 이는 불안정한 시장 상황, 선진국들의 카르텔cartel, 독점적 관행으로부터 힘없는 국가들의 신생 산업을 보호해 주는 조치들이었다. GATT의 이러한 보호 장치가 아니었다면 한국, 인도, 중국의 자동차 산업은 오랜 경험과 충성도 높은 제조업 네트워크, 자본력, 브랜드 가치, 기술적 우위, 저임금 국가에 선택적으로 공장을 설립하여 값싼 노동력으로 생산하던 일본이나 미국, 독일의 자동차 산업과 경쟁을 할 수 없었을 것이다. 새로운 주자들이 뛰어들면서 전세계 자동차 소비자들은 시장의 다양한 상품 경쟁을 즐길 수 있게 되었으며, 자동차 산업을 보유한 개발도상국들(중국, 인도, 한국, 태국, 브라질, 멕시코)은 더 많은 일자리를 창출하고 부품 산업의 발달을 이룩했다. 계몽주의가 가르친 바 대로 경쟁은 위대한 것이고 성장하는 국가들에게는 매우 중요한 의미를 갖는다는 점을 깨닫게 된 시기였다.

거대한 관료 조직인 GATT와 WTO에서 자신의 역량을 한껏 선보인 미국의 자부심은 전문 지식, 경험, 연구 위주의 무역 기구들로부터 나온 것으로, 국내 정치 상황과 관계없이 미국 정부의 이익을 해외로 확장하는 데 크게 기여했다. 1948년 GATT의 관세 협상이 처음 열리고 딜론, 케네디, 우루과이 등 총 일곱 번의 라운드가 진행되었을 때 미국 관세위원회는 양허할 의향이 있는 1,300가지 품목에 대한 정보를 마련하고 다섯 명의 위원과 스물 두 명의 직원들을 제네바로 보내 회담에 참여했다. 이런 회담들은 명목상 다자간이라고는 하지만 1934년부터 1945년 사이에 미국의 양자간 무역 회담과 많은 공통점을 지녔다. 미국 무역대표부는 경험이 적은 다른 협상단들에 대해 우세한 입장을 갖고 있었다.

협상 기간 동안 각 나라의 협상단은 다른 나라 대표부들과 하루에 한 번씩 거래를 진행했으며 일반적으로 자신들에게 중요한 상대국과 쌍방 협력에 기반을 두고 협상에 임했다. 관세 양허가 상호 이익에 따라 합의되면 각 나라는 서로 합의한 양허 사항을 합의된 일정에 따라 실행하고 GATT의 일원이 된다. 첫 번째 양허 협상 라운드가 합의점을 찾는데 7개월이 걸렸고 45,000가지 관세 품목이 논의되었다. 이는 그때까지 가장 큰 규모의 다국적 무역 협상이었으며 미국과 유럽을 중심으로 한 전세계에 관세장벽을 낮추는 데 상당히 기여했다.

미국이 양보를 할 산업 분야를 선택하면서 보여준 노련함으로 인해 개발도상국들은 주요 무역 상대국과들과의 협상을 진행하는 과정이나 자신들의 국가적인 운명이 달린 상품들에 대한 자유로운 무역을 개진시키는 데 있어 거의 아무런 주장을 하지 못했다. WTO 협상도 마찬가지였다. 실제로 대부분의 개발도상국들은 GATT가 창설되었을 때 목소리를 거의 내지 못했으며 식민지 국가로서 따라가는 입장에 놓여 있었다. GATT 초기에 가입한 제3세계 회원들은 대부분 중남미 국가들이었으며, 이들은 공산주의의 반란이 같은 시기의 아시아보다 약했고 정치적 요구의 수준도 다소 낮은 편이었다.

역설적이게도 독립을 한 뒤로 개발도상국들은 전후 미국의 양당 정치 시스템으로부터 혜택을 받았다. 의회에서 민주당과 공화당 의원들은 '글로벌리즘'을 편한 마음으로 대할 수 없었다. 민주당은 노동자 계급과 소수민족 유권자들의 생활수준이 하락하게 될 것을 걱정해야 했고, 공화당은 국제적인 문제들에 대한 개입으로 인해 국가적 지배력을 잃게 될까봐 두려워했다. 민주당과 공화당은 현재와 미래의 국제적인 무역협정에 상호 이익을 기반으로 한 초기의 무역협정에서 그랬듯이 '면책 조항'을 두어야 한다고 같은 목소리로 외쳤다. 이 조항에 의해 미국의 제품들은 이미 합의된 양허 조항들로 인해 입게 될 심각한 손해들로부터 보호를 받게 되었다. 양허 조항에 의해 미국이 손해를 입을 경우 미국은 협정서를 파기, 수정 또는 손해에 대한 보상 청구를 할 수 있는 권리를 갖게 된 셈이다.

개발도상국들의 신흥 산업들을 위험에 빠뜨릴 수 있는 조약으로부터 달아날 수 있었기 때문에 면책 조항은 이들에게도 뜻밖의 선물과도 같았다. 수입 과잉이나 지불의 안정을 깰 수도 있는 수입, 불공정 무역 관행으로부터 스스로를 보호할 수 있게 된 셈이다. 50년이 넘는 GATT의 역사에서 이러한 면책 조항은 전적으로 개발도상국들에 의해 제기되었다. 그럼에도 불구하고 개발도상국들이 누린 '특별하고 차별화된 혜택'은 극히 미미했다. 이러한 조치를 통해 그들이 가졌던 미국과의 상호적인 관계를 다자간의 관계에서 누릴 수 있었다. 비상호관계 혹은 선진국들이 정한 것보다 낮은 평균 관세가 그 핵심이었다.

수많은 자유시장 경제학자들이 우려했던 보호조치, 특별하고 차별화된 혜택, 협상의 어려움에도 불구하고 표 3.1에서 볼 수 있듯이 GATT는 낮은 관세라는 핵심 목표를 성공적으로 달성했다. 무역 강국들의 부추김에 의해 GATT가 이끈 우루과이라운드가 열리기 전에 유럽, 일본, 미국의 관세는 전후 최고 수준에서 차츰 떨어지기 시작했다. 선진국의 산업과 정면으로 맞서던 한국, 태국, 브라질, 멕시코와 같은 개발도상국들의 평균 관세 역시 하락세를 보였다. 표 3.1에서 보듯이 인도는 이러한 추세와는 달리 유일한 예외로 70%가 넘는 평균 관세로 우루과이라운드에 임했고 인도네시아의 평균 관세도 상승을 보였다.

1995년에 이르기까지 개발도상국들의 관세는 대부분 적정한 수준으로 유지되었고 자유무역에서도 같은 상황이 나타났다. WTO가 출범하면서 관세에 대한 조정 작업은 거의 완료되었다. 역설적이게도 개발도상국들이 여전히 빈곤에 허덕이던 상황이었기 때문에 문제는 미국, 유럽, 일본이 직물과 농산물에 대한 자신들의 무역장벽을 가능한 빠른 시일 내에 낮추는 것이었다. GATT가 무역 관계를 안정화시키고 무역자유화를 촉진했다는 면에서 전후 경제 성장에 가치 있는 공헌을 했다는 주장이 보편적인 지지를 받았다. 실제로 관세를 정비하는 것과는 달리 제3세계의 발전에 GATT가 이바지한 바는 자유화와 정반대의 개념이었다. 개발도상국들로 하여금 교역에 필요한 현대적 산업을 구축하기 위해서 자유무역의 원칙들을 지키지 않아도 되도록 허용했기 때문이다. 수출할 상품이 없으면 개방 시장 역시 아무 의미가 없는 상황이었다.

표 3.1
자유화 이전과 이후의 무역 관세 평균 (우루과이라운드 이전과 이후)

	우루과이라운드 이전	우루과이라운드 이후
개발도상국		
아르헨티나	38.2%	30.9%
브라질	40.7%	27.0%
칠레	34.9%	24.9%
인도	71.4%	32.4%
인도네시아	20.4%	36.9%
한국	18.0%	8.3%
말레이시아	10.0%	10.1%
멕시코	46.1%	33.7%
태국	37.3%	28.0%
터키	25.1%	22.3%
선진국		
유럽연합	5.7%	3.6%
일본	3.9%	1.7%
미국	5.4%	3.5%

우루과이라운드 이전의 관세는 1994년의 관세나 1986년 가을부터 적용된 관세를 말한다. 우루과이라운드 이후의 관세는 1994년 GATT의 우루과이라운드 협약에 첨부된 양허 내용을 의미한다. 일반적인 수입통계는 1988년을 기준으로 하고 있으므로 우루과이라운드 이후의 수입 데이터를 활용한 무역 관세 수치는 약간씩 다를 수 있다. 이 데이터는 예비 수치이며 우루과이라운드의 최종 협약문에 첨부될 내용에서 수정될 수 있지만, 1994년 4월 이후로 태국을 제외한 나머지 수치는 수정되지 않았다. 태국의 수정된 수치는 위에 나와 있다.
출처: 1994년 OECD 첨부표 5와 6

반향

　공산주의와 자본주의 사이의 경쟁은 개발도상국들에게 산업화를 이룰 수 있는 기회를 제공했다. 아이디어의 충돌은 교육적 효과를 주었다. 전쟁 이전의 유럽 제국이나 1980년대 이후의 두 번째 미 제국은 제3세계 국가들이 누렸던 비상호주의 시대에 이룩했던 경제 성장과는 거리가 먼 시기였다. 제3세계 국가들은 미국이 개방한 시장들에 대해 접근하는 동시에 자신들의 시장을 보호하면서 성장을 할 수 있었다. 결국 자신들의 산업을 구축하여 이후에 더욱 많은 교역을 가능하게 했다. 이러한 점에서 무역에 대한 케인스의 이단적 생각은 옳았다.

정책 자문 위원회의 카멜롯Camelot의 도움과 제3세계가 한 일에 대해 '우리가 무슨 일을 하건 간에 아무도 신경 쓰지 않는다.'는 시각, 그리고 자유무역에 대한 반대 의견과 비정상적인 생각에도 불구하고 미국은 해외 경제 정책에 있어 스스로 보수적인 국가임을 다시금 증명했다. 제3세계는 보수주의자들이 잘못되었다거나 신흥 산업에 대해 보호하는 것이 옳다는 강한 확신이 있어서라기보다는 당시의 특수한 시대적 갈등과 합의에 힘입어 성장을 이룩할 수 있었다.

그렇다면 이것은 계획이나 비정상적 정책들이 반복 실행될 수 없음을 의미하는 것일까? 북반구와 남반구의 수입 격차가 크게 벌어지고 평균적인 차이가 더욱 커지면 우리에게는 늘 냉전 상태가 올 것이며 빈틈없는 무역 정책에 대한 필요성이 제기될 것이다. 현재 미국과 중국 사이에 일어나고 있는 갈등은 일종의 냉전과도 같다. 테러리스트들이 가난한 사람들을 대변하고 미국이 부유한 사람들을 대변한다는 면에서 대테러 전쟁은 종교의 이름을 내건 냉전이라고 할 수 있다. 세계적인 소득의 양극화가 존재하는 한 남반구는 북반구가 행하는 동일한 정책적 수준에 보조를 맞출 수 없다. 그렇지 않으면 성장은 거의 불가능하거나 엄청난 사회적 비용을 지불해야 할 것이다.

1924년에서 1928년 사이, 그리고 1960년에 무역은 불과 5%의 수출을 기록할 정도로 미국의 GDP 가운데 극히 일부분을 차지했다. 이것은 1959년과 1965년에 3%를 기록한 러시아와 비슷한 수준이다. 현재 미국 수출이 GDP에서 차지하는 부분은 10~15%정도로, 낮은 수준은 아니지만 세계적인 번영과 평화에 이바지할 수 있는 충분한 수준은 되지 못한다.

4
족쇄 원조

중국 속담에 물고기를 주면 하루를 버틸 수 있지만 물고기를 잡는 기술과 낚싯대는 평생 쓸 수 있다는 말이 있다. 실제로 한 국가의 어업이 배와 그물을 구매할 수 있는 자금이 없거나 항만 시설과 냉동 설비, 수산물을 내다 팔 큰 시장이 없다면 낚싯대와 낚시 기술은 물고기만큼이나 쓸모가 없게 된다. 이러한 자원은 지원, 투자, 간접 설비, 무역 정책 등과 조화를 이루어야 한다. 지원만 있을 경우 물고기가 물을 떠난 것과 마찬가지이다.

진정한 원조

원조는 경제 개발에 대한 첫 번째 미 제국의 실험적 접근 방식 가운데 하나였다. 그 이전에 식민지에 대한 원조는 아예 존재하지 않았다. 그러나 미국의 원조는 무역 수치보다 낮았고 원조에 의존하던 개발도상국들과 전후 제조업 수출을 통해 급성장을 하여 그나마 형편이 나았던 개발도상국들 사이의 격차는 갈수록 커져갔다. 부정부패의 문제 외에도 지원과 협력투자 자체가 턱없이 부족했다. 교육을 받은 사람들이 일자리를 찾지 못하는 상황에서 교육에 대한 지원은 무용지물이며 일자리 창출은 새로운 산업에 대한 투자를 필요로 한다. 그렇지 못할 경우 그나마 교육을 받은 소수의 고급 인력들은 불만세력으로 변질되거나 급격한 두뇌 유출 현상이 벌어진다. 비공식 부문에서 깨끗한 물과 하수 시설은 누구나 꿈꾸던 것으로 자영업자들마저 현대화된 거래를 하기 위한 충분한 융자를 얻지 못하면 생존을 유지하지 못한다. 녹색혁명은 이러한 법칙의 예외였으며 농민들에게 깨끗한 물과 현대적인 하수시설이 아닌 장기적으로 생계를 꾸릴 수 있는 수단을 제공하였다. 충분한 자본이 없는 상황에서 원조는 빈곤 국가들에게 그저 마약과 같은 존재일 뿐이다.

미국이 시행한 원조의 대부분은 1947년 하버드대학에서 강연을 한 당시 국무장관 조지 마셜George Marshall의 이름을 딴 마셜플랜에 따라 유럽과 일본을 위해 쓰였다. 당시 미국 대외 원조국의 초대 국장으로 마셜플랜을 관장한 폴 호프만Paul Hoffman은 "유럽을 통해서 아시아에서 우리가 무엇을 해야 하는지를 배웠다."고 말했다. 유럽과 마찬가지로 아시아 역시 공산주의가 전복을 꾀하던 중심 거점이었고 공산주의와 대결하는 것이 첫 번째 미 제국하에서 원조가 필요했던 가장 핵심적인 이유였다. 그러나 아시아가 엄청난 군사적 원조를 받았음에도 불구하고 유럽의 경험이 다른 개발도상국들에서 효과를 발휘하지 못했다. UN에서는 축소형 마셜플랜과 다자간으로 구성된 초대형 원조 기구를 만들어야 한다는 기조에 따라 회담이 열렸다. 이것이 바로 경제 개발을 위한 UN 특별 자금SUNFED(Special United Nations Fund for Economic Development)이었으며, 출발조차 신통치 않아서 경제 개발을 위한 UN 자금UNFED이라고 개칭되었다.

시간이 지나면서 빈곤률은 급격히 하락했고 원조의 절대적인 규모는 증가했다. 2005년 아시아에서 발생한 쓰나미처럼 특정한 위기 상황에서 원조는 나름대로 제 역할을 했다. SUNFED의 해체 이후

UN은 기술적 지원과 '다자간' 원조를 지속적으로 실행했다. 스칸디나비아 국가들이 주요한 기부 국가였다. 개발도상국들은 주로 아랍 국가들에게 지원을 하기 시작했다. 하지만 미국의 원조는 인력 개발을 위한 촉매제 역할을 하지 못했다. 군사 프로젝트를 제외한 지원과 투자는 결코 평화롭게 진행되지 못했다. 시간이 지나면서 원조가 정부 지출과 GDP에서 차지하는 비중이 줄어들었으며, 냉전이 가장 절정에 이르렀을 때에만 최고조를 기록했다. (표 4.1 참조)

원조는 의회에 의해 결정되는 사항이었으므로 다분히 정치적인 면이 있었고 수혜자의 부정부패는 곧바로 의회의 명예에 치명적인 영향을 미쳤다. 항상 내부 분쟁에 휩쓸렸던 제3세계가 원조에 관한 교훈을 가장 많이 배운 당사자이다. 이것이 바로 원조의 주요한 목적이었다.

돈으로 살 수 없는 것들

검증된 테크놀로지와 경영 지식이 없었던 개발도상국의 기업들은 산업화를 위한 자금을 쉽게 동원할 수 없었다. 투자가들은 노하우가 부족한 기업들에 대한 융자에 조심스러운 태도를 보였다. 하지만 재정적 원조 없이 개발도상국들은 장기적인 기술 개발에 투자할 수 없었다. 북반구의 선진화된 기업들은 기존의 수입을 통해 자신들의 투자에 힘을 쏟을 수 있었지만, 인도의 타타 기업처럼 매우 뛰어난 신용과 이익으로 명성을 얻고 스스로 자금을 조달할 수 있는 몇몇 기업들을 제외한 남반구의 경험이 적은 기업들은 이러한 신용을 얻지 못했다. 타타 기업이 주식을 발행했을 때 자금을 가진 사람

표 4.1

미국의 대외 원조

	정부 지출 중 대외 원조 비율	GDP 중 대외 원조 비율
1945	2%	0.8%
1946	3.5%	0.8%
1947	16.8%	2.5%
1948	15.3%	1.7%
1949	15.6% 10년 평균 : 10.64%	2.2% 10년 평균 : 1.6%
1950	10.9%	1.6%
1951	8%	1.1%
1952	3.9%	0.74%
1953	2.7%	0.56%
1954	2.2%	0.42%
1955	3.2%	0.55%
1956	3.4%	0.56%
1957	4.1%	0.68%
1958	4%	0.71%
1959	3.4% 10년 평균 : 4.56%	0.63% 10년 평균 : 0.75%
1960	3.2%	0.55%
1961	3.2%	0.58%
1962	5.2%	0.98%
1963	4.7%	0.88%
1964	4.1%	0.76%
1965	4.4%	0.75%
1966	4.1%	0.72%
1967	3.5%	0.67%
1968	2.9%	0.61%
1969	2.5% 10년 평균 : 3.78%	0.48% 10년 평균 : 0.69%
1970	2.2%	0.43%
1971	1.9%	0.37%
1972	2%	0.39%
1973	1.6%	0.31%
1974	2.1%	0.39%
1975	2.1%	0.44%
1976	1.7%	0.36%

1977	1.5%		0.31%
1978	1.6%		0.33%
1979	1.4%	10년 평균 : 1.81%	0.29% 10년 평균 : 0.32%
1980	2.1%		0.46%
1981	1.9%		0.42%
1982	1.6%		0.38%
1983	1.4%		0.34%
1984	1.8%		0.41%
1985	1.7%		0.38%
1986	1.4%		0.32%
1987	1.1%		0.24%
1988	0.9%		0.2%
1989	0.8%	10년 평균 : 1.57%	0.17% 10년 평균 : 0.33%
1990	1%		0.23%
1991	1%		0.26%
1992	1.1%		0.25%
1993	1.2%		0.26%
1994	1.1%		0.24%
1995	1%		0.22%
1996	0.8%		0.17%
1997	0.9%		0.18%
1998	0.7%		0.15%
1999	0.8%	10년 평균 : 0.96%	0.16% 10년 평균 : 0.21%
2000	0.9%		0.17%
2001	0.8%		0.16%
2002	1.1%		0.21%

출처 : 2005년 미국 역사 보고서, 경영 및 회계원

들은 기꺼이 투자할 의사를 보였다. 1909년 식민지 인도에서 처음으로 세워진 새로운 철강 공장이 모집액 이상으로 투자를 받는 것은 시간문제였다. 철강, 시멘트, 석유화학, 펄프, 종이와 같이 대규모 주식 투자를 통한 자본 집약 산업에서 기업의 신용은 매우 중요

한 요소였다. 특수한 기업들은 소비 산업에 대해 시설과 기계, 그것들을 구매할 수 있는 신용을 제공했다. 덴마크의 버마이스터Burmeister처럼 선박에 사용되는 디젤 엔진 역시 신용과 깊은 관련이 있다. 1960년대 기업의 신용이 개발도상국들의 전체 자본 형성에서 4분의 1을 차지했다. 하지만 이러한 자본에 대한 비용은 대체로 상당히 높은 수준이었다.

1980년대까지 북반구의 은행들은 남반구의 개인 기업에 대한 일체의 융자를 불허했다. 채무 불이행에 대한 우려 때문에 상환에 대한 '국가적' 보증을 요구했다. 융자에 대한 채무 불이행이 발생할 경우 정부가 현금을 조달해야 했기 때문에 정부는 개별 투자 과정에 대한 절대적인 권한을 보유하게 되었다. 다국적 기업들에 의한 해외 직접 투자가 새로운 잠재적 대안이었으나 전쟁 기간 이전에 제조업 경험을 지닌 12개국에 대한 전체 자본 비율 역시 낮은 수준에 머물렀다. 말레이시아에서는 1975년에서 1979년 사이에 전체 국내 자본 비율 가운데 해외 직접 투자가 불과 5%에 머물렀고 해외 투자의 대부분이 원자재에 대한 투자였다.

첫 번째 미 제국의 시기에는 극히 적은 규모의 장기 저금리 융자가 제3세계의 개인 기업들에게 제한적으로 주어졌다. 세계은행에 의해 이루어진 산업 융자 역시 브레튼우즈에 의한 세계은행의 의도적인 계획하에서 거의 전무하거나 너무 적은 규모로 이루어졌다. 2000년이 될 때까지 세계은행의 전체 융자 가운데 17%만이 제3세계의 산업 부문과 재정서비스 부문에 투자될 정도였다. 제3세계 국가들은 산업화를 위한 자본을 다른 곳에서 찾아야 했다. 1970년대 초반에 한국은 포스코 철강 회사를 건립할 당시 일본 정부로 하여금 전후 배상금을 내도록 압박했다. 인도는 보카로Bokaro 철강 회사를 건설할 당시 러시아로부터 원조를 받았지만 기술적 지원은 거의 얻지 못했다.

자본을 마련하는 것은 어려운 문제였다. 제3세계 정부들은 이 목적을 달성하기 위해 온갖 노력을 다 했으며 그 노력에 따라 정부의 능력을 평가받았다. 자본을 끌어들일 수 있는 가장 중요한 원천은 농업에서 산업으로 자원의 이전을 꾀하는 것이었다. 이전된 자본의 규모는 지역 생산성, 세금 비율, 그리고 종종 공공 기업에 의해 제조된 비료를 구매하는데 있어 정부가 농민들에게 부과한 물가 등에 의존했다. 한국, 대만, 인도, 말레이시아처럼 토지개혁을 통해 농업 생산성을 높인 동아시아 국가들은 산업화를 위한 자본 조달에 탁월한 능력을 보였다.

1970년대에 석유생산 국가들로부터 유입된 석유 달러는 낮은 가격으로 엄청난 자본의 원천이 되었다. 이때부터 수십 년이 걸리는 프로젝트들이 계획되기 시작했다. 하룻밤 사이에 새로운 산업들이 등장했고 대규모 산업이 성장하여 규모의 경제가 가능해졌다. 하지만 낮은 투자비용은 오랜 가뭄을 겪은 땅에 내리는 소나기처럼 통제가 되지 않은 상태에서 너무 짧은 기간에 너무 많은 자본이 투여되어 마치 홍수가 나듯 무분별하게 쓰였다. 그러고 나면 땅은 다시 척박해지고 투자는 중단되었다. 그러나 자본 시장의 탈규제와 채무의 덫은 바로 두 번째 미 제국이 추구한 비즈니스였다.

매듭

루즈벨트와 트루만 정권은 개발도상국들에 대한 장기 저금리 융자나 노골적인 기부의 형태를 통해 새로운 자금의 원천을 획득한 필자가 관찰해 본 바에 따르면, 원조는 미국 정부의 실험 가운데 중요한 부분을 차지했다. 지진이나 홍수, 기근과 같은 긴급한 사태들에 대해서 원조는 필수적인 것이었다. 전기, 의료, 깨끗한 물, 현대적인 공중위생 설비에 대해 원조를 하는 것은 인도적인 일이었다. 하지만 가장 중요한 원조마저 치명적인 오류를 내포하고 있었으며 '원조를 통한 비즈니스'가 되었다.

그 가운데 하나는 바로 부정부패로, 기부자와 수혜자 모두에게 실망을 안겨 주었고 엄청난 자원의 손실로 이어졌다. 1950년대 대만과 한국에 대한 미국의 원조는 일대 획기적인 모델로 받아들여졌지만, 잘못된 사용으로 인해 엄청난 자금이 거대 개인 기업의 성장에 쓰이게 되었다. 실제로 이러한 사업들이 동아시아 경제의 근간을 이루게 되었지만, 원칙적으로 그들은 원조의 평판을 나쁘게 만들고 말았다. 결국 부정부패는 수많은 기부자들을 분노하게 만들었다.

동전의 다른 면을 보면 미국은 '족쇄' 원조의 검사관 역할을 했다. 미국은 모든 원조 비용 가운데 80%를 미국산 제품이나 미국산 서비스를 구매하는데 쓰도록 강요했다. 이러한 정책은 보츠와나와 같은 빈곤한 국가들보다 벡텔Bechtel과 같은 자국의 기업들을 살찌우는 결과를 초래했다. 1969년 국제 개발단이 세계은행장이었던 로버트 맥나마라Robert McNamara에게 보고한 문서에 따르면 "미국은 강제적인 족쇄 원조의 기조를 추구하기 시작했으며 융자 상환에 대한 원조의 반작용을 상당히 감소시키기 위해 노력했다. 물론 대상 국가들은 미국의 족쇄 원조의 결과로 지불 압력에 굴복하게 되었고 자신들의 족쇄 정책 역시 수세적 입장에 놓이게 되었다."고 한다.

바이 아메리칸Buy American으로 인해 원조의 유연성은 실추되고, 불필요한 소비를 일으키는 프로젝트들을 과도하게 진행하게 되었다. 가나의 농민들로 하여금 머나먼 시장에 농작물을 팔도록 도와주기 위해 비포장도로를 만드는 것 대신에 포장된 2차선 고속도로가 건설되었으며 이 도로를 통해 미국의 거대한 자본 집약적 건설업자들이 이익을 챙긴 것이다. 족쇄 원조를 받은 수혜 국가들은 실질적인 원조의 가치가 일반적인 수준보다 훨씬 낮았기 때문에 저렴한 가격으로 세계 시장에서 물건을 구매하거나 경험 있는 전문 경영인과 기술자들의 인재 네트워크를 구축하는 데 도움이 되지 못했다.

첫 번째 미 제국의 원조는 신이 준 선물과도 같았다. 농업 생산성을 증대시키는 원조는 조세 수입을 증가시켜 산업 투자에 대한 재정 지원을 간접적으로 도왔다. 하지만 농업에 대한 이러한 원조 자체가 과연 신의 은총이라고 할 수 있을까?

농업 지원

1966년이 되어서야 아르헨티나, 브라질, 칠레, 멕시코의 농업이 국가 수입에서 차지하는 비율이 30%가 되었고, 말라위, 나이지리아, 우간다에서는 60%, 미얀마, 한국, 필리핀, 태국에서는 30%, 인도와 파키스탄에서는 50%를 기록했다. 농업에 대한 원조는 농민들의 생계에 중요한 부분을 차지했다. 또한 산업을 일으키고, 도시 노동자들을 위한 식량과 저축 기반, 수출, 제조업 기반, 제조업 생산을 위한 소비의 요구 등을 구축하는 데에 있어서도 필수적인 것이었다.

마셜플랜이 유럽에서 성공을 거둔 과정에서 농업 분야에 대한 원조가 핵심적인 부분을 차지했음에도 불구하고 미국의 농업 분야에 대한 원조는 여러 가지 문제를 안고 있었다. 그 차이는 과연 무엇일까? 전후 유럽에 대한 미국의 원조 가운데 49%가 가축 사료와 비료를 포함한 식량 원조에 투입되었다. 그러나 당시 미국은 다양한 마셜플랜의 요구들 가운데 단지 효과적인 공급처 역할을 했기 때문에 공식적인 족쇄 원조의 필요성이 강하게 제기되지 않았다. 그와는 반대로 개발도상국들에 대한 미국의 식량지원에서 족쇄 지원 정책은 가장 핵심적이었으며, 정반대의 효과를 가져왔다.

미국의 풍부한 원자재와 그것을 활용한 높은 생산성으로 인해 미국 농산품의 가격은 꾸준히 하락했고 미국의 농민들은 미국 노동자들보다 평균적으로 낮은 소득을 올렸다. 이것은 제3세계의 경제학자들이 산업화가 경제 성장에 필수적이라고 주장하는 근거가 되었다. 미국 농민들의 수입을 증대시키고 정치적인 인기를 얻기 위해 미국 정부는 농민들이 시장에서 판매하지 못한 농작물들을 고정가격에 사들였다. 따라서 공급을 수요가 따라가지 못해 정부 창고에는 농산물 비축량이 쌓여만 갔다. 당시 아이젠하워 대통령은 농업이 집중된 캔자스 주 출신이었다. 미국 정부는 해외에 대한 농작물 원조를 해결책으로 선택했고, 빈곤 국가들에게 현지 통화를 받고 과잉 생산된 농작물을 판매했다.

일부 빈곤 국가들은 높은 외화를 지불하며 식량을 구매해야 할 필요가 없었으므로 이러한 미국의 정책으로부터 혜택을 받을 수 있었다. 하지만 이러한 정책은 실제로 혜택을 봐야 할 제3세계의 가난하고 순진한 농민들에게 재난으로 다가왔다. 미국이 곡물창고를 비워갈 때쯤, 전세계적으로 밀, 옥수수, 면화, 쌀 등의 농산물 가격은 대부분 하락했다. 이러한 헐값 판매로 인해 식량 곡물을 전문적으로 경작하던 제3세계 농민들은 작물 가격의 폭락에 직면했고 소득도 현격히 줄었다. 인도에 대한 미국의 쌀 원조는 미얀마와 태국의 가난한 쌀 재배 농가들에게 뜻하지 않은 부작용을 초래했다. 이러한 악독한 세계화는 미국이라는 한 나라의 시장 권력 때문에 벌어진 사태였다.

사회주의의 꿈이었던 붉은 혁명과 미국 의회의 잔인한 게임이 된 미국의 농업 원조와는 달리 녹색혁명은 록펠러Rockefeller 재단, 포드Ford 재단, 국무성, 대외관계 위원회와 같은 미국의 동부 주류파(동부의 명문대인 하버드, 예일, 콜롬비아 등 출신으로 미국 재계와 정계의 중추를 이루던 인맥 집단)들에게 새로운 대안으로 떠올랐다. 당시 대외관계 위원회는 1932년에 록펠러 재단의 이사단 가운데 3분의 2를 파견했다. 영국 옥스퍼드대학의 로즈 장학생이자 이후 베트남 전쟁에서 악명을 떨친 딘 러스크Dean Rusk는 1952년 록펠러 재단의 이사장으로 임명되었으며 당시 쌀에 대한 연구가 처음으로 시작되었다. 그는 케네디와 존슨Johnson 대통령 행정부에서 1961년에서 1969년까지 국무장관을 역임했다. 1951년 발의된 상호안보를 위한 법령하에서 미국 정부는 코넬대학에 자금을 지원하여 로스 바뇨스에 있던 필리핀대학에서 새로운 농업과 연구 프로그램을 진행했다. 필리핀이 한때 미국의 식민지였다는 점, 미국의 대외 투자의 상당부분을 받아왔다는 점, 필리핀 군대가 지방의 대중적 공산주의 게릴라 운동과 대치하며 전쟁을 치루고 있었고 페르디난드 마르코스Ferdinand Marcos가 1970년대 권좌에 오르기 전까지 민주주의 정치 체제를 유지했다는 점에서 록펠러 재단은 필리핀을 국제 벼 연구소IRRI(International Rice Research Institute)로 낙점하게 된다. 개발도상국들의 식량 공급을 증가시킴으로써 좌익의 발호를 차단할 수 있다고 보았기 때문에 녹색혁명은 미국 지식인들의 안보모델 가운데 핵심을 이뤘다. 분명 이러한 목표에는 미국의 탐욕이 포함되어 있었다. 비록 록펠러 재단이 필리핀에 대한 인도적 지원을 아끼지 않았지만, 록펠러의 석유화학 자회사인 에쏘Esso(현재의 Exxon)는 벼를 포함한 곡물농사를 위한 합성비료 공장을 세우기 위해 혈안이 되어 있었다. 이 분야는 필리핀 기업들이 이미 선포한 주요한 두 분야의 프로젝트였고, 결국 에쏘의 개입으로 모두 무산되기에 이른다. 그러나 녹색혁명은 미국의 완고한 보수적 기업가들의 자본과 지원하에서 미국 의회의 개입에 굴하지 않고 성공을 거둘 수 있었다.

토지를 활용하는 모든 개혁은 토지분배라는 문제와 연관되어 있다. 급성장을 하던 개발도상국들이 토지개혁의 중요성을 늘 강조하긴 했지만 부유한 토지 소유자로부터 빈곤한 농민들에게로 토지가 재분배되지 않은 채 녹색혁명이 진행되었다. 전후 일본에서 미국이 주도한 토지개혁은 수확량을 늘리는 데 있어 매우 성공적이었다. 일본의 식민지였던 대만과 한국은 북한이나 중국과 경쟁을 하기 위해 스스로 토지개혁에 박차를 가했다. 토지개혁은 중국 공산당 혁명과 북한의 모택동식 개혁의 핵심을 이루기도 했다. 베트남은 토지개혁을 위한 대중의 지원을 조직적으로 얻어냈고 인도 공산당의 본토인 벵갈 지역은 토지를 빈곤한 농민들에게 재분배하는 데 큰 성과를 거두었다. 이집트나 필리핀 같은 개발도상국들은 토지 소유의 평등화를 추진하는 과정에서 큰 성공을 거두지 못했다. 멕시코는 1910년 혁명 이후에 거대한 토지들을 분할했지만 몇 년이 지난 뒤의 새로운 토지개혁에 대한 요구는 재분배가 끊임없이 역행하고 있었다는 점을 반증하는 것이다.

토지개혁이 성공을 거두었음에도 불구하고 이 문제에 대해 첫 번째 미 제국은 우려를 나타냈다. 토지개혁이 좌익 세력들의 전형적인 산물이었기 때문이다. 베트남에서 토지개혁을 제도화하는 것 대신에 미국은 '남부 베트남에서 쌀농사 혁명이 일어나고 있다.'라는 문구가 적힌 전단지를 북부 베트남 상공에 뿌렸다. 녹색혁명은 실제로 벼농사 혁명과 유사해 보였으며 녹색혁명의 신기술을 통한 빈곤 퇴치는 농경 지역의 특수한 생태계와 문화에 밀접하게 연관되어 있었다. 새로운 벼 품종을 경작하기 위해서는 관개시설이 필수적이었지만 전세계 빈곤국의 벼농사 지역 가운데 3분의 2는 관개시설을 갖추지 못했다. 녹색혁명의 신기술을 보유하고 있다 하더라도 때로는 운에 기대야 할 형편이었다.

녹색혁명은 열대지방에 기술혁신이라는 선물을 안겨주었다. 농사문제를 해결하기 위해 현대적인 기술을 보급하는 데에는 시간이 중요한 변수였다. 1960년대에는 기술 개발이 개발도상국들의 인구팽창과 같은 사회문제를 해결해 줄 것이라고 믿었다. 1952년 록펠러 재단은 인구위원회를 설립하여 피임을 통한 출산율 통제를 추진했다. 전세계적인 녹색혁명 기술의 확산, 미국 과학자들로부터 현지 과학자들로 이어진 지식의 이전, 그리고 제3세계 정부들에 의한 연구와 기술 확산에서 이루어진 주요한 역할들은 빈곤 국가들의 지방에 활력을 불어 넣었다. 탄자니아와 잠비아를 잇는 철길과 같이 전통적인 기술 역시 채택되었지만 러시아와 중국으로부터의 원조는 과학에 기반을 둔 것들이었다. 군대에 근무하던 중국의 과학자들은 최초로 말라리아를 치료하는 한약을 발명하여 메콩 강의 델타에서 전투를 벌이던 베트남 군대에 공급해 주었다.

온대지방에서 오랜 동안 이루어진 작물의 교배 실험은 제국주의의 핵심 사업 가운데 하나였다. 자포니카japonica라는 수확량이 우수한 벼 품종은 일본과 대만의 소득 증대에 기여했지만 열대지방에는 적합하지 않았고 인디카indica라는 품종이 더욱 인기를 얻었다. 멕시코의 밀 경작은 첫 번째 개혁 대상이었다. 1940년부터 멕시코의 소노라 지역의 밀 생산량은 10년 사이에 거의 두 배로 늘어났다. 멕시코 정부와 록펠러 재단의 공동 지원하에 미국과 멕시코는 작물 교배를 시행했고, 미국의 토지임대 대학들과 1860년대부터 존재한 연방 실험 기관들의 연구 성과를 받아들였다. 하지만 2차 세계대전 이후에 록펠러 재단은 공산주의 전복에 쉽게 노출되어 있던 빈곤 국가들의 3분의 2가 벼농사에 의존했기 때문에 특별히 벼의 생산성을 높이고자 했다.

녹색혁명의 핵심에는 생산성이 좋은 벼 품종에 대한 과학적 교배가 있었다. 이러한 벼 품종들은 화학비료나 유기비료의 활용에 상당히 좋은 결과를 보였고 에이커당 수확량을 높이는 성과를 가져왔다. 해당 지역의 비료 생산은 그 지역의 고용 비율을 높이면서 새로운 산업의 탄생에 기여했다. 1960년대에 비료는 농민들에게 비교적 저렴한 가격으로 공급되었다.

40년 전 유전자조작GM(Genetically Modified) 식량의 혁명과 비교했을 때 녹색혁명은 한 가지 중요한 가치를 지녔다. 그것은 바로 녹색혁명이 단순한 이익을 위한 것이 아니라는 점이다. 2004년 〈사이언티픽 아메리칸〉은 GM 혁명이 대규모의 생산 작물을 변형함으로써 이익을 얻고자 했던 대기업에 의해 독점적으로 실행되어 왔다고 지적했다. GM 작물들은 종자를 얻을 수 없는 반면 녹색혁명을 통한 작물들은 종자를 계속 생산해낼 수 있다. 따라서 GM 작물을 경작하는 농민들은 매년 비싼 가격을 지불하고 새로운 종자를 구매해야 했고, 교잡 작물을 경작하는 농민들은 그럴 필요가 없었다.

높은 생산성을 위해 녹색혁명에서 경작된 새로운 벼 경작지들은 과학적 영농법을 필요로 했다. 관개시설을 때에 맞춰 적절히 운용하고 비료와 살충제를 적당하게 사용해야 했다. 학습에는 관심과 실험이 요구되었고 단일한 영농 방법이 모든 생태계에 적용될 수 없었다. 1976년까지 IRRI는 주로 인도, 파키스탄, 방글라데시에서 1,661명의 생산 전문가를 양성했다. 고위 과학자와 IRRI의 사무총장은 미국인이었지만 대부분의 IRRI의 관리들은 아시아 지역 출신이었다. 가까이에서 학습을 하는 것은 매우 중요했다. 새로운 종자, 정보, 노동, 도구, 신용은 이전되고 교류되었으며 융자가 가능해졌고, 주로 이웃들을 통하거나 부족사람들 사이에서 이루어졌다. 이러한 현상은 지역의 농업 관료들이 대규모 농장의 인부들이나 개별 농부들을 가르치는 경우보다는 훨씬 폭넓고 역동적으로 이루어졌다.

녹색혁명은 주로 대규모 경작 농민들에게 도움을 주었다. 땅을 소유하고 있지 못한 사람들에게는 매우 제한적인 고용이 이루어졌다. 하지만 25년 정도가 흐른 뒤에는 개발도상국들이 직면했던 식량 생산의 문제는 해결되고 수많은 농민들의 수입이 증가했다. UN의 기근과 영양을 위한 밀레니엄 사업단은 기근에 대한 징후를 발견할 수 있었으며 이것은 국가적인 차원에서의 낮은 생산성에 기인한 것이었다. 굶주림과 영양실조 문제는 여전히 곳곳에서 나타났다. 하지만 이는 생산의 문제가 아니라 분배의 문제였다. 농민들은 과잉 생산에 따른 가격하락으로 고통을 받았다.

녹색혁명은 산업화를 위한 출발점이었으며 미국이 바로 그 배후에 존재했다.

군사 원조

원조의 대부분을 받은 개발도상국들이 모두 빈곤한 것은 아니었다. 1980년대 말엽 40%의 해외 원조는 전적으로 정치적인 이유 때문에 중산 국가나 선진국들에게 주어졌고 전체 원조에서 군사 원조가 차지하는 비율과 비슷한 수준이었다. 국가안보상의 문제로 미국은 비군사적 목적에 대해 원조를 해야 할 때도 있었다. 데프에이드 DefAid라고 알려진 군사적 원조가 경제 개발과 과연 어떤 관계가 있는 것인가?

동아시아와 중남미 국가들에 대한 미국의 즉각적인 전후 군사 원조 정책은 외부의 공격을 방어할 상시 무기체제 구축을 강조했다. 냉전이 시작되던 시점에 미국과 중남미는 리오 협약Rio Pact에 서명함으로써 소비에트의 공격에 대응하기 위한 결속을 강화했다. 상호안보 조약은 미국에게 중남미의 군사력을 현대화하도록 지원할 수 있는 길을 열어주었다. 미국은 중남미 해안에서의 잠수함이나 공중 공격을 우려하여 순시선과 정찰기를 파견했다.

지구 반대쪽의 상황 역시 다르지 않았다. 대만은 중국의 침공을 차단하기 위해 총기부터 헬리콥터에 이르는 무기들을 원조 받았지만, 미국의 정책은 한국에서 변화가 있었고, 당시 미국과 한국 군부는 한국의 공산주의 부대를 축출하기 위해 1948년 군사협력을 구축하게 된다. 1961년 군사 쿠데타를 일으켜 한국의 고성장을 이끈 박정희는 일본의 도쿄 군사학교에서 훈련을 받았으며 일본 공산당 당원이 되었다. 1950년 당시 내전이 일어났으며 미국과 한국은 UN의 깃발 아래에서 북한에 대항하며 2차 세계대전의 중심 세력들에 대항했던 전선과 비슷한 상황을 연출했다. 45,000명의 미국인이 한국전에서 사망했다.

피델 카스트로의 출현은 전쟁의 양상을 바꾸어 놓았다. 미국의 군사적 원조는 실존하지 않는 가상의 적의 공격에 대한 관심으로부터 내부의 반란에 대한 관심으로 옮겨갔다. 케네디 정권하에서 군사 전략은 국내의 불안정한 상황에 대응하는 것에 중점을 두었다. 미국 국방부에 의하면 이러한 전략은 '전복 세력의 폭동을 진압하기 위해 정부가 취한 모든 군사적, 준군사적, 정치적, 경제적, 심리적, 시민 행동'을 포괄하는 것이었고, 냉전 기간 동안에 미국은 이 모든 전략들을 거의 언제나 좌익 세력들과 결부시켰다. 1962년 미 육군 사관학교에서 열린 연설에서 케네디 대통령은 "전복 세력의 폭동은 오랜 뿌리를 지닌 새로운 의도들로 무장한 또 다른 형태의 전쟁이며, 전투 세력에 의한 것이 아닌 게릴라, 전복 세력, 폭동 세력, 암살 세력, 기습의 형태를 갖고 있으며, 공격보다는 침투를 기도하며 적과 부딪치기 보다는 적을 서서히 지치게 만드는 전략을 갖고 있다. 이 것은 전혀 새로운 종류의 전략이 요구되며 전혀 다른 세력들이 이끄

표 4.2
미국 군사 지출

	정부 지출 중 군사 지출 비율	GDP 중 군사 지출 비율
1945	89.5%	37.5%
1946	77.3%	19.2%
1947	37.1%	5.5%
1948	30.6%	3.5%
1949	33.9% 10년 평균: 53.7%	4.8% 10년 평균: 14.1%
1950	32.2%	5.0%
1951	51.8%	7.3%
1952	68.1%	13.2%
1953	69.4%	14.1%
1954	69.5%	13.0%
1955	62.4%	10.8%
1956	60.2%	9.9%
1957	59.3%	10.1%
1958	56.8%	10.2%
1959	53.2% 10년 평균: 58.3%	10.0% 10년 평균: 10.4%
1960	52.2%	9.3%
1961	50.8%	9.3%
1962	49.0%	9.2%
1963	48.0%	8.9%
1964	46.2%	8.5%
1965	42.8%	7.4%
1966	43.2%	7.7%
1967	45.4%	8.8%
1968	46.0%	9.4%
1969	44.9% 10년 평균: 46.8%	8.7% 10년 평균: 8.7%
1970	41.8%	8.1%
1971	37.5%	7.3%
1972	34.3%	6.7%
1973	31.2%	5.9%
1974	29.5%	5.5%
1975	26.0%	5.5%
1976	24.1%	5.2%

1977	23.8%		4.9%
1978	22.8%		4.7%
1979	23.1%	10년 평균 : 29.4%	4.6% 10년 평균 : 5.8%
1980	22.7%		4.9%
1981	23.2%		5.1%
1982	24.8%		5.7%
1983	26.0%		6.1%
1984	26.7%		5.9%
1985	26.7%		6.1%
1986	27.6%		6.2%
1987	28.1%		6.1%
1988	27.3%		5.8%
1989	26.5%	10년 평균 : 25.9%	5.6% 10년 평균 : 6.4%
1990	23.9%		5.2%
1991	20.6%		4.6%
1992	21.6%		4.8%
1993	20.7%		4.4%
1994	19.3%		4.1%
1995	17.9%		3.7%
1996	17.0%		3.5%
1997	16.2%		3.3%
1998	16.2%		3.1%
1999	16.2%	10년 평균 : 19%	3.0% 10년 평균 : 4%
2000	16.5%		3.0%
2001	16.4%		3.0%
2002	17.3%		3.4%
2003	17.6%(추정)		3.5%
2004	17.5%(추정)		3.5%

출처 : 2005년 미국 역사 보고서, 경영 및 회계원

는 전혀 새로운 훈련 과정이 필요하다."고 말했다.

 새로운 임무에 따라 전복에 대항하는 세력들은 한 국가의 정치경제적 시스템에 더욱 깊숙이 개입하게 되었고, 족쇄 원조의 본질 자

체를 변화시켰다. 개발도상국들에 대한 미국의 군사 원조는 대부분 강제적인 구속력을 가졌다. 가령 2차 세계대전 당시 브라질에 대한 해군의 임무는 브라질과 서반구의 임무에 대한 미국의 독점적 역할을 강조했다. 또한 브라질은 미국과의 무역을 진작시키기 위해 미국산 자재를 도입하게 되었다. 그러나 폭동을 진압하기 위해서 군대와 경제 개발의 유착을 더욱 공고히 했고, 강제적 원조를 통해 국내의 군사 보호와 경제 발전 프로젝트들이 집중적으로 진행되었다. 결국 둘 간의 경계는 사라져버렸다.

미국이 태국을 베트남 공산당에 대한 방어 보루로 삼았기 때문에 태국에서는 군사 원조와 지방의 개발 원조가 동시에 진행되었다. 태국의 자체적인 경제 개발 계획들은 초기에 미국의 영향력을 피하기 위해 UN의 기술적 지원과 유럽의 '상호적 원조'를 활용하며 자국의 산업화에 집중되었다. 태국 중앙 정부 역시 운송이나 관개시설과 같은 사회간접자본에 대한 투자를 북동부의 주요 빈곤 지역에 집중시켰고 보건, 교육, 복지에는 상대적으로 적은 규모를 투자했다. 태국 전체에 대한 미국의 비군사적 원조 역시 유사한 상황을 보였다. 그러나 태국 북동부의 16개 지역들 가운데 12개 지역에서 반란이 보고되자 미국의 원조는 곧 북동부 지역에 집중되는 모습을 보였다. 태국에 대한 미국의 주둔 규모는 1960년대에 급격하게 증가했고 베트남을 공격하기 위한 주요 거점들은 북동부에 배치되었다. 또한 미국의 군사 장교들은 북동부 공산주의 토벌대에 관여했다. 지방의 발전은 반란에 대한 대항의 부속물로 여겨졌고 북동부에서 태국과 미국이 구축한 지방 개발 계획은 1960년대에 반공산주의와 심리 교육이 대부분을 차지하며 진행되었다. 당시 태국 주재 미국 대사였던 빌 도노반Bill Donovan 장군은 마이애미로부터 200명의 미국 중앙정보국CIA(Central Intelligence Agency) 요원과 76명의 특수 군사작전 전문가들, 그리고 500여 명의 비밀요원들을 불러들였다.

전복 세력들과 싸우는 것은 현지 토착 군대, 준군사조직, 경찰의 훈련에 더 많은 투자를 해서 모든 정치적 내분을 제압하게 되었다는 것을 의미한다. 1968년까지 중남미 국가들에 대한 군사 원조의 76%가 반내전을 위한 설비와 훈련에 사용되었다. 로버트 맥나마라는 1962년 미국 국가 자금 위원회에서의 증언을 통해 훈련의 중요성을 강조했다.

아마도 군사 원조 투자에 대한 가장 큰 보상은 엄선된 관료와 핵심 전문가들을 미국과 해외에 있는 군사학교와 훈련소에서 훈련을 진행함으로써 얻어질 수 있을 것이다. 이러한 훈련생들은 자국에 의해 채용되고 해당 국가의 지도자가 될 것이다. 이들은 바로 미래의 지도자들이며, 노하우와 집행능력을 지닌 사람들이다. 미국인들이 어떻게 일처리를 하고 그들이 어떤 생각을 갖고 있는가에 대해 가장 정확한 지식을 가진 지도자급 인사들의 중요성을 생각하지 않을 수 없다. 그러한 인재들과 우호적인 관계는 맺는다는 것은 우리가 생각하는 것 이상의 가치를 지닌다.

1959~1969년 미국은 매년 3,475명에 달하는 중남미 출신 군사요원들을 양성했고 1964년과 1968년에만 22,059명이 훈련을 받았다. 정글 작전, 도시 반테러 작전, 군사 정보 심문과 같은 훈련은 파나마 해협 지역(미국이 노리에Noriega가 정권을 전복시킨 곳)에 있던 미국 군사학교와 워싱턴의 미 대륙 방어 대학에서 이루어졌다.

결론적으로 개발도상국들에 대한 첫 번째 미 제국의 군사 원조의 결과는 매우 복잡하게 나타났다. 1967년 볼리비아에서 피델 카스트로의 동지였던 체 게바라Ernesto Guevara가 체포되고 난 후에 중남미에서는 이렇다 할 좌파 세력의 반란이 일어나지 않았다. 해당 국가들에 만성적인 빈곤과 불평등한 소득 분배 구조가 존재하고 몇몇 집안들이 엄청난 부를 독점하고 있는 것을 생각한다면 이는 매우 기이한 현상이다. 중남미의 소득 분배는 전세계에서 가장 불평등한 것에 속했지만 미국은 이 문제를 해결하기 위해 거의 아무 일도 하지 않았으며 오히려 상황을 더욱 악화시킨 장본인이었다. 국경 이남에 대한 미국의 반공산주의와 반폭동 정책은 그 목적을 이룬 셈이다.

말레이시아, 필리핀, 인도네시아, 태국의 공산주의 게릴라는 패배를 맛보았다. 대만과 한국에서 공산주의는 미국의 원조와 유혈 전쟁으로 패망했다. 하지만 미국이 동아시아에서 어떠한 성공을 거두었다 하더라도 베트남에서의 실패는 너무나 큰 재난이었으며 첫 번째 미 제국 시기 전체를 몰락으로 이끈 것이었다.

군사 원조의 경제적 부작용은 대부분 적게 나타났다. 한국 전쟁으로 인한 물자의 수요 증가로 태국과 파키스탄은 쌀을 수출할 수 있었고 전쟁으로 폐허가 된 일본의 재건을 도왔다. 한국의 군대를 지원하는 임무를 맡은 태평양연합사령관은 소니Sony에 대규모의 전자사업 계약을 체결해 주었고 이후에 소니는 일본 최대의 전자회사로 성장했다. 태평양연합사령관이 소니를 처음 접촉했을 때 경영자들은 비가 새는 공장 건물 때문에 우산을 쓰고 회담에 참석할 정도였다. 한국의 대표적인 대기업인 현대는 1953년 한국 전쟁이 끝나자 미군 부대에 자동차 정비서비스를 제공하는 것으로부터 사업을 시작했다. 그 후에 현대는 베트남에서 미국을 도와 건설 노하우를 축적했다. 이러한 경험은 1970년대 석유 시장의 활황에 힘입어 중동 국가들이 건설 업체들을 필요로 할 당시 중동에 대한 현대의 기술이전으로 연결되었다. 현대는 중동의 수요 덕택에 시멘트 산업과 중공업 설비 제조 분야로 사업을 확대할 수 있었다. 태국에서는 북동부에 대한 군사 지원을 통해 서비스 산업, 도시화, 유통 분야가 성장하게 되었다.

전쟁에는 큰 규모의 정부 관료 체계가 필요하고 이들은 전후 평화의 시기에 살아남았다. 일본에서 이러한 관료들은 경제 개발에 대한 전폭적인 집중력을 발휘했다. 히키노는 "연합군은 일본의 빠른 경제 회복을 원했기 때문에 공산주의의 공격은 일본과 동아시아 국가들로 확산되지 못했다. 전시 체제를 진두지휘했던 관료 체계는 전후 재건과 개발을 통해 다시금 활성화되었다. 재무부과 국제 통상부는 경제 운영의 심장 역할을 했다."라고 말했다.

사무엘 헌팅턴이 말한 바와 같이 베트남, 태국, 말라야, 대만, 한국의 군대는 모두 지배층이었으며 현대화의 일등 공신들이었다. 이 모두는 경제 개발에 대한 민족주의 방식을 택하는 데 있어 핵심 역할을 했다. 하지만 그 외의 지역들에서 군대는 현대화 과정에서 실패를 겪었거나 현상유지를 위해서 격렬히 몸부림쳐야 했다.

실패한 실험

'원조가 아닌 거래'라는 모토를 선호했던 루즈벨트 대통령의 정책 발표는 예언으로 받아들여졌다. 개발도상국들의 산업화에 도움을 준 것은 1장에서 언급한 철저한 원조 정책에 의한 것이 아니라 마지막 장에서 언급될 조건 없는 무역 정책이었다. 의회를 기만했던 녹색혁명을 제외한 모든 원조는 비즈니스였다. 강제적 족쇄 원조를 통해 미국의 비즈니스는 선택적으로 다루어졌고, 원조를 통한 업무가 항상 투명성을 보장한 것은 아니었다. 원조가 제3세계 국가들의 비즈니스를 지원하지는 않았지만 부정부패를 통해 벼락부자가 된 계급의 사람들이 비즈니스에 투자하는 경우도 있었다. 하지만 강제적 원조는 개발도상국들이 가장 필요로 했던 기술력과 경영의 경험을 갈취하는 전조가 되었다.

스칸디나비아 반도 국가들을 제외한 미국, 일본, 유럽의 국가들은 긴급한 재난 구조 이외의 원조를 위해 자신들의 보유 달러를 희생하는 데 있어 갈수록 소극적인 자세를 취했다. 미국의 GDP에서 원조가 차지하는 부분은 전후 마셜플랜의 추진으로 인해 최고조에 달했지만 표 4.1(87~88쪽 참조)에서 보듯이 시간이 지나면서 급격히 감소했다. 2000년까지 수십억 달러가 여전히 쓰였지만 원조의 비율은 너무나 일천한 수준이었다. 미국은 빈곤 국가들에 대해 자신들의 GDP 가운데 0.005%도 안 되는 금액을 쓸 정도였다. 미국에서 의회의 로비와 제3세계에서의 부정부패는 원조를 반역적인 것으로 실추시켰다.

해외 원조는 환각제와도 같아서 좋은 것처럼 보이지만 엄청난 부작용을 불러왔다. 대부분의 개발도상국들은 첫 번째 미 제국 덕분에 이 무시무시한 덫에 걸려들지 않고 자신들의 길을 찾아갈 수 있었다.

5
신들의 선물

> 일부 훌륭한 본보기들로 인해 발생하는 귀찮음처럼
> 참기 어려운 것도 드물다.
>
> _마크 트웨인

그대 자신을 알라

'스스로 해결하라.'고 해석한 첫 번째 미 제국 시기의 자유방임은 제3세계 국가들에게는 신의 선물과도 같았다. 개발도상국들은 산업화를 위해 새로운 제도를 시도하며 스스로 위기를 떠안고 가야했다. 식민지 시절 인종 차별 제도하에서는 자신들의 고유한 지식이 비난을 받았지만 탈식민지 시대에는 자신들의 지식을 독자적인 실천으로 옮길 수 있었다. 따라서 개발도상국들의 경제적 실험은 역사적으로 중요한 의미를 지니게 되었다. 19세기 말엽 미국의 관세율이 최고 수준에 달했지만 관세는 제3세계의 경제 개발에 있어 인센티브와 조건부라는 창의적 시스템의 일부로 받아들여졌다. 최상의 조건하에서 시장의 보호는 실행 기준과 깊은 연관성을 보였다. 인센티브는 공짜로 주어지지 않았다. 실행 기준이 적용되자 풍요로움은 더 이상 흔하지 않게 되어버렸다. 이러한 기준은 수십 개의 국가와 수천 명의 사람들에게 적용되었다. 동아시아의 놀라운 성공은 전세계로부터 주목을 받았고 자유 시장 이론을 공격하기에 이른다.

중앙 정부에 의한 계획 경제는 러시아 혁명이 일어난 1917년으로 거슬러 올라가지만 대부분의 제3세계 국가들은 시장에서 소비에트 연방이나 중국처럼 앞서가지 못했다. 그 대신에 이들은 다양한 수준에서 정부와 시장의 힘을 혼합했다. 2차 세계대전 기간에 독일 민족사회당은 계획과 산업 정책 모두를 실행했고 기록적인 성장을 이룩했다. 하지만 나치의 목적은 시민의 노동을 군대에 동원하고 전쟁 준비를 하는 것이었다. 그와는 반대로 개발도상국들은 시민의 노동력을 확대하고 상업 전쟁을 위해 산업화에 집중적으로 투자했다. 일본은 산업화 정책에 무게를 둔 첫 번째 나라였으며, 전시 제도들을 평시적인 목적으로 전환하기 시작했다. 일본은 뛰어난 성취를 이룬 선두주자였지만 개발도상국들은 일본의 산업화 정책을 다양하게 적용하여 질적으로 새로운 무언가를 창조하기 위해 노력했다. '스스로 해결하라.'는 입장은 개발도상국들의 정신을 자유롭게 만들었다.

수입대체 산업화와 그 결과인 제조업 수출은 제3세계들이 실험한 산업화 정책의 핵심을 이루었다. 2차 세계대전 이후 30여 년 동안 제조업의 성장률은 아프리카를 포함한 거의 모든 대륙에서 놀라운 수준을 보였다. 자본주의가 황금기를 누린 시기였지만 그 이후로는 쉽게 잊혀지거나 합리화되었고, 조롱당하거나 거부당했다. 마크 트웨인Mark Twain이 오늘날의 보수적 기업가들을 보았다면 "일부의 홀

륭한 본보기들로 인한 귀찮음처럼 참기 어려운 것도 드물다."라고 말했을 것이다.

창조의 선물

경제 개발의 막대한 임무는 제3세계 민족주의자들의 몫으로 주어졌다. 다국적 기업들이나 국제은행들, 미국의 기술지원자들, 국무성, 미국 국제개발처USAID(United States Agency for International Development), 미국의 경제학자들이 자신들이 각자 중요한 촉매제가 되었다고 자화자찬했던 일과는 관계없이 저개발에서 개발로 가는 원동력은 그들의 주된 관심사가 아니었다. 이러한 외국의 당사자들이 어떠한 역할을 했는지, 브레튼우즈 제도가 과연 어떤 영향을 끼쳤는지에 상관없이 이들이 처음부터 스스로 위기를 헤쳐 나간 장본인은 아니었기 때문이다. 제3세계에 대한 세계은행의 융자는 설립 이후 적어도 15년이 되던 시기까지 너무나 작은 규모로 이루어졌다. 또한 삼림개발자나 식민지 정부에 협력하던 세력들이나 전통적인 부족장들, 왕족, 농장 경영자, 수출입 무역상들도 위기를 헤쳐 나간 장본인은 아니었다. 중국에서는 주문자나 매판이라고 불리었던 무역상들은 수입을 대체할 수 있는 국내 산업에 대한 투자에서 얻는 이익보다 수입에서 얻는 이익을 선호했다. 일반적으로 이들은 산업화의 적이었다. 그들은 식민주의의 억압을 감지했음에도 불구하고 서구의 사상들에 대해서 열린 태도를 취했다. 2차 세계대전 이후 주요 산업들은 외국계 기업보다는 현지인 소유의 기업들에 의해 구축되었다.

새로운 엘리트층은 부분적으로는 식민주의에 의한 서양 문명의 확산을 담당하기도 했고 중국, 인도, 인도네시아, 시암과 같이 유구한 역사를 지닌 국가들의 수천 년에 걸쳐 형성된 토착 문명을 고수하기도 했다. 런던에서 변호사로 교육을 받은 간디와 같은 사람들이 여기에 해당한다. 고급관리의 아들로 태어난 호치민胡志明은 사이공에서 마르세유로 운행하던 선박의 직원이었으며 그 후에 그는 모조 화병을 그리며 프랑스에서 시간을 보냈다. 우드로 윌슨Woodrow Wilson에게서 영감을 받은 호치민은 1919년 베르사유 평화 회담에서 베트남의 해방을 주장했다. 그는 1945년에 미국의 독립선언문을 인용하며 베트남의 정치적 독립을 역설했다. 부유한 지주 집안에서 태어난 피델 카스트로는 예수회 수사들에 의해 교육을 받았다. 공산주의 중국의 외교 부장이었던 주은래周恩來는 일본과 서양의 선교학교와 파리에서 공부를 했다. 싱가포르의 리콴유李光耀는 영국의 캠브리지대학에서 법학을 전공했다. 인도네시아 독립의 아버지인 수카르노Sukarno는 네덜란드의 초등학교와 중등학교를 졸업했다. 한국의 개발 대통령이었던 박정희는 일본 사관학교를 다니며 세상에 대해 눈을 뜨고 일본 공산당에 가입했다. 태국 국왕인 라마Rama 4세는 미국의 메사추세츠에서 태어나 스위스에서 교육을 받았다. 말레이시아의 마하티르 모하메드Mahathir Mohamad는 영국학교를 다니며 작문에 뛰어난 소질을 보였다. 1950년대 필리핀의 대통령이었던 막사이사이Ramon Magsaysay는 교사의 아들로 태어났다.

  아프리카의 중산층들도 비슷한 상황이었다. 전세계적으로 독립의 대부로 알려진 넬슨 만델라Nelson Mandela는 부족의 참모였던 아버지를 이어 법학을 공부했다. 1986년 나이지리아의 노벨 문학상 수상자인 올레 소인카Wole Soyinka는 정치 운동가였으며 어머니는 상점을 운영했고 아버지는 초등학교의 교장이었다. 1930년대에 조모 켄야타Jomo Kenyatta는 스코틀랜드의 선교학교를 다녔고 저명한 인류학자인 브래니슬로브 말리노프스키Branislaw Malinowski의 지도하에 런던 경제대학원에서 공부한 뒤 1938년 〈케냐 산을 마주하며Facing Mount Kenya〉라는 논문을 발표했다. 금 세공업자의 아들로 태어나 가나 독립의 아버지로 알려진 크와메 은크루마Kwame Nkrumah는 1935년 고등교육을 받기 위해 미국으로 이주했으며 이후에 영국으로 옮겨 범아프리카 의회의 구성을 위해 애썼다. 세네갈 최초의 현대적 정치인인 레오폴드 셍고르Léopold Senghor는 가톨릭학교를 다녔고 소르본으로 옮겨 정치문화 운동에 전념했다. 잔지바와 탕가니카를 통일한 줄리어스 니에레레Julius Nyerere는 독특한 배경을 가진 사람이었다. 그는 부족장의 아들이었지만 영국에서 역사학과 경제학 학위를 취득했다. 말라위의 초대 수상이었던 헤스팅즈 밴다Hastings banda는 미국에서 교육받은 의사였으며, 이후에는 스코틀랜드에서 의술을 펼쳤다. 콩고의 과격한 자유주의자였던 패트리스 루뭄바Patrice Lumumba는 개신교 선교학교를 다녔다. 짐바브웨 국가 연합의 지도자 가운데 한 명이었던 에디슨 즈봅고Eddison Zvobgo는 하버드대학에서 교육받은 변호사였다. 우간다의 살인적 독재자였던 이디 아민Idi Amin은 이러한 아프리카 지도자들 중에서도 가장 독특했다. 그는 공식적인 교육을 거의 받지 않았으며 어린 나이에 영국의 식민지 부대에 가입하여 마우 마우 반란의 진압에 참가했다.

중동과 북부 아프리카 국가들의 지도자들 역시 국제주의자로서의 면모를 보였다. 튀니지의 대통령이던 하비브 부르기바Habib Bourguiba는 프랑스에서 공부했던 군 장성의 아들이었다. 이란에서 민주적인 방식으로 선출된 사회주의 지도자이며 이후 CIA에 의해 몰락한 모사데는 영국에서 교육을 받았다. 모사데의 축출에 연루되어 있었으며 이후에는 미국의 묵인하에 대통령이 된 레자 팔라비Reza Pahlavi는 스위스에서 공부했다. 사담 후세인Saddam Hussein에 의해 1978년 이라크에서 추방당한 아야툴라 호메이니Ayatollah Khomeini는 자신의 망명생활을 이슬람 국가가 아닌 프랑스에서 보내기도 했다.

하지만 독립을 위해 노력했던 지도자들 모두가 국제주의자는 아니었다. 알렉산드리아의 가난한 집안에서 태어난 가말 압델 나세르Gamal Abdel Nasser는 지방의 사관학교를 다녔다. 폴란드에서 태어난 데이비드 벤 구리온David Ben-Gurion은 시온주의자였던 아버지가 설립한 헤브루학교를 다녔다. 사담 후세인은 카이로 법대를 졸업했다. 알제리의 후아리 부메디엔Houari Boumédienne은 카이로에서 대학을 졸업하고 콘스탄틴의 이슬람 연구소를 다녔다.

대부분 미국에서 교육 받고 1980년대 이후에 통치권을 장악한 정치인들과는 달리 서양에서 교육을 받은 지도자들 모두가 서양의 방식을 받아들이지는 않았지만 전후 독립 영웅들의 교육은 다양한 지역과 지적인 분야에서 이루어졌다. 1980년대부터 정치 지도자들은 경제학 관련 교육기관들을 통해 교육을 받았다. 그럼에도 불구하고 자신의 국가를 독립과 경제 개발로 이끌었던 지도자들은 서양이 그들에 대해 아는 것보다 서양에 대해 더 많은 것을 알고 있었다.

퇴보

　식민지의 독립을 이끈 상징적 인물들은 개발이라는 명목으로 수많은 사람들에게 희생과 절약을 요구했다. 한국의 박정희처럼 정치 지도자가 아무리 실천적인 방식으로 추진력을 보이더라도 대부분은 정부의 전문 관리들과 민간 기업의 전문 경영자들에게 산업화를 일임했다. 전문가들은 현실적인 기술자였다. 이들이 개발 계획에 처음으로 손을 대기 시작한 일은 리카도가 주장한 비교우위의 위대한 법칙을 받아들이는 것이었다. 이 법칙은 과거 저개발 국가들이나 미래의 개발 국가들 모두에게 중요한 실마리를 제공했다.
　1차 산업 혁명 기간에 방적과 직조를 주요 산업으로 성장시켰던 잉글랜드는 재벌 기업화, 대규모의 고용, 기계 축조와 같은 큰 사업 계획을 추진할 기회를 얻었다. 잉글랜드의 직물 산업이 오랜 수명을 누릴 수 있었던 것은 거의 기적 같은 일이었지만 일본은 거의 1세기 동안 시장을 장악해 왔다. 일본은 생산 기술과 프로젝트 실행 능력, 노동력 운영, 상품의 가치를 유지하는 세심한 부분에까지 탁월한 능력을 보였기 때문에 일본의 비단과 면화 산업은 영국의 랭카셔 지역에서 직조와 방적의 핵심 기술을 전파하지 않았다. 경쟁자들이 이러한 기술을 배우거나 따라하기란 거의 불가능했다. 일본의 식민지였던 한국과 대만을 포함한 제3세계 국가들의 직물 산업은 2차 세계대전 이후에 일본과 경쟁하기 위해 교과서에서 배운 비교우위의 법칙과는 달리 곤경에 처하는 경우가 많았다.
　제3세계가 직물 산업에 집중하자 관련 산업의 경쟁이 19세기보다 더욱 치열해지는 상황이 벌어졌다. 직물 산업이라는 동종 부문에서 저임금 국가들은 숙련된 기술로 무장한 나라들과 전쟁을 치르는 듯했다. 표 5.1을 보면 2001~2002년 선진국에서 개발도상국으로의 의류와 직물 수출이 차지하는 비율을 알 수 있다. 직물 방사와 면화 직물과 같이 규모가 큰 부문에서 선진국들은 아웃소싱을 제외한 선진국들의 수출을 제외하고 시장의 45% 정도를 차지할 뿐이었다. 북반구 선진국의 언론들은 공장의 폐쇄와 개발도상국들로의 공장 이전을 역설했지만 개발도상국들은 여전히 북반구 국가들이 장악한 대량 생산으로 인해 피해를 봐야 했다. 과연 비교우위라는 것이 존재했던 것일까?

프랑스, 독일, 이탈리아, 영국과 같은 산업 국가들은 자동화, 저임금의 이주 노동력, 브랜드 가치, 오랜 경험과 노하우로 인해 이익을 챙기고 있었으며, 대부분 이러한 가치들이 비교우위의 법칙과는 관계가 없다고 여겨졌다. 경험의 부족은 한국에서 분명하게 나타났다. 이미 합판과 가발을 수출하고 있던 한국은 1950년대에 직물 산업으로 진출할 모든 준비를 갖추고 있었다. 일본에서 배운 생산 경험, 저임금의 여성 노동력, 노조의 움직임을 차단할 수 있는 군대, USAID

표 5.1
노동집약적 직물 수출 비율 (2001~2002년)

	선진국	개발도상국
직물 방사	45%	53%
면화 직물	45%	54%
인조 섬유 직포	43%	56%
니트 섬유	35%	64%
직물 편조	35%	64%
의약 제품	93%	6%

출처 : 2004년 무역과 개발 보고서 – 무역과 개발에 관한 UN 회의

에서 지원 받은 직물 기계, 교육 수준이 높은 인구, 비교적 발달된 사회 간접시설 등이 이를 뒷받침해 주었다. 이론적으로 볼 때 이 모든 조건들은 한국의 경쟁력을 우수하게 만들었다. 하지만 한국은 막강한 일본 직물 산업과 시장가격 면에서 경쟁을 할 수 없었다. 생산성이 너무 낮았기 때문에 생산 비용이 높은 탓이다.

따라서 한국은 산업 정책과 정부의 경제 개입을 기반으로 학습을 통해 생산성을 높이려는 모험을 하게 되었고, 비교우위의 법칙을 현대적인 시스템에 적용하고자 시도했다. 한국의 생산성이 충분히 상승하거나 일본의 임금이 상승할 때까지 한국의 직물 산업은 여러모로 정체된 모습을 보였다. 우선 국내 생산은 보호 받았고 한국의 기업들은 일본의 인수합병 회사들로부터 안전한 위치에 있었다. 직물 산업에서 얻은 비교우위의 이점을 가능한 모든 산업 분야에 적용했다.

기계 판매상들을 포함하여 생산성을 높이던 장본인들은 한국인들에게 설비의 속도와 생산성을 향상시키고 노후한 기계를 유지하는 방법을 가르쳤으며, 이는 수요가 커지자 곧 효과를 발휘하게 되었다. 또한 해외 상담가들은 원료 면화를 합성하는 방법을 알려 주거나 방사와 원단의 유형을 시장의 요구에 따라 신속히 전환하는 방법에 도움을 주었다. 마침내 한국 정부는 서울대학에 직물학과를 설립했다. 이러한 노하우의 원천이 없이 한국의 임금 수준은 치열한 경쟁 관계에서 불리할 수밖에 없었을 것이다. 1960년대에 생산성이 증대되고 일본의 성장 버블 기간에 임금이 급상승하면서 한국의 직물 산업은 살아나기 시작했다. 당시의 현상은 리카도가 상상했던 것보다 훨씬 장기적이고 간접적이며 국가 주도적인 비교우위의 방식이었다.

1960년대 제3세계에 대한 피어슨Pearson 선교단의 유연한 접근 방식에서 보듯이 '미국과 유럽 시장에서 후진국들은 전문 지식이 없다면 가격 우위만으로는 충분하지 않다.' 저임금이라는 취약점은 비교 우위의 법칙을 개정할 출발점이자 정부 산업 진흥 계획의 필요성을 시사했다.

천국의 작업

제3세계 국가들은 거의 동시에 개발을 위한 제도들을 마련하기 시작했다. 제국주의를 몰아낸 '변화의 바람'이 개발도상국 전체에 불었다. 독립, 민족주의, 사회주의, 케인스주의와 개발주의가 도처에서 모든 사람들의 관심사로 자리 잡았다.

기술 집약 산업을 개발하려는 시스템이 시간의 흐름처럼 자연스럽게 찾아왔다. 태국에서는 군 장성이 민간 사업을 강조하며 권좌에 올랐다. 1960년에 발효된 산업 투자 진흥법은 투자 위원회를 탄생시켰고 곧이어 제조업 활동을 강화하는 움직임으로 이어졌다. 말레이시아에서는 1958년 선진산업 법령이 선포되어 1969년 인종 폭동 이후 강화된 산업 부흥을 촉진했다. 인도네시아에서는 1966년 집권한 새로운 군부 정권이 수하르토 장군의 지휘하에서 좌파 대통령이었던 수카르노 정권이 만들어 놓은 다양한 제도들을 활용하여 산업화의 길에 접어들었다. 한국에서는 1961년 박정희의 쿠데타와 정권 장악 이후에 산업화가 가속되었으며, 박정희는 곧 '역사상 가장 위대한 지도자'라는 이미지를 제3세계 국가들에게 심어주었다. 기획부는 중간 산업을 계획하기 위해 일본의 은행들과 관련을 맺었다. 대만은 1961~1964년에 시행된 제3차 개발 계획을 통해 중공업을 개발하고자 하는 필요성을 강조했고 1970년에는 산업 개발국을 신설하여 주요한 투자 시책들을 추진했다. 1956년 인도 의회는 산업정책 결의문을 통과시킴으로써 기존 산업의 조정을 위한 집중적인 노력을 기울였으며 새로운 기간 산업 분야의 다양화를 꾀했다. 1960년 쿠데타를 경험한 터키는 국가계획 사무소를 설립하였고 터키의 전후 산업 확장을 시작했다. 브라질에서 기간 산업의 발전 계획은 현대화와 경제 개발의 초석이 되었다. 이는 1940년대에 시작하여 1950년대 쿠비셰크Kubitschek 대통령의 '목적 계획'에 따라 추진이 가속화되었으며 전문 개발은행의 탄생도 포함되었다. 칠레에서는 1961년 개발 기업의 재구축에 자극이 되어 더욱 집중적인 산업 개발 정책이 추진되었다. 멕시코의 미구엘 알레만Miguel Alemán 대통령은 산업화를 자신의 유일한 경제 목표로 수립하여 급진적인 산업주의자들과 함께 제조업 활동을 촉진하고자 하는 공격적인 정책을 추진했다. 시장 권력에 대한 비교적 낮은 인내심, 그리고 전혀 다른 정치경제 시스템을 갖고 있던 중국마저 1958년에 대약진운동을 통해 산업화를 위한 노력을 촉진했다.

불행히도 아르헨티나는 예외였다. 1950년대 후반과 1960년대 초반에 아르헨티나에서는 조직적인 활동이 거의 일어나지 않았다. 1940년대 이전부터 존재하던 후안 페론Juan Perón의 부패한 은행과 족벌 체제에 물들었던 공공 분야의 정부 기관들은 다른 국가들에서 일어났던 전문화된 개발 계획을 금융 시장에서 밀어냈다. 1950년대 아르투로 프론디지Arturo Frondizi 정권은 해외 투자를 받아들여야 한다는 미국의 끈질긴 정책적 회유를 받아들였으나 해외 투자가들은 산업의 다양화를 위한 강력한 지도력을 발휘하지 못했다. 다른 나라에서는 관료주의 체제가 서서히 자취를 감추고 있었지만 한때 부강했던 아르헨티나의 경제는 쇠락하기 시작했다.

아르헨티나만큼은 아니었지만 필리핀 역시 비슷한 상황에 놓여 있었다. 개발을 위한 정치는 구축되지 못했고 국가의 역할은 미국이 1898년에서 1946년에 통치했으며 1950년대 초반에 공산주의 전복을 차단했던 제3세계 국가들 가운데에서도 가장 작은 규모였다. 노벨 경제학상 수상자인 군나르 뮈르달Gunnar Myrdal은 필리핀의 관료체제가 부패로 물들고 대규모 농장주들이 세금을 내지 않았던 심각한 관행 때문에 필리핀을 일컬어 '연약한 국가'로 표현했다. 성장은 교육의 질을 높였지만 이것은 현대적 경영 기술과는 전혀 다른 문제였다.

소득 증대 품목

전쟁의 수혜로 발생한 단기간의 소비 활동 후에 제3세계의 외환 거래는 급감했다. 이러한 문제를 해결하기 위해 제3세계 정부들은 재무부와 같은 거시경제 부처들과 함께 산업 정책과 관련된 새로운 관료부처들을 구축했다. 1950년 제3세계의 수출입에 대한 달러 가치는 거의 동일해졌다. 1960년까지 수입이 수출을 10% 정도 앞질러 부족액을 갚을 방법이 없었다. 다국적 투자 자본들은 일부 개발도상국들만을 선호했으며, 주로 원료가 풍부하거나 활발한 내수 시장을 가진 국가들에 한정되었다. 무역 적자를 줄이기 위한 전통적인 시장의 방법은 임금을 낮추어 노동집약적 상품의 수출을 증가시키는 것이었다. 적자를 메우기 위해 개발도상국들은 임금을 최대한 낮추어야만 했을 것이다. 그 대신 이들은 새로운 것을 시도했고 그 가운데 일부는 놀랄 만한 성공을 거두기도 했다.

관세가 없는 상황에서 예산을 증대시킬 수 있는 전형적인 분야는 에어컨, 텔레비전, 재봉틀, 백색 가전제품(냉장고, 스토브, 세탁기 등) 부문이었다. 에어컨은 여름 기온이 섭씨 40도에 육박하는 인도와 같은 열대지방에는 축복과도 같은 제품이었지만, 아무리 많은 노동에 종사하더라도 사치품에 속했으며, 전력에 의존한 선풍기를 선호할 수밖에 없었다. 텔레비전은 소득 증대 효과가 큰 제품이었으며 전력이 들어오는 도시와 시골에까지 해외 소식이나 오락 프로그램을 전달해 주었다. 1971년 당시 일반적인 개발도상국에서 텔레비전 가격은 라디오보다 12배 더 비싸게 거래되었다.

운송 설비의 지불 적자는 더욱 심각했다. 성장을 하기 위해서 제3세계 국가들은 물자를 옮기는 트럭과 트랙터, 비즈니스를 위한 대형차, 사람들이 타고 다닐 버스, 스쿠터, 자전거 등을 필요로 했다. 1960년대에는 지배층 사이에서 자가용에 대한 수요가 급증했다. 제3세계의 엔진 수입이 증가하면서 대외 적자는 더욱 심화되었다. 특히 엔진이 소비할 정유 수입 역시 증가했다. 다급해진 제3세계 정부는 수입한 자동차 부품을 조립하여 자동차를 생산하려고 노력했지만 자동차 조립품을 구매하는 것은 완성된 자동차를 수입하는 것보다 더 큰 비용이 들었다. 1950년대에는 호기심 많은 제3세계 소비자들의 수요가 급증하면서 제3세계의 무역 적자는 최악의 수준까지 올라갔다.

대외무역의 격차를 감소시킬 수 있는 방법은 두 가지가 있다. 수출을 늘리거나 자국의 생산을 수입으로 대체하는 것이다. 후자인 수입대체 산업화는 기업가들에게 자국의 시장에서 어떤 수요가 있는지에 대한 길잡이를 제공했다. 소비가 있기 때문에 상품이 수입된다. 정부는 국영 기업과 민영 기업들에게 관세와 저렴한 재정지원을 통해 수입대체 투자를 용이하게 도와주었다. 그리고 생산성과 상품의 디자인을 개선하도록 인센티브를 제공했다. 또한 수입대체 품목들을 수출로 전환할 수 있는 또 다른 인센티브도 제공했다.

수입대체는 생산성을 높이며 외환거래를 구제했고 정치적으로 새로이 독립한 제3세계 국가들의 산업화에 번영을 가져다주었다. 그래프 1.1(17쪽 참조)에서 보듯이 개발도상국들이 역사상 급성장을 향유했던 시기는 바로 이 수입대체라는 황금기였다. 수입대체 산업화가 공격을 받게 되었을 때 선진 개발 국가들에서 성장한 대부분의 산업들은 자유무역의 시작을 견뎌낼 수 있었다. 두 번째 미 제국 시기의 자유방임 정책하에서 실패한 제3세계의 가장 일반적인 산업들은 노동집약 산업이었다. 중국과 같은 거센 경쟁 국가들이 생산한 제품들로 인해 어려움을 겪게 되었기 때문이다. 따라서 자유화 이후의 높은 실업률은 선진국에서의 수입대체와는 관련이 없었으며 수입대체는 단지 보수적 기업가들로 인해 실패를 겪었다. 비교우위 정책이 오히려 자신들의 산업을 위협했기 때문이다.

수입대체 항목들에 대한 수출의 효과는 논리적으로 맞는 말이었다. 자유 시장 가격에 맞추어 지역적으로 풍부한 원료와 노동력을 활용한 제품들을 제조함으로써 효율성을 극대화시키고 즉시 수출할 수 있었다. 그와는 반대로 수입대체 정책하에서는 관세가 너무 높을 경우 어떠한 수입품도 생산할 수 있기 때문에 그 효율성은 떨어지기 마련이었다. 미국산 직물의 경우 산업화를 촉진했지만 200년간 보호를 받은 결과 수출의 길을 찾지 못했다. 이것은 수입대체에 대해 강력히 반대하던 주장을 뒷받침했다.

1960년대에 농업과 원료 처리 과정은 여전히 개발도상국들의 비교우위 분야로 여겨졌다. 제3세계 국가들의 수출 가운데 90%는 1차 생산물이 차지했다. 75%의 국가들에서 이러한 1차 생산물의 수출은 세 가지의 농작물에 집중되었고, 이는 너무나 위험한 상황을 초래했다. 가격이 폭락하면 농민은 수확보다 기근에 직면해야 했다. 전후 초반의 농업은 대중적인 소비를 기대할 만했으며 녹색혁명마저 저렴하게 취할 수 있는 방법으로 만들었다. 결국 농업은 모든 사람들이 생존하기 위해 택한 것이다. 하지만 개발 정부는 정체된 비교우위를 거부했다. 농업에 대한 대만의 정책은 강력한 모델이었다. 그 내용은 젖을 얻으려면 양을 키우라는 것이다.

아르헨티나 출신으로 UN의 칠레 지역 사무소를 운영하던 프레비쉬는 수입대체 이론의 대가들 가운데 한 명이었다. 앞서 언급했듯이, 그는 1950년대에 지적재산권과 천연원료를 합성원료로 대체하도록 만든 새로운 기술로 이익을 볼 제조업에 비해 1차 생산물의 가격이 하락할 만한 구조적 경향을 지녔다고 주장했다. 선진국들의 수입이 증가하면서 천연원료에 대한 수요가 커졌지만 그다지 큰 변화는 없었다. 농산물에 대한 '교역 조건'에서 가치 상실이 더욱 심해졌다. 제조업 수입의 물량과 맞추기 위해 더 많은 원료를 수출해야 했다. 비교우위에 대한 이단적인 공격으로 프레비쉬는 미국 국무성에 공포의 존재로 낙인찍혔다. 하지만 그는 교역 조건과 단기적인 상품 가격의 변동에 있어서 정확한 시각을 보여주었다. 세기말이 되어서도 개발도상국들은 교역 조건으로 인한 손실로 고통을 받고 있었다. 1981~1985년까지 해마다 그 손실액이 50억 달러에 육박했으며, 1980~1992년의 기간에는 무려 3,500억 달러에 이르렀다. 이러한 소비재 수출업자들은 주요 수입 품목을 최소한으로 유지하기 위해 노력했기 때문에 교역 조건은 대외 채무가 증가한 가장 큰 요인이었다. 소비재 가격의 하락은 구조조정을 할 능력을 거의 갖지 못했던 남부 사하라 지역의 아프리카 국가들에게 재앙으로 닥쳤다. 이는 수입대체를 성공적으로 추진하지 못한 데 따른 처벌과도 같았다.

농장 노동자의 삶에서 벗어나 더 나은 직업을 갖기 위해 교육을 받으면서 식민지 독립을 이끈 투쟁의 원동력이 되었다. 사회적 지위 상승에 대한 희망과 전기가 들어오는 집과 현대적 공중시설, 숙련된 일자리, 교육, 오락, 예술 등은 2차 세계대전 이후에 수많은 청년들을 시골에서 도시로 몰려들게 만든 힘이었다. 이미 수출의 90%를 차지했던 천연원료가 성장의 궁극적인 원동력일 거라고 믿었던 제국주의 사상에서 농민으로 살아가기는 너무 힘든 것이었기 때문에 이들에게 교육은 희망으로 다가왔다.

트윙스Twinings와 같은 다국적 기업들이 소유했던 스리랑카의 대규모 차 생산 농장에서 여성 노동자들은 아침 6시에 일을 하기 위해 헛간에서 일터로 향해야 했다. 이들은 멀리 떨어진 농장으로 각자에게 정해진 할당을 받고 길을 떠난다. 일은 너무나 고되고 날씨는 무더웠다. 정오쯤이 되면 기온은 섭씨 60도에 육박했고 노동자들의 머리에 인 바구니는 너무 무거웠다. 여성 노동자들은 1시간의 휴식을 가진 뒤에 오후 5시나 6시까지 일했고 집에 와서는 가족들을 위해 저녁 식사를 준비해야 했다. 이들이 거주하는 헛간은 100여 년 전에 더 가난한 스리랑카 노동자들이 영국인들을 위해 지은 것으로 전기나 물을 얻을 수 없었다.

이론가들이 어떤 주장을 하던지 간에 사람들은 걸어서 투표를 하러 가야 했다. 제3세계 전체에서 도시화는 산업화와 동시에 진행되었다. 방콕의 인구는 1950년에 약 100만 명에서 1970년에 190만 명, 그리고 1990년에 590만 명으로 증가했으며, 봄베이에서는 각각 280만 명에서 600만 명, 1,300만 명으로 증가했다. 칠레의 산티아고에서는 140만 명에서 260만 명, 440만 명이 되었고, 한국에서는 140만 명에서 540만 명, 그리고 1,060만 명으로 증가했다.

칠레는 미국이 겨울일 때 여름이라는 계절적 이점을 활용하여 열대 과일과 채소를 미국에 수출하며 큰 성공을 거두었다. 하지만 칠레는 천연자원의 집중으로 인해 불평등한 소득 분배 문제가 심각했다. 1960년대에 정부가 민간 부문보다는 다양한 농업 프로젝트에 투자를 넓혀 농업을 주요 산업으로 만드는 지혜를 발휘했으나 그 결과는 너무나 불확실했다. 전후 칠레는 자신과 비슷한 규모와 경작 능력을 갖고 있던 대만보다 대략 두 배 가량의 1인당 소득을 올리기 시작했지만 20세기 말엽에는 제조업 성장에 주력한 대만의 절반 수준에도 미치지 못했다. 제조업은 새로운 기술을 창출할 저력을 갖고 있었기 때문에 현대적 경제 성장의 핵심이 되었다. 이러한 신기술들은 농업을 통한 수입을 보잘 것 없게 만들 정도로 큰 의미를 지녔다.

취업의 기쁨

천연자원을 수출하는 것보다 성장의 원동력으로써 더욱 중요한 것은 값싼 제조업 물품을 수출하는 것이었다. 1960년대에는 이것이 실제로 가능했으며 비교우위의 법칙에도 부합하는 것이었다. 미국 북동부의 의류 제조업자들은 우선 노조가 없던 남부로 공장을 옮기고 나서 아시아로 진출했다. 일본은 미국이 아웃소싱과 노동집약적 제조업의 투자지로 처음 선택한 곳이다. 하지만 일본의 임금 수준이 성장배가 계획에 따라 1960년대에 급격히 상승하자 외국 기업들은 동등한 수준의 우수한 환경에서 저임금 생산지를 찾았으며, 처음에는 홍콩으로 옮겼다가 이후에는 싱가포르, 한국, 대만, 그리고 말레이시아, 인도네시아, 필리핀, 태국으로 발길을 돌렸다. 전자 산업이 성장하자 실크로드는 실리콘로드로 바뀌었다. 지금은 대부분 사업을 접은 필코Philco, 애드머럴Admiral, RCA, 모토로라Motorola, 제니스Zenith와 같은 기업들이 1965년에 텔레비전 제조업자들과 함께 텔레비전 조립 공장을 대만에 설립했다. 마쓰시타Matsushita, 산요Sanyo, 샤프Sharp, 도시바Toshiba와 같은 일본 기업들은 대만 기업들과 합작 사업을 진행했다. 그 후로는 계산기 제조업이 등장했고 곧이어 반도체와 핸드폰 제조가 그 자리를 대신했다.

  실제로 이러한 해외 기업들은 제3세계 현지에서 제조업에 뛰어들지는 않았으며, 단순히 부품을 조립하였고, 일부는 현지 생산을 했지만 대부분은 수입했다. 이후에 전자 회사들은 현지 조립 회사들에게 하청을 주었다. 고난도 생산품들을 발명한 업체들은 전체 이익이 손익분기점까지 떨어지자 조립공정을 해외에서 진행했다. 단위당 수익이 낮을 경우 효율적인 조립을 위해서는 대규모 생산과 시장으로의 빠른 진출, 그리고 무엇보다 값싸고 믿을 만하며 불만이 없는 노동력이 필요했다.

노동집약적 제조업의 수출이 종종 최소 생계비 수준의 임금과 불안전한 작업환경, 그리고 막다른 길로 노동자들을 내모는 상황을 만들어냈기 때문에 비판을 받기도 했다. 그럼에도 불구하고 노동집약적 제조업 상품을 수출하는 것은 모든 사람들이 원하던 일자리 창출이라는 한 가지 주요한 장점을 지녔다. 젊은 여성 노동자들은 공장 기숙사에 살면서 가족들과 떨어져 지낼 수 있는 새로운 자유를 맛보게 되었다. 이를 두고 수출의 '공정지대'를 연구하던 인류학자들은 한국과 대만에서 그 예를 찾았다. 노동자들의 반발을 잠재우기 위해 회사의 경영자들은 노동자들에게 교육을 받을 수 있는 기회를 제공했다. 국가의 저축이 증가하자 외환도 풍부해졌다. 외국 공장에 근무하던 현지 경영진들은 최첨단의 노하우를 학습할 수 있었다. 대만에서는 1990년대까지만 해도 특히 전자 분야에서는 외국계 기업의 존재가 극히 드물었지만, 대부분의 최고 경영자들은 1950년대와 1960년대에 미국이나 일본의 텔레비전 회사에서 교육을 받은 사람들이었다.

미국 정부는 미국의 상품을 해외에서 조립하여 미국으로 역수출했던 대규모의 하도급 업자들의 말에 귀를 기울이기 시작했다. 이들은 미국에서 제조된 부품의 수입에 대해 관세를 지불하지 않았다. 단지 해외 조립에 대한 노동비용에 대해서만 세금을 낼 뿐이었다. 이러한 정책은 미국 시장이 제3세계 국가들이 수출한 노동집약 상품들에 대해 실제로는 개방되지 않았다는 것을 의미한다. 시장 개방을 위한 인센티브는 미국 내의 사업에 이익을 안겨 주기 위한 것이었다.

제조업 상품을 수출하는 데 있어서 나타난 문제는 그 과정에서 과도한 착취 현상이 일어났다는 것이 아니라 충분한 투자가 이루어지지 않았다는 점이다. 일자리를 창출할 수 있는 해외자본을 유치하기 위해 과도한 경쟁이 나타났기 때문에 극히 소수의 제3세계 국가들만이 값싼 수출에 힘입어 성장을 달성할 수 있었다. 일본과의 관계라는 장점과 비교적 신뢰할 만한 환태평양의 운송시스템을 활용한 아시아 국가들이 가장 뛰어난 성장을 보였다. 또한 아시아 국가들은 높은 인구밀도의 영향으로 우수한 간접자본과 극도로 낮은 임금 체계를 보유하고 있었다. 낮은 임금 수준은 모든 것을 결정하는 가장 중요한 요소였다. 가령 미국 텔레비전 산업이 처음으로 해외에 공장을 설립할 때에 RCA와 같은 생산업체들은 멕시코에서 완성품을 조립했지만 임금이 너무 높았기 때문에 대만으로 발길을 돌려야 했다.

시간이 지나면서 점점 더 많은 미국, 유럽, 일본 기업들이 저임금을 찾아 노동집약 공장들을 해외로 옮기기 시작했다. 그러나 몇 개국에 집중되어 진행되었던 수출을 통한 성장은 첫 번째 미 제국의 전성기에도 결정적 동력을 찾지 못했다. 1990년대 중반까지 수출 공정지역이 아시아에는 225개, 그리고 중남미에는 41개로 확산되었다. 공급 과잉으로 인해 값싼 제조업 상품을 수출하던 동력을 잃고 말았으며 이제는 그 누구도 중국과 경쟁을 할 수 없는 상황이 되었다. 아시아 국가들마저 수입대체 산업을 적극적으로 추진하면서 수출을 통한 이익을 챙길 수 있었다.

법칙은 변화한다

제조업 경험을 가진 국가들을 포함한 개발도상국들은 산업을 현대화시킬 수 있는 제도들을 구축하기 시작했다. 산업화를 위해 이들이 활용했던 전략은 수출대체였다. 조심스럽게 계획을 마련하면서 이들은 이전에 수입에 의존하던 많은 제품들을 국내에서 제조하기 시작했다. 이러한 정책을 통해 해외에 지불해야 하는 자금의 압박을 줄일 수 있었고 에어컨, 스쿠터, 트럭과 같이 급증하는 국내 수요를 충족시킬 수 있었다.

수입대체는 비교우위의 법칙에 위배되는 것이지만 아무리 위대한 법칙도 때로는 수정이 필요할 때가 있는 법이다. 2차 세계대전 이후에 비교우위에 대한 가설은 실효성을 잃었고 비교우위 이론의 예측은 빗나갔다. 하지만 보수적 기업가들은 이를 비난했으며 기술자들은 수입대체가 작동되도록 애썼다. 역사상 처음으로 현대적 산업들이 강력하면서도 비교적 자유로운 제국의 비호하에 제3세계에서 부흥하기 시작했다.

그러나 수입대체에 반대한 보수적 기업가들의 입법을 어떻게 극복했을까? 제3세계 국가들의 내부 산업이 어떻게 네덜란드에서 네브라스카에 이르는 치열한 경쟁을 이겨내고 수출 지향 정책으로 돌아설 수 있었을까?

6
새로운 희망

> 브라질의 자동차 조립 회사들은 충분한 재정적 지원을 얻기 위해 왕성한 국내 수요를 감당해야 했고 매년 이들의 차량 가운데 높은 비율을 국내산 부품으로 제조해야 했다. 1960년 7월 1일까지 트럭과 기능성 차량들에 사용된 부품은 90%가 국내산이었으며 지프차량과 자가용에 사용된 부품은 95%에 육박했다.
>
> _ 헬렌 샤피로, 《성장의 동력Engines of Growth》에서

기준 정비

완고한 기업가들이 새로운 산업 분야에 진출하게 하기 위한 지원금의 평가기준을 정비하는 과정에서 대부분 잘못된 가격 기준을 내세울 정도로 수입대체에 대한 정부의 간섭은 강력했다. 중남미보다 아시아에서 정부 지원이 덜 일반적이었던 것은 아시아의 기업들이 현지의 낮은 임금과 적은 투자대안들로 인해 이득을 얻고 있었기 때문이다. 1993년 동아시아 시장East Asian Market 보고서에 따르면 세계은행은 가장 높은 성장세를 보이던 지역에 대한 왜곡된 기준의 기준표가 있었다는 점을 인정했다.

특정 산업에 대해 신용을 집중하고 지원할 것, 순이익과 소득을 높이기 위해 낮은 예치금 비율과 높은 잉여금 비율을 유지할 것, 정부 은행을 구축하고 재정적으로 지원할 것, 응용연구 분야에 공공투자를 실시할 것, 특정 기업과 산업의 수출 목표를 달성할 것, 수출 마케팅 기관을 개발할 것, 공공부문과 민영부문 간에 광범위한 정보 공유를 유도할 것.

정부들은 한국의 조선업처럼 어려움에 처한 산업들을 구제했으며, '지역 특수' 정책을 수립하여 브라질의 자동차 사업과 같은 중소 규모의 부품업체들을 지원했다. 또한 금융 시장을 필두로 하여 모든 시장이 규제를 받았다. 낭비를 줄이기 위해 새로운 산업에 진출할 자격을 통제했다. 대만에서는 대기업들이 정부의 승인 없이 사업을 확장할 수 없었다. 세계은행의 보고서는 왜 정부의 간섭이 효과적인가에 대해서는 설명하지 않았다.

수입대체는 제3세계 국가들이 철강과 같이 거대 자본의 투자가 필요하고 정유 산업처럼 중요 기술을 요구하는 중간기술의 중공업에 진출하여 독일과 일본 같은 선진국들이 오랫동안 시장을 독점했던 분야에서 경쟁하고 수천 명의 숙련된 기술자들을 고용할 수 있도록 하는 데 그 목적을 두었다. 하지만 이러한 이단적 발상에는 부정적 요소가 포함되어 있었다. 수입대체 산업은 시장의 힘을 강제로 통제하고 부정부패를 조장하며 시장의 가격을 무시하여 수출 자체가 불가능하게 만든 것이다. 가장 큰 불만은 바로 수출에 대한 억압이었다.

부정부패처럼 현실적으로 드러난 문제들도 있었지만 그 외에는 추측에 의한 것이었다. 선진국의 산업들로부터 모델과 청사진을 배울 수 있다는 면에서 적임자를 선택하는 것은 문제가 되지 않았다. 하지만 보수적인 기업가들은 개발도상국들이 수익성이 뛰어난 산업을 선택하는 과정에서 문제를 해결하는 데 너무 허약하고 무지하며 어리석다고 비난했다.

실제로 개발이 더딘 국가들은 제조업 경험의 부족 때문에 많은 어려움을 겪었다. 수입대체가 등장하기 시작했지만 시행 국가들이 채무로 도산을 하면서 곧바로 사라졌다. 그러나 경험이 있는 개발도상국들은 스스로 기술 혁신을 꾀하며 실적 표준을 보조금으로 바꾸어 나갔다. 곧이어 그들의 수출은 보수적 기업가들의 독점 영역을 뒤흔들기 시작했다.

알렉산드리아 도서관

알렉산드리아 도서관을 뒤져봐도 '개발은행'이라는 말이 2차 세계대전 이전에는 존재하지 않았다는 것을 알 수 있다. 산업화의 후발 주자들이 보여준 독자적 사고방식들로 인해, 개발은행들은 이른바 전략 산업들에 재정적 지원을 하기 위해서 시장 수준보다 낮은 이자율로 융자해 주면서 감시했다. 한 국가의 융자 심사 기준과 통제 능력은 성장률에 많은 영향을 미쳤다.

브라질의 개발은행에 대한 평가 기준은 역사적 배경에서 출현했다. 당시 브라질의 개발은행이었던 BNDES(Banco Nacional de Desenvolvimento Econômico e Social)에 의하면 1950년 시작된 제툴리오 바르가스Getulio Vargas 대통령의 두 번째 행정부는 변화를 갈망하던 이전의 행정부를 물려받았다. 중공업 제품과 설비의 수입, 전쟁 이후의 소비와 국제 연료가격의 상승으로 인해 무역수지 흑자가 감소하기 시작했다. 이러한 딜레마에서 민족주의 성향의 중산층들은 기간 산업의 개발을 위한 지원을 요구하기 시작했다. 그러나 이는 수입대체와 충돌하는 것처럼 비춰졌으며 수출 증가라는 목표를 가로막지는 못했다. 1958~1967년에 이르는 기간 동안 BNDES 지원금의 절반이 철강 제조에 사용되어 브라질은 철강을 자급자족할 수 있는 수준에 이르렀고 이후에는 철강 제품의 주요 수출국으로 성장했다. 게다가 BNDES의 정책들은 시간이 지나면서 변화했다. 석유 위기가 브라질의 무역수지를 악화시켰던 1974년부터 정부는 두 번째 국가개발 계획의 일환으로 수입대체 프로그램을 강화시키기로 결정했다. BNDES는 미네랄, 광석, 철강, 비철금속 제품, 화학, 정유 제품, 비료, 시멘트, 펄프 목재, 종이와 같은 자본재와 기본 천연자원이라는 두 가지 핵심 부문에 집중적으로 지원하기 시작했다.

대만의 중공업은 제3차 개발계획 기간이었던 1961~1964년에 집중적으로 투자를 받게 되는데, 이때는 대만 경제부가 다음과 같은 보고서를 발표한 시점이다. "중공업은 자본재를 생산한다는 면에서 산업화의 핵심을 이룬다. 우리는 장기적으로 지속적인 경제 성장을 추구하기 위해서 중공업을 발전시켜야 한다." 동시에 시계와 전자제품과 같은 수출 품목들도 조명을 받게 되었다. 실제로 철강, 조선업, 정유화학, 기계와 같은 중공업이 발전했으며, 1979년 2차 에너지 위기가 찾아오고 나서야 목표가 수정되었다. 1982년 대만 정부는 기계류, 자동차부품, 전기 설비, 정보 산업, 전자제품과 같은 전략 산업을 대규모의 연관 효과, 높은 시장의 잠재력, 기술 집중도, 높은 부가가치, 낮은 에너지 집중도, 친환경이라는 여섯 가지 영역으로 나누어 개발하기에 이른다.

태국이 1950년대에 발표한 중점 개발 산업을 선택하는 데 있어서도 몇 가지 기준이 적용되었다. 우선 외환을 대폭 절약할 수 있는 산업이어야 했다. 두 번째로 다른 산업들과의 연관성이 커야 했다. 세 번째로는 자국의 천연자원을 활용할 수 있는 산업이어야 했다. 또한 산업부는 '선진국들로부터 자동차, 화학, 조선업과 같은 산업들에 관한 기술과 지식 이전을 희망한다.'고 할만큼 기술적 지식을 획득할 수 있는 분야를 중시했다.

인도의 개발 계획은 다른 국가들보다 정치적이고 폭넓은 목표들을 담고 있었기 때문에 성장 속도가 더욱 더뎠는지도 모른다. ① 경공업보다는 기간 산업, 대기업보다는 중소 기업, 민영부문보다는 공공부문의 신속한 확장 ② 소규모 산업에 대한 보호와 개발 ③ 지역 간 산업 편중과 불균형의 해소 ④ 민영부문에 대한 경제 권력 집중의 방지가 그것들이었다.

터키는 두 번째 5개년 계획 기간(1968~1972년)에 제조업에 대한 지원을 강조했다. 제조업이 바로 국가 경제 발전의 미래를 주도할 견인차 역할을 했기 때문이다. 산업별 우선 순위에 속한 분야로는 화학, 소비성 비료, 철강, 야금, 종이, 정유, 시멘트, 자동차 타이어 등이었다. 이러한 분야에 대한 집중적인 투자를 통해 대규모의 수입 대체 효과를 거두고 장기적으로 산업화에 필요한 기틀을 마련할 수 있을 것으로 보았다. 동시에 터키의 개발 계획은 수출의 증대를 강조했고 직물 산업을 집중적으로 육성했다.

1960년대 초반에 멕시코의 개발은행이 내세운 원칙은 무역수지의 균형을 맞추고 산업 통합을 달성하고 저축을 증대시키거나 고용비율을 높이는 산업에 대해 지원하는 것이었다. 채무 위기를 넘긴 1980년대 후반까지 멕시코 개발은행의 연감에는 구조조정을 장려하고 더 높은 효율성과 생산성을 달성하는 기업들의 현대화와 재정적 부활이라는 새로운 목표가 등장했고, 장기적으로 수출을 증대하고 수입대체를 조절하여 국제적인 경쟁력을 높이고자 하는 데 목적을 두었다.

1969년 한국개발은행KDB의 연감에 의하면 산업구조를 개선하고 무역수지의 균형을 달성한 수출 기업들이 융자에 대한 우선권을 갖고 있었다. 여기에는 수입대체 산업들이 포함되어 있었다. 수입대체와 수출증대를 서로 반대개념으로 여기지 않았으며, 오히려 장기적인 대규모의 자본 투자와 관련성이 있다고 평가했다. 1979년 한국의 중공업 발전이 멈추자 재정부문에 대한 다음과 같은 요소들을 강조하기 시작했다. 국가에 대한 경제적 혜택, 프로젝트의 기술력과 재정적 유연성, 이익효과, 지원자의 경영 능력 등이었다.

비교우위는 효과가 없었기 때문에 개발은행의 평가기준에서 제외되었다. 하지만 개발은행들이 중요시했던 기준들은 나름대로 합당했다. 고도의 기술을 획득하기 위해 누구나 합당한 기대와 노력을 기울였고, 이들이 필요로 했던 노하우가 있는 상황에서 작은 목표에 과도하게 집중하는 모습도 보이지 않았다. 모든 평가기준은 중간기술을 강조했지만 여기에는 마찰도 있었다.

기존의 산업 국가들은 자신들의 오랜 밥그릇인 중간기술 산업을 철저히 보호하고자 했다. 1980년대에 미국이 일본에게 자리를 빼앗긴 기계공구 산업의 경우에는 일본의 전동공구 업체들이 연구와 개발에 막대한 자금을 투자했다. 일본 기업들은 자동화 생산 설비를 갖추고 거의 모든 시장을 공격해 나갔다. 일본이 생산 수출한 고급 상품들은 세계의 8대 불가사의로 일컬어질 정도였다. 하지만 이러한 일본의 최첨단 전동공구 기업들은 자신들의 고급 상품 라인을 절대로 포기할 수 없었다. 그것이 바로 자신들에게는 자금의 주요 원천이었기 때문에 한국과 대만의 새로운 기업들이 전동공구 부문에 진출하는 것은 거의 불가능했다.

중국과 인도처럼 거대한 후발 경제주자들을 제외하고 수입대체의 성공 여부는 수출에 의해 결정된다. 개발은행들이 수출을 증대시켰거나 보수적 기업가들의 말대로 내수 시장이 바로 중요한 역할을 했을까?

위대한 어머니

모든 개발 단계에서 수입대체는 수출 이전 단계에 나타난다. 보수적 기업가들은 수입대체와 수출 주도의 성장을 각각 긍정과 부정의 정반대 개념으로 분석했다. 하지만 수입대체는 수출의 어머니 격으로 이 둘은 너무나 밀접하게 연관되어 있었다.

일본은 성장 산업의 수출생산 비율이 증가하고 나서야 국내 수요 증가와 대량생산으로 인해 가격이 떨어지기 시작했다. 브라질에서도 1960~1980년대까지 비교우위를 누렸던 원료의 가공뿐 아니라 수입대체 기간 동안 기업들이 학습한 제조업 덕분에 수출이 늘어나기 시작했다. 실제로 1950년대 수입대체 산업화로 구축된 산업 분야가 이룩한 수출 성장을 선행했던 산업화의 노력이 아니었다면 1960년대 이후의 수출 증대는 불가능했을 것이다. 수입대체 정책은 수출

능력을 키웠고, 1980년대와 1990년대의 주요 수출 부문은 자동차 산업과 1973년의 오일 쇼크로 수입대체를 위해 구축된 중공업이 담당했다. 멕시코에서 화학, 자동차, 철강 산업은 1970년대 수입대체의 핵심이 되었으며 1980년대에는 전체 수출의 10~15%를 차지했다. 1983년과 1988년 사이에 비석유 수출의 성장은 가장 보호받던 산업들로부터 출발했다. 칠레 경제는 1973년의 갑작스러운 오일 쇼크에도 적응할 수 있었다. 이러한 대처 능력은 주로 수출 부문이 담당했으며 수입정책의 효과로 얻은 산업 개발 덕택이라 할 수 있다.

한국은 1960년대 중반 수출지향 정책으로 전환하면서 수입대체 정책을 유지할 수 있었다. 수입대체는 수출 주도 전략과 함께 추진되었다. 수출 증대와 수입대체는 결코 상반되는 개념이 아니며 서로 보완하는 관계였다. 전자산업의 경우 1960년대 초반 수입대체 산업화 시기는 1970년대에 효율적인 소비재 전자 및 부품 조립 업체가 될 수 있는 제조업 기술을 개발하는 데 매우 중요한 역할을 했다. 소비재 전자 제품과 부품에 대해 수입대체 산업화는 수출생산으로부터 1970년대 내수 시장의 수요가 상당한 수준에 이르도록 하는 데에도 영향을 미쳤다. 1984년까지 중공업은 한국의 새로운 수출 주도 분야였으며, 경공업을 넘어서 한국의 모든 중공업 산업이 수입대체에서 출발했음을 보여준다. 이것은 1950년대와 1960년대 직물 산업의 상황과 유사한 것이었다.

대만에서는 1960년대 초반에 수입대체 산업들이 대부분의 수출을 담당했다. 해외 업체들의 경쟁에 대한 자국 산업의 보호는 여전히 유지되었다. 수출을 위해 보조금을 받는 것은 보너스와 같았다. 대만의 전자 산업에는 수입대체 기간과 수출증진 기간의 뚜렷한 구분이 없었다. 전자제품의 수출이 1970년대 초반 이후로 가속화되었지만 전자제품에 대한 내수 시장의 소비는 높은 수입관세로 인해 철저히 보호를 받았다. 국내의 전자 회사가 발전하는 데 있어 반드시 보호가 필요한가는 논란의 여지가 많다. 그러나 소비재 전자제품에 대한 보호가 일본 전자 회사들로 하여금 현지 기업들과 합작회사를 만들고 지역민들에게 기술 이전을 해 준 결과 현지의 수출능력을 증대시켰음을 관찰할 수 있다. 1985년 태국에서는 가공식품을 제외한 전체 수출 가운데 약 50%가 수입대체의 결과물이었다. 1980년대 터키의 경우 제조업 수출이 성장할 수 있었던 것은 새로운 수출 산업의 구축이 아니라, 원래 수입대체로 구축된 산업들이 내수 시장을 위해 생산했던 기존 생산능력에서 기인했다. 그 후로 20~30년이 지나 중국의 주요 기업들은 수입대체를 통해 자신들의 생산능력을 제고하고 수출 시장에 뛰어들기 시작했다. TCL은 1981년 광동의 지방 정부로부터 5,000달러의 융자를 받아 사업을 시작해 텔레비전, PC, 에어컨, 핸드폰 등의 분야에서 중국 최고의 선두주자가 되었다. TCL 대표는 TCL이 세계적인 중국 브랜드가 되는 것을 목표로 세웠지만 우선은 국내에서 성공을 거두어 저임금을 기반으로 국내 업체들이나 세계적인 명성과 노하우를 갖춘 다국적 기업들과 치열한 경쟁을 하게 되었다고 말한다. TCL은 다섯 개의 연구 개발 센터를 구축하여 자신들에게 부족한 독점적 기술력을 축적하기 위해 노력하고 있다. 현재 광동에는 700명의 연구원을 둔 개발센터가 있을 정도이다.

일부 수출제품들은 직접적인 수입대체 과정에서 나오지는 않았지만 주로 그러한 과정을 겪은 업체들에 의해 생산되었다. 아시아의 수입대체 기업들이 지닌 경영과 기술적 전문 지식을 통해 이들은 업계의 명성을 얻었고, 일본보다는 저렴하게 부품을 생산할 곳을 찾던 미국 기업들과 계약을 하게 되었다. 이러한 일련의 과정은 제3세계의 다양화된 산업 집단들에게도 나타난 현상이었고, 2차 세계대전 이후에 독점적 기술력을 갖지 못한 아시아, 중남미, 중동 국가들은 이를 대규모 사업의 모델로 삼았다. 이러한 산업 집단들은 우선 내수 시장의 수요에 주력하다가 곧이어 수출로 다양화를 꾀했다.

 독자적인 기술력이나 선진국 시장과의 연관을 갖지 못했던 기업들에게 수출은 너무 힘든 일이었다. 그다지 많은 훈련을 요구하지 않았던 노동집약적 제조업과는 달리 거의 모든 중간 산업들은 시장을 확대하기 전에 내수 시장에서의 경험과 지식을 활용했다. 이러한 과정에서 예외였던 한국의 조선업은 처음부터 수출을 목표로 하고 있었다. 하지만 여기에서도 몇 척의 배들은 국내에서 소비되어야 하거나 기업이 알아서 해결해야 했다.

 정부의 경제 개입은 항상 부정부패, 권력 남용, 비효율성을 낳기 마련이다. 정부의 실책은 시장의 실패만큼이나 개발에 부정적인 영향을 가져올 수 있다. 그럼에도 불구하고 제3세계 정부들이 아무런 통제과정 없이 특정 산업에 대한 지원을 했다는 추측은 잘못된 것으로 판명되었다. 전후 산업화의 성공 뒤에는 정부 지원에 대한 감시 시스템이 존재했다. 수입대체나 수출지향 성장은 공짜로 얻을 수 있는 것이 아니었다. 한국과 대만의 경우에서 보듯이 대부분의 경우 수출은 국내 시장의 보호를 위한 필수조건이었다.

세상에 공짜는 없다

수입대체의 비효율성을 최소화하기 위해 국가들은 '통제 시스템'이라고 하는 복잡한 제도적 장치들을 만들었다. 이러한 시스템들은 실적 표준과 정부 지원, 즉 우수 기업들에 대해 정부가 배려한 관세, 사업 승인 규제, 저렴한 여신 등을 연계시켰다. 선진국이 발명가들에게 인센티브와 보상의 개념으로 특허를 부여하듯이 개발도상국들은 우수한 학습자들에게 보호막과 재정적 지원을 제공했지만, 특허권처럼 보호 기간이 주어지는 것은 아니었고 논란이 없던 것도 아니었다. 정치에 영향을 받던 우수한 관료집단들은 어떤 것도 무상으로는 제공하지 않는다는 원칙을 세웠다. 상호적 관계가 가장 이상적인 것이었다. 정부가 기업에게 재정적 인센티브를 제공하면 기업은 그 대가로 정부에게 무언가를 보답해야 했다. 일정 수준의 수출 목표 달성이나 생산성 증대, 투자 비율 확대나 경영 능력 상승 등이 그 대표적인 예다. 정부는 상호주의로부터 이익을 얻었다. 프로젝트가 성공을 하면 정부는 더 많은 조세수입과 대중적 지지, 그리고 권력을 장악하게 된다. 개발 정부를 중요시하던 엘리트 개발은행들은 자신의 고객들을 통제 가능한 조건들로 묶어두었다.

브라질의 개발은행이었던 BNDES의 경우, 채무자들과의 계약서에 성취 의무에 대해 명확하고 포괄적인 조항들을 명시했다. 가령, 1970년대 펄프와 종이를 생산하던 한 업체와의 계약서에는 그 회사가 브라질의 제조 회사를 고용하여 사업 확산을 위한 구체적인 계획을 마련해야 한다는 조항이 있었고, BNDES는 해당 회사의 전반적인 계획을 점검하여 연구개발팀을 구성하는 것을 승인했으며, 해당 회사가 기술 계약서를 정부기관에 등록하여 외국 기술에 대해 과도한 비용을 지출하지 않도록 통제하는 의무 조항이 있었다. 또 다른 기업은 두 명의 스웨덴인과 핀란드인 컨설턴트를 고용하여 기업의 기술 선택을 승인하도록 하는 의무 조항이 있었다. BNDES는 이 회사가 컨설턴트들과 체결한 계약서도 승인했다.

1983~1986년에 BNDES와 주요 자본재 생산업체가 재정적 지원을 강화하기 위해 체결한 계약서에는 60일 이내에 기업의 운영자금을 절약할 수 있는 경영 프로그램을 제출하도록 하는 강제 조항도 있었다. 기업은 계약 체결 후 120일 이내에 단일한 경영 단위를 포기하는 계획을 제출해야 한다. 또 다른 자본재 생산업체는 BNDES에게 특정 생산 설비의 재설정과 생산성 증대, 금융 다변화를 위한 계획을 제출해야 했다. 기업은 조직 재정비 프로그램의 일환으로 감독관을 채용하여 현대적인 정보체계를 구축하고 기업의 정보처리 영역을 확대하는 시스템을 갖추어야 했다. 철강업체는 사업 확장을 위한 계약서에서 BNDES에게 경영 시스템의 현대화와 국내외 판매를 위한 마케팅 및 유통 기능 개선책을 내놓아야 했다. 또한 인력과 개발기관을 축소하는 방향으로 비용체계를 개선해야 했다.

BNDES는 기업들로 하여금 재정적 안정성을 확보하기 위해 일정한 수준의 자산 대비 부채 비율과 유동성 비율을 유지하도록 강제했다. 자산 대비 부채 비율이 미국 은행의 표준에 따른 것은 미국이 초기에 BNDES의 융자 국가였기 때문이었던 것이 작용한 것으로 보인다. 동아시아를 기준으로 볼 때 브라질의 자산 대비 부채 비율은 낮은 편으로 통상 전체 자산에서 부채가 60%를 넘지 않았다. 따라서 '거대 규모'의 브라질 기업들은 동아시아를 기준으로 보면 자산 대비 부채가 3 대 1이나 4 대 1정도로 평가 절하되기 마련이었다. BNDES는 실적 표준을 통해 기업의 규모를 규정했다. 은행의 기업 고객들은 통제 회사의 주주들에게 자신들의 이익을 배분할 수 없었다. 기업들은 BNDES의 승인이 없이는 스스로 새로운 투자를 하거나 고정 자본 비율을 바꿀 수도 없었다. 만약 어떤 회사가 재정적 조정을 요청할 경우 BNDES는 생산과 관련되지 않은 자산을 박탈하곤 했다.

인도에서 융자 조건은 평가 점수에 따라 결정되었다. 인도 산업 개발은행IDBI은 융자를 신청한 모든 회사의 이사회에 임원을 선정할 권리를 주장했다. 이러한 관행은 독일의 거대 은행들과 비교할 만한 것이었지만 인도 산업 개발은행의 목적은 고객 기업들의 전략 결정에 영향을 미치려는 것이 아니라 경영에 대한 정보를 얻기 위한 것이었다. 융자에 대한 다양한 평가 기준들이 적용되었다. 가령, 인도 산업 개발은행의 자기 자본 가운데 10%를 차지했던 대규모의 철강 파이프 제조업체에 대한 융자에서 조건으로 제시된 것은 이 업체가 프로젝트 운영 위원회를 구성하여 인도 산업 개발은행이 만족할 만한 수준으로 감독을 하고 프로젝트 수행 과정을 감시하는 것이었다.

모든 국가들이 기술적 목표와 구별된 정책적 목표와 관련하여 실적 표준은 정치적으로 가장 높은 수준으로 규정했다. 관료들만이 이런 표준을 실행함으로써 관리들은 절대적인 권력을 누렸다. 수출 확대는 주요한 정책 목표이자 실적 표준이었다.

전후 세계에서 가장 높은 수출 성장률을 보인 한국은 수출 목표를 달성하는 것에 따라 내수 시장의 관세 보호와 같은 지원을 통해 기업들의 수출 지향을 유도했다. 관세 보호에 대한 대가로 기업들은 일정 수준의 수출 목표를 달성해야 했다. 일본에서와 마찬가지로 기업과 정부는 이러한 상호 의존관계에서 서로 협력했으며 한 달에 한 번 열리는 고위급 회의에서 그 주요 내용을 발표했다. 당시 한국의 박정희 대통령은 고위급 회의에 정기적으로 참석했으며 관료들은 수출 성장을 저해하는 문제들에 대해 학습하고 문제를 해결하는 방법을 모색했다. 한국개발은행은 장기 정책 수립에도 상호관계를 중시했다. 1971년 한국의 중공업 산업화를 추진하던 시기부터 한국개발은행은 상공부가 추천한 수출업체들에게 여신을 제공했다. 기업이 수출을 늘리게 되면 보다 저렴하고 장기적인 융자를 쉽게 얻을 수 있었다. 1975년 이후 한국 정부는 일정 수준의 다양한 수출 목표를 달성한 사업 부문에 '일반 무역 기업'을 구축하도록 허용하는 매력적인 자격 제도를 시행했다. 중공업의 출현이 산업 전반의 경쟁을 무디게 했던 시기에 이러한 자격 조건들은 한국의 대기업들 사이에서 높은 경쟁 효과를 불러왔다. 한국에서는 기업의 실적이 낮게 나타날 경우 정부의 지원이 끊기고 1965~1985년 사이에 선정된 10대 기업들의 지위에도 변화를 가져왔다.

한국에서는 상호주의 원칙이 거의 모든 산업 분야에서 적용되었다. 전자 분야를 예로 들면, 일본의 무역기관인 제트로JETRO가 발간한 내용에서 보듯이 재벌 기업들이 내수 시장에서 큰 이익을 얻을 수 있는 상황임에도 불구하고 왜 자신들의 사업을 현상유지하지 않았는지 하는 의문이 생긴다. 1차적으로는 정부가 이를 허락하지 않았다. 전자 분야에 대한 한국의 주요 산업 정책은 내수 시장을 보호하는 것이었다. 정부는 내수 시장을 보호해 주는 대신 기업들로 하여금 생산의 일부를 수출하도록 요구했다.

세계적으로 두 번째로 높은 수출 성장률을 보였던 대만 역시 정부 지원을 수출과 연계시켰다. 면화 직물, 철강 제품, 펄프와 종이, 고무 제품, 시멘트, 울 직물 산업들은 산업연합을 형성하고 내수 시장에서의 경쟁과 지원 수출을 제한하는 협정을 체결했다. 철저히 보호되던 대만의 내수 시장에서 판매를 하기 위한 승인 과정에는 생산품의 일부를 해외로 수출해야 한다는 조건이 따랐다. 대만이 자동차 산업의 '전략적 개발 기간'으로 정한 1977~1984년 사이에 대만 경제부는 새로운 사업 주자들에게 생산품의 50% 이상을 수출하도록 요구했으나 부품 관련에서만 성과를 거두었다.

다른 국가들 역시 정부의 지원을 수출과 연계했지만 전혀 다른 방식으로 진행되었고 성공 여부도 모두 다른 수준으로 나타났다. 1973년 첫 번째 에너지 위기가 지난 후 태국의 투자위원회는 직물 산업에 대한 정책을 변경하기에 이른다. 태국 정부는 해외 업체, 국내 업체, 합작 회사를 통틀어 모든 직물 회사들로 하여금 투자국의 지속적인 지원을 받기 위해서 생산물의 절반 이상을 수출하도록 요구했다. 일본의 태국 지사를 운영하던 고위 경영자들의 노동 '유출'을 통제하기 위해서 태국 정부는 단기간의 수입 계약만을 허락했고 일본 기업들은 태국 노동자들을 교육시켜야 했다.

인도네시아는 대응구매 규정에 따라 정부의 계약을 수주하고 중간 투입량과 자본재를 수입했던 해외 기업들이 인도네시아로 수입했던 상품의 가치만큼 인도네시아의 제품들을 새로운 시장에 수출하도록 요구했다. 목재의 경우 허가를 받은 업자들은 원료 목재보다는 가공 목재를 수출하도록 요구받았고, 1980년대 중반에는 합판이 인도네시아 제조업 수출의 50%를 차지했다. 게다가 합작 은행과 해외 은행 지사들은 전체 융자 가운데 50% 이상과 외부 자금 가운데

80% 이상을 수출 지원에 할당하도록 규정했다. 이 정책은 1997년 동아시아의 금융 위기를 계기로 폐기되었다.

터키는 해외 기업들의 실적 증대를 위한 토대를 마련하기 위해 1960년대부터 수출을 독려하기 시작했다. 터키의 개발은행인 수메르 은행과 독일계 다국적 은행이었던 만네스만Mannesmann은 합작을 했으며, 당시 터키와 독일의 경영자들은 터키 정부가 기업 경영에 지속적인 도움을 줄 것이라고 기대했다. 그럼에도 불구하고, 외국인 투자가들은 모든 자본의 확대에 터키 정부의 승인이 필요하다는 사실에 분노했다. 아울러 터키 정부는 수출에 대한 확실한 약속이 있어야만 자본 확대에 동의했다. 터키 정부는 이익의 해외 이전을 수출을 통한 맞교환으로 실행해야 한다고 주장했다. 수메르 은행과 만네스만의 합작으로 이루어진 철강 파이프와 같은 터키의 산업은 세계 시장 가격에서 경쟁력이 없었기 때문에 수출에 의한 판매비용을 감당하기 어려웠고 수출량은 단지 효율성을 높이는 인센티브로 간주되었다.

1970년대 후반, 멕시코의 석유 회사인 페멕스Pemex는 민간 정유 업체들에게 25% 이상의 생산 능력에 해당하는 수출을 담당하고 영구 고용을 조건으로 10년간 30%의 가격 인하 혜택을 부여했다. 그러나 1981년과 1982년의 부채로 인해 이 계획은 무산되었다. 그리고 북미 자유무역협정NAFTA(North American Free Trade Agreement)과 미국의 투자로 인해 미국으로의 수출은 증가했지만 다른 나라들에는 전혀 해당되지 않았다.

브라질에서는 수출에 대한 약정의 조건으로 면세 수입을 승인하는 프로그램이 도입되었다. 브라질 정부는 포드자동차와의 협상을 거쳐 1970년대 초반에 이 프로그램을 실행했다. 수입 품목의 증대와 수출 실적 약정에 대한 세금 감면을 받아들인 이 프로그램은 1960년대 후반 이후로 브라질이 수출 증대 정책을 실행한 것과 시기를 같이했다. 다른 산업들에 대한 브라질의 수출 증대 인센티브에는 의무 환불금과 기타 세금을 감면해 주는 정책이 포함되었다. 기업들은 자신들이 추가로 규정한 인센티브 조약과 생산제품의 일정 부분을 수출로 해소하겠다는 약정으로 협상할 수 있었다. 이러한 상호주의 협정은 특히 운송설비 산업에 도움을 주었다. 1990년까지 브라질의 전체 수출 가운데 50%가 상호주의 인센티브로 보상을 받았다.

인도는 수출을 정부의 지원이나 여러 종류의 특혜를 위한 조건으로 규정했지만 협정의 조항들은 실제로 이행이 쉽지 않았다. 직물 산업에 있어 인도 정부는 1960년대에 기업들이 생산량의 50%를 수출할 경우 기업의 구조조정에 대한 규제들을 완화시켜주기로 했으나, 자본이 부족한 대부분의 기업들은 구조조정마저 어려웠기 때문에 이런 혜택을 받을 수 없었다. 1970년대 수출 의무 규정들이 다양한 산업에 적용되기 시작하였고 기업들은 생산량의 10%를 수출해야 했다. 하지만 인도 정부는 의류와 소프트웨어와 같이 이미 수출 지향적 성향을 보이던 산업들을 제외한 다른 산업과 기업들을 강제할 수 없었다. 예를 들어, 컴퓨터를 수입하려면 구입 후 일정 기간 이내에 소프트웨어 수출을 해야 했다.

따라서 실적 표준은 정부의 개입에 있어 남용과 비효율성을 감추려는 방어수단으로 작용했다. 더군다나 대부분의 표준들은 제대로 작동하지 못했다. 개발도상국들의 기술력이 낮았기 때문에 정부는 산업화를 촉진하기 위해 자신들의 개입을 통제할 새롭고 독자적인 시스템을 구상해야 했다. 일부 국가들은 부지런히 일한 경영자와 관료 덕분에 2차 세계대전 이후 30년 동안 지속적이고 신속하게 기술력을 구축하며 산업화를 이룩할 수 있었다.

감시 시스템

개발은행들이 기업들에게 운영 지침을 부과하는 과정에서 기업들에 대한 감시 기술과 체계를 강화했다. 감시 시스템은 융자 과정에 더 큰 연관성을 띠게 되었으며 융자 자금의 사용에 대한 조건 동의로 이어졌다. 개발은행들은 전망이 좋은 기업들에 대한 조심스러운 평가를 단행하며 경영과 재정 상태, 과거의 실적, 기업들이 제안한 프로젝트의 장단점 등을 수시로 점검했다. 1970년 한국개발은행은 융자 신청에 대한 점검을 강화하고 과도한 융자가 이루어지지는 않았는지 점검했다. 또한 기업체들에 대한 사업 분석과 경영 지원이 광범위하게 이루어졌다. 1979년 한국개발은행은 융자를 통제할 강력한 감시 시스템을 도입했다. 기업체들이 융자 지원을 신청하더라도 규정된 목적에 따라 융자금을 활용하는 것을 보장하기 위해 이를 즉각적으로 처리해 주지 않았다. 그 대신에 융자금을 대출 신청인 이름의 신용감독계좌로 송금하여 특정 사용처에 대해서만 자금을 인출할 수 있도록 했다. 따라서 은행은 모든 프로젝트들의 진행 과정을 면밀하게 감시할 수 있었다.

태국의 투자위원회는 기업체들을 꼼꼼하게 감시하고 평가했으며, 기업이 진흥 자격증에 명시된 바에 따라 투자위원회의 규정을 지키지 못할 경우 이 자격증을 말소시켰다. 1988년 748개의 기업체들이 새로운 프로젝트에 대한 자격증을 받았지만 37개의 자격증이 폐기되었다.

융자 신청사들이나 융자 대출업체들이 경제적으로 어려운 상황일 경우 개발은행 역시 곤란에 빠지기 일쑤였다. 말레이시아의 개발은행들은 중국계 기업가들에 비해 상대적으로 열악한 자신들의 경제적 지위를 신장시키기 위해 말레이인들에게 융자를 기획했지만, 은행의 경영이 '수많은 대출자들의 열악한 성취능력'으로 인해 위험에 처했다. 실행 가능한 프로젝트의 숫자 자체가 부족했기 때문에 전체 융자 가운데 30%가 실패로 돌아갔다. 하지만 그나마 우수한 프로젝트들 역시 사업 계획을 제대로 마련하지 못했다. 따라서 말레이시아의 산업은행Bank Industry은 자신들이 신뢰할 수 있는 전방위 조사팀을 구성하게 되었다. 이들은 시장 대상을 집중적으로 발굴하는 접근법을 채택하였고 연구원들은 은행이 돌파구를 찾을 수 있는 새로운 분야를 찾아내고 평가하는 중요한 업무를 담당했다. 연구원들은 매우 상세한 산업 연구를 진행하며 잠재적 프로젝트의 장단점 등 모든 특성들을 점검했다. 프로젝트가 승인되면 은행은 적극적인 파트너가 되었다. 은행은 기업체와 재정적으로 밀접한 관계를 맺고 기업체들과 공동의 계좌를 운영하며 스스로 지출 비용에 대해 결재하기도 했다.

일반적으로 개발은행들은 스스로가 경영 전문가로 전후 시기의 엘리트 관료층을 대변했기 때문에 기업체들의 경영문화를 창출하는 데 큰 도움을 주었다. 멕시코의 개발은행인 NAFINSA의 운영기술은 정부의 업무 추진에 있어 신뢰를 얻었으며 멕시코 경제 전반에 영향력을 행사했다. 이 은행은 1934년 설립된 이후로 수많은 엘리트층의 교육과 훈련을 담당했으며, 이들 가운데 상당수는 정부의 주요 직책을 맡았다. 불행히도 NAFINSA에 관한 자료는 대지진으로 인해 완전히 소실되었다. 아울러 브라질의 BNDES는 기관의 임무 수행에 뛰어난 능력을 인정받았으며 관료적 이데올로기와 단결된 집단의식 형성에 큰 역할을 했다. 피노체트 군사 쿠데타가 일어나기 3년 전에 이루어진 다우 캐미컬 라틴 아메리카Dow Chemicals Latin America에 근무하던 두 임원의 인터뷰에 의하면 칠레의 국가 개발 공사는 조직력과 계획 능력에 있어 뛰어난 성과를 보였으며 다른 국가들보다 월등한 수준의 성취를 보였다고 한다. 칠레의 주요 정부 기관들의 경영진은 정권이 바뀌어도 교체되지 않을 정도의 우수한 인재들로 구성되어 있었다.

자유주의 사상가들의 몰락

수입대체와 수출 주도 성장은 경제 발전의 본질에 획기적인 변화를 가져왔다. 수출 주도 성장과 수입대체가 사라지면서 이 두 형태를 결합한 경험이 있는 개발도상국들이 출현했다. 이들의 성장은 놀라웠고 무역은 급성장했으며 임금 상승도 눈에 뜨일 정도였고 기술력도 향상되었다. 하지만 현실은 이론보다 훨씬 빠르게 변화했다. 부채 위기가 감소했을 때, 새로운 미 제국은 과거의 성과를 불신하고 쉽게 잊어 버렸다.

중동 지역에서 중간 수준의 소득을 올리던 개발도상국들은 실질적으로 손해를 입은 장본인이었다. 이들은 2차 세계대전 직후에 제조업의 경험을 쌓기 시작했다. 알제리나 이집트와 같은 나라들은 전후 영국의 발전이 정체되던 시점이 되어서야 더욱 발전된 수입대체를 준비하기 시작했다.

7
디엔 비엔 푸 : 지식은 영원하다

> 1954년 초반 베트남 민주동맹은 프랑스 군대를 포위하고 점령지에서 몰아냈다. 당시 보 누엔 지압 장군의 군대는 105밀리미터 구경의 포대를 핵심으로 구축되었다. 이는 프랑스 포병이 보유하고 있던 병기와 유사하거나 훨씬 큰 구경이었던 미국산 유탄포로, 중국 군대가 장개석의 군대로부터 탈취하여 지압 장군에게 넘겨준 것이었다. 정글 숲길이나 새로 난 산악로로 무기를 분해해 자전거에 실어 수만 명의 보병과 농민군이 운반해야 했다. 프랑스인들은 매복과 잠복 군대에 의해 무참히 공격을 받았다. 이들은 백기를 흔들며 디엔 비엔 푸에서 항복했다.
>
> _조지 카인, 《개입: 미국이 베트남에 개입하게 된 배경 Intervention: How America Became Involved in Vietnam》에서

공장과 최전선이 정보를 공유하다

제국은 전쟁이라는 수단을 통해 흥하기도 하고 망하기도 한다. 최초의 미 제국은 2차 세계대전 이후에 권력을 얻게 되었지만 베트남 전쟁에서 신중하지 못했던 행동으로 권력을 잃게 되었다. 미국 정부는 여전히 강력한 권력을 보유하고 있었지만, 과거의 정책들은 폐기되었고 남반구와 북반구의 관계는 일대 전환기를 맞이했다. 제3세계 국가들 가운데 원시적인 무기, 소규모 산업, 중국의 원조를 통해서는 어느 한 나라도 절대 권력을 손에 쥘 수 없었다. 존슨 대통령은 베트남을 '파자마 국가'라고 폄하했지만, 그러한 시각으로 인해 그는 권좌에서 물러나야 했다. 제3세계 진영은 산업을 부흥시킬 전쟁

의 구실을 찾아 헤맸고, 베트남도 마찬가지였다. 베트남 공장들이 필요로 했던 기술은 전쟁의 최전선에서 완성된 것들이 많다. 이미 그 이전에 일본 공장들과 전선의 관심사들이 그러했듯이 베트남의 두 분야도 세심한 부분까지 공통적인 관심을 보였다.

  석유 수출국기구OPEC는 지식을 최대한 활용했다. OPEC은 정치적으로는 독립적이면서도 에너지에 대한 해박한 정보를 보유하고 있었다. OPEC을 결탁했다는 이유로 오명을 씌우려고 했던 미국의 보수적 기업가들은 핵심을 놓친 셈이다. OPEC은 당시 최대 규모의 민영 석유 업체들이었던 7대 기업들에 대항하여 회원국들 사이의 정보 공유와 합작을 진행하면서 석유를 통한 높은 수익률을 얻는데 성공했다. 1960년대의 석유 산업에 대한 연구보고서에 따르면 "무엇보다도, OPEC은 자체적인 경쟁력과 전문기술을 통해 스스로의 존재가치를 증명하기 위해서 노력해 왔다." 미국이 베트남이나 OPEC과 같은 제3세계에 대해 파악하고 있던 것 이상으로 제3세계 진영의 지도자들은 전통 사회와 서구 교육 양쪽에 기반을 두고 전후 세계의 흐름에 대해 알고 있었기 때문에 미국의 첫 번째 제국은 쇠퇴를 맞이했다. 지식이 승리를 거두고 영리한 민족주의자들이 등장한 것이다.

  만약 두 번째 미 제국이 살아남고자 한다면 OPEC과 베트남에 대해 더 많이 알아야 한다.

하루 20센트

1944년이 되어서야 루즈벨트 대통령은 베트남, 라오스, 캄보디아를 아우르는 인도차이나반도에 대하여 "4천만 명이 거주하는 이 지역을 프랑스가 100년 동안 점령해 왔지만 이곳 사람들의 삶은 처음 프랑스가 점령했을 때보다 더욱 비참해졌다. 인도차이나반도 사람들은 그보다 더 나은 대우를 받아야 한다."고 말한 바 있다. 1930년대 베트남의 한 일간지는 "성인 남자 1인당 하루 약 20~30센트밖에 받지 못하며, 여성이나 소녀들은 고작 18센트만 받고 노동에 종사한다. 월급을 받는 날이 되면 그나마 이 금액조차 온전히 다 받지 못한다. 노동자가 받을 임금의 대부분은 감독관이나 선임자들에 의해 갈취 당했다. 이런 불리한 상황에서 어떻게 살아남을 수 있을까? 우리는 점점 더 굶주려가고 있다."고 기록했다.

베트남의 지도자이자 북부 베트남의 민족주의 운동가였던 호치민은 1945년과 1946년의 상황에 대해 1차 세계대전 이후에 경험했던 것과 유사한 실망감을 느꼈다. 우드로 윌슨 대통령이 14개 조항을 발표했을 당시 스물여덟 살이었던 호치민은 윌슨 대통령의 주장을 진지하게 받아들였다. 호치민은 프랑스에서 모조품 중국 도자기를 그리며 벌었던 쌈짓돈을 써가며 파리 평화 회담에 참여하기 위해 양복을 빌렸는데, 흰 넥타이와 연미복 차림은 너무 우스꽝스러웠다. 그는 윌슨 대통령이 말한 14개 조항에 따라 프랑스의 식민지 통치에 항거하는 베트남 사람들의 울분을 토대로 탄원서를 마련했지만, 그는 독립이 아닌 자율 통치를 요구했다. 그러나 미국이나 다른 회의 참가자들은 그의 의견을 수용하지 않았다. 호치민은 윌슨 대통령의 자치 결정 정책이 체코와 폴란드, 독일과 오스트리아-헝가리의 점령하에 있었던 기타 동유럽의 백인 거주 지역에만 적용되며, 아시아와 아프리카에는 적용되지 않는다는 점을 뒤늦게 알게 되었다.

일본이 항복했을 때, 호치민은 트루만에게 쓴 편지에서 프랑스 파시스트 정권인 비쉬Vichy 정부가 인도차이나를 일본에 넘기려 했기 때문에 베트남, 라오스, 캄보디아 지역에 대한 그들의 윤리적이고 법적인 통치의 정통성을 상실했다고 주장했다. 일본은 마침에 1945년에 직접 통치국들과 합세하여 프랑스를 몰아냈다. 호치민은 이와 반대로 베트남이 일본의 파시즘에 대항해 처절하게 투쟁했다고 적었다. 호치민은 이번에도 트루만이나 장개석蔣介石, 스탈린Joseph Stalin의 관심을 얻지 못했다.

프랑스는 1946년에 북부 베트남을 재탈환하기에 이른다. 호치민은 미국에게 베트남을 '미국의 자본과 기업들에게 적합한 지역'이라고 선전하며, 세계에서 가장 수심이 깊은 항구 가운데 하나인 캄란만에 해군기지를 제공하겠다는 뜻을 전하기도 했다. 물론 여기에는 미국이 프랑스로부터 베트남을 보호해 주어야 한다는 조건이 따랐다. 하이퐁 항구에서의 세관 통제에 대해 프랑스인과 베트남인들 사이에 작은 분쟁이 일어났을 때 약 20명의 프랑스 군인이 살해되었다. 이 사건이 있은 직후 프랑스는 베트남에 강력한 메시지를 전달하기로 했다. 프랑스 군대는 미국이 지원한 전투기, 무기, 군복 등을 활용하여 하루 동안 하노이 시내 전역에 폭격을 퍼부었다. 이 공격으로 약 6,000명의 베트남 시민들이 목숨을 잃었다. 채 한 달이 되지 않아 프랑스인들은 베트남 군사동맹에 군대와 경찰력을 해산하고 프랑스인들로 하여금 하노이를 통치하도록 요구하는 공문서를 발송한다. 호치민은 저항과 항복이라는 선택의 갈림길에 놓이게 되었다. 만약 저항하게 된다면 서방 세계는 그를 공산주의 전복 세력으로 간주하게 될 가능성이 컸다. 이러한 사건들을 계기로 하여 호치민은 '우리는 이제 홀로 서야 한다. 우리 자신만을 믿을 수밖에 없다.'는 결론을 내렸다.

1945년 4월 12일 미국의 루즈벨트 대통령이 사망한 뒤, 권력의 공백 상태가 찾아 왔다. 일본은 패망했고 프랑스는 여전히 격리된 상태였다. 누가 과연 베트남을 통치하게 될 것인가에 대해 아무도 알지 못했지만, 유럽 이외의 지역에 대한 러시아의 공격을 우려하는 목소리가 커지고 결국 모든 결정에 영향을 미치는 요소로 작용했다. 트루먼 대통령은 당시 드골de Gaulle 정권의 외무장관이었던 조르주 비돌Georges Bidault에게 미국은 어떤 상황에서도 인도차이나 지역에 대한 프랑스의 점령권을 의심한 적이 없다는 뜻을 전달했다. 만약 그렇지 않으면 이 지역을 공산주의 진영에 빼앗기고 프랑스의 반공산주의 투쟁과 개혁적인 요소들을 위협하게 될 것이라고 보았기 때문이다. 프랑스 군대는 너무나 낙후한 상황에 놓여 있었기 때문에 단독으로 베트남을 재탈환하기는 역부족이었다. 독일인들에게 패했을 뿐 아니라, 또 다른 제3세계국가인 알제리와도 갈등을 겪고 있었다. 트루먼 대통령은 영국 군대에게 인도차이나의 프랑스 군대를 지원하도록 요청했다. 당시 영국은 노동당 정권하에 있었지만 제국주의 정책에는 변화가 없었다. 중국, 미얀마, 인도의 극장가에서 미국의 냉소적 관리들은 루이 몽바통Louis Mountbatten 부총독이 이끄는 동남아시아 군대SEAC(Southeast Asia Command)의 머리글자를 'Save England's Asia Colonies(아시아의 영국 식민지들을 구원하는 군대)'라고 비꼬는 농담을 주고받곤 했다.

미국의 도움을 받던 프랑스, 중국의 무기로 무장한 베트남은 7년 동안 간헐적인 전투를 계속했다. 그러나 1954년에 벌어진 사건은 당시 전세계가 깜짝 놀랄 만한 일이었다. 위대한 권력을 지닌 제국주의 국가이며, 고도의 산업 기술, 혁신적인 기업 활동, 장엄한 문화를 지녔던 프랑스가 디엔 비엔 푸 전투에서 베트남 군사 동맹에게 패배한 것이다. 프랑스인들은 베트남인들이 무기가 없다고 믿었기 때문에 라오스 국경 근처의 베트남 북부 산악 지역 계곡에 숨었다. 하지만 베트남 군사 동맹은 대부분 토지를 소유하지 못했던 소작농이었던 수십만 명의 민간인을 운송 수단으로 활용하여 중국의 무기들을 운반하고 작게 분해하여 등에 지고 정글과 산악 지역을 휩쓸고 다녔다. 베트남 군대는 이러한 인력 동원에 힘입어 프랑스인들의 항복을 얻어낼 수 있었다.

베트남 군대를 이끈 사람은 바로 군사 영웅이자 중국계 태생의 공산주의자였던 보 구엔 지압Vo Nguyen Giap 장군이었다. 1939년 프랑스는 그의 일가족과 친척들을 1941~1943년 사이에 감옥에서 모두 처형했다. 지압 장군은 포획을 간신히 면해 미국과 프랑스에 대항하는 군대를 이끌게 되었다. 그는 자신의 글에서 이렇게 쓰고 있다.

우리는 항전을 이끄는데 있어 도시에 주둔하고 있는 적들을 포위하고 마침내 도시를 해방시키기 위해 게릴라 전투를 위한 거점을 지방에 구축해야 했다. 1952~1953년에 우리 당은 토지 소작 비율을 감소시키고 토지 개혁을 단행하며 '농부의 땅'이라는 슬로건을 실현시키기 위해 민중들을 조직하기로 결정했다. 따라서 식민 제국들에 대한 농민들의 저항 의식은 한층 고무되었고, 민족연합전선의 강화와 행정부와 군대의 단결을 통해 저항의 움직임을 결집할 수 있었다.

적의 전략적 원칙은 적군의 수적 열세를 감안하여 신속한 공격과 승리를 거두는 것이었다. 우리 당은 장기적인 저항의 원칙을 수립했다. 저항세력을 조직하고 훈련시키기 위해서는 시간이 필요했기 때문에 이러한 전략을 통해 적군을 지치게 만들고 점차 세력의 균형을 무너뜨려 우리의 약점을 강점으로 승화시켜야 했다.

군대를 조직하기 위해서는 장비의 문제를 해결해야 한다. 우리는 정규군과 게릴라 부대 대부분을 전장에서 포획한 무기와 장비들로 무장했다. 또한 우리 당은 자기 확신에 따라 노동자들을 안내하고 군대를 위해서 무기와 병기 부품의 일부를 직접 제조할 수 있는 방법들을 찾았다. 적들을 무찌르는데 우리 군대가 사용할 무기를 만들기 위해서는 자원과 기술적 어려움을 극복해야 한다.

디엔 비엔 푸 군사작전에서 우리가 반드시 해결해야 할 전술적 문제들이 있었지만 적군의 장단점에 대해 분석한 자료를 토대로 영웅주의와 인민 군대의 투철한 정신력을 결합하여 극복했다.

인민 군대의 승리가 베트남 남부에 대한 완벽한 통제를 의미하는 것은 아니었다. 1954년 체결된 제네바 평화협정은 베트남을 북부 공산 정권과 남부 반란 세력으로 잠정 분할했다. 아울러 2년 후에 선거를 치르도록 요구했다. 아이젠하워 대통령은 1963년에 쓴 자신의 회상록 《변화를 위한 명령 Mandate for Change》에서 다음과 같이 기록했다. "인도차이나반도 전문가들은 전쟁 기간에 선거를 치를 경우 베트남 국민의 80% 이상이 호치민 공산당 서기장을 지도자로 선출했을 것이라는 점에 동의했다." 아이젠하워의 합참의장인 매튜 리그웨이 Matthew Ridgway 장군은 베트남에 대한 개입이 지정학적 요인으로 볼 때 무의미한 행동이며 미국 군대에게 치명적인 일이 될 것이라고 설득했다.

하지만 이러한 비개입 원칙 또한 받아들여지지 않았다. 베트남 공산주의 정벌 프로젝트는 필리핀에서 반공산주의 임무를 성공적으로 완수했던 에드워드 랜스데일Edward Lansdale이라는 CIA 요원에 의해 추진되었고 그레이엄 그린Graham Greene의 소설 《미국의 침묵The Quiet American》의 배경이 되었다. 미국은 곧 중국계 출신의 독실한 가톨릭 신자이자 프란시스 스펠만Francis Spellman 추기경과 케네디의 친구인 노 딘 디엠Ngo Dinh Dien을 지원하여 호치민을 축출하고자 했다. 베트남 전쟁에 대해 미국은 1975년 전쟁이 끝날 때까지 지나치게 진지한 태도로 개입했고, 전쟁의 종말과 함께 첫 번째 미 제국 역시 막을 내리게 되었다.

학습의 문화

베트남 인민당은 자신보다 강력하고 뛰어난 적들을 상대로 승리를 거두었다. 여기에는 민중들의 대중적 지지와 놀라운 조직력이 기반이 되었다. 직접적인 정치적 독립을 이룩했던 민족주의자뿐 아니라, 프랑스, 미국, 그리고 이후에 나타난 중국의 간접적 영향과 통제로부터 스스로를 독자적으로 세력화하는데 성공한 반제국주의자들 역시 핵심을 이루었다. 이들의 조직력은 대중적 지지, 풍부한 노동력, 조직의 상하를 관통하는 정확한 계획 능력에 기반을 두었다. 이러한 능력은 비전투 시기에 대부분의 후발 도상국가들이 이룬 산업화의 성공에도 중요한 영향을 미쳤다. 베트남의 민족해방전선NLF이 계획했던 1968년 테트Tet 공격에 관한 세부 사항과 실물 크기의 모형으로 전술을 연습하던 군대의 모습은 한국이 1973년 철강 공장을 설립하던 방식과 유사해 보였다. 작업이 시작되기 전 한국의 철강 노동자들은 야외에서 서로에게 큰 소리로 명령을 주고받으며 업무 연습을 했다. 미국의 통제하에 있던 남부 베트남 도시들에 대한 민족해방전선의 공격은 일본의 도요타Toyota 자동차 회사가 개발한 '동시 다발적' 혁신 경영 공정과 닮아 있었는데, 이것은 전후 비서방 국가의 회사가 고안한 최초의 기술혁신으로 테트 공격과 비슷한 시기에 이루어졌다. 모든 정보와 책임을 하급 조직으로까지 하달하는 인민당의 조심스러운 권력 분산 정책은 일본의 자이바츠zaibatsu를 필두로 하여 후발주자들이 채택한 산업 다양화 방식과 유사했다. 이 전략은 경영 능력의 부족을 실질적인 생산 지식이 많은 하급 조직에까지 하달하여 기업의 권력을 분산시키려는 목적이었다. 베트남이나 이라크와 같이 자본과 기술이 부족한 곳에서 풍부한 노동력을 바탕으로 한 조직력과 협력이 성공의 가장 중요한 열쇠이다. 하지만 베트남에서 미국은 노동력이라는 중요한 요소를 간과했다. 가장 중요한 사람들은 바로 유럽인들이었다. 프랑스의 주둔이 미국과 유럽의 정책 가운데 핵심을 이루었기 때문에, 미국은 베트남에서 살아남기 위해 아시아가 아닌 유럽에 우선순위를 두었고, 이런 방식으로 미국이 권력을 행사할 수 있었다. 공산주의가 중요한 관건이었기 때문에 미국의 베트남 정책을 결정하는데 있어 프랑스에 대한 미국의 영향력을 중요하게 여길 수밖에 없었다.

　미국의 식민지였던 필리핀에서 공산주의 세력을 몰아낸 것은 미국의 위대한 승리였다. 2차 세계대전 기간 동안 일본이 침략하자 이에 항전하는 인민 군대가 결성되었다. 공산주의 인민 군대는 착취

지주들과 일본인들에게 다루기 어려운 존재였다. 그럼에도 불구하고 이들은 랜스데일 요원이 이끄는 미국의 정보부 요인들에 의해 무참히 패배했다. 필리핀이 미국과의 갈등뿐 아니라 미국의 식민지 교육 체계로 인해 이미 영향을 받은 상태였기 때문에 미국은 공산주의에 대항해 승리를 거둘 수 있었다. 이는 식민지에서 벗어난 대부분의 동남아시아 국가들의 민족주의와 비교했을 때 독립 초기 온화한 필리핀의 민족주의가 보인 가장 큰 차이일 것이다.

그러나 필리핀을 베트남이나 쿠바를 다루는데 있어 모델로 삼으려고 했던 미국의 생각은 실수였다. 미국은 필리핀의 지형에 대해서는 잘 알고 있었지만 베트남에 대해서는 그렇지 못했다. 베트남의 역사를 연구하는 많은 사람들은 베트남의 현실을 완전히 무시했던 미국이 전쟁에 참여했던 것 자체가 패배를 가져온 원인이라는 점을 지난 몇 년 사이에 알게 되었다. 필리핀과 베트남의 민족주의는 전혀 다른 성격이었다. 1,000년 동안 중국의 지배를 받고, 100년 동안 프랑스의 지배를 받은 후에 또 다시 20여 년을 미국과 전쟁을 치른 베트남의 막강한 민족주의에 비하면 필리핀의 민족주의는 너무나 연약한 상황이었다. 베트남에 파견되었던 미국의 한 보수파 언론인은 "베트남 사람들이 외세에 저항해 싸운 영웅들을 기리기 위해 거리의 이름으로 지은 것을 보고, 우리가 결코 이 전쟁에서 이길 수 없다는 것을 알았다."라고 기록했다. 식민 정부의 성격 역시 너무나 달랐다. 필리핀의 막사이사이는 미국의 지원을 받은 민족주의 야당으로부터 지명을 받았다. 그는 따뜻한 악수의 손길, 미국의 헬리콥터를 동원한 홍보, 국방부에서 인정받은 정직과 효율성을 기반으로 1953년 압도적인 승리를 거두었다. 그와 반대로 베트남의 노 딘 디엠 대통령은 제네바 협정을 어기고 대선을 치루지 않았다. 그는 부패와 무능으로 악명이 높았고, 세금을 과다하게 걷어 들이기 시작했다. 미국은 그의 부하 장성들과 미국 대사였던 캐봇 로지Cabot Lodge를 앞세워 1963년 군사 쿠데타로 그를 몰아냈다. 노 딘 디엠과 남동생은 교회로 피신을 했지만 체포되어 젊은 관리에 의해 살해되었고, 결국 베트남의 고위 관리들이 미국을 전폭적으로 신뢰하거나 협력하지 못하게 만드는 부정적인 결과를 초래했다. 민족주의 혁명이 진행되고 있었지만, 미국은 그 어디에서도 자신의 역할을 찾지 못했다.

잘못된 정보로 인해 국내에서는 거센 반전 의식과 높은 인플레이션이 압박하는 가운데 첫 번째 미 제국은 무대에서 사라지고 말았다.

석유 이야기

2차 세계대전 기간에 루즈벨트 대통령은 이븐 사우드Ibn Saud(1880~1953, 사우디아라비아의 초대 국왕)의 부족들에 대한 지위를 강화하고, 석유를 필요로 하는 연합국들에게 원활한 석유 공급을 확보하기 위해 사우디아라비아에 대한 무기 대여 정책을 승인했다. 소비에트가 대부분의 중동 산유국들과 인접했기 때문에 미국의 국가 안보에 있어 석유는 중요한 이슈로 떠올랐다. 1944년 9월 아랍 연맹은 자신들의 소득을 극대화하기 위해서 회원국 사이의 정보 공유와 협력 증진을 공식적인 정책으로 채택한다. 1960년 베네수엘라의 자원부 장관이었던 후안 파블로 페레즈 알폰소Juan Pablo Pérez Alfonso가 세계적인 석유업체들에 의해 생산된 석유 상품에 대한 부당한 대우와 국가적 안보를 역설한 결과 OPEC이 출현하게 되었다.

마셜플랜은 서유럽 국가들이 1차 산업 혁명의 에너지원이었던 석탄에서 석유로 에너지를 전환시키는 것을 가속화시켰다. 1947년까지 미국은 순전히 석유 수입국이었다. 프랑스 파리에 거점을 둔 선진국 모임인 OECD는 원유 공급의 안정성을 확보하기 위해 생산국이 아닌 소비국들 가까이에 정유단지들을 구축하고자 했다. 이 정책으로 인해 빈곤하면서도 석유가 풍부한 국가들의 운송체계와 원유 생산의 개발계획 등이 모두 정지되었다. 석유업체들은 스스로를 강화시키고자 합병을 통해서 아랍과 미국의 석유 자본이 결합된 아람코ARAMCO(Arabian-American Oil Co.)를 탄생시켰고 엑손, 모빌Mobil과 같은 거대 기업들이 등장했다. 이들은 인수 합병을 통해 자신들의 독점 권력을 강화했으며, 복잡하고 불투명한 가격 결정 과정에 대한 통제 능력을 증강시켰다.

거대 석유업체들의 실용적 접근은 석유와 중동 지역이 동일한 개념으로 통하게 되기 전인 1930년대에 극명하게 드러났다. 사우디아라비아의 풍부한 석유 매장량은 1938년에야 확인되었다. 1914년 셸Shell은 멕시코에서 원유를 개발하기 시작했다. 멕시코는 높은 이익 배당과 석유 노동자들을 위한 더 나은 작업환경을 요구하면서 해외 석유업체들에 대해 적대적인 태도를 나타내기 시작했으나 석유업체들은 이러한 멕시코의 요구를 거절했다. 1938년 3월, 외국의 석유 자본이 국영화되었다. 미국과 영국은 멕시코와의 관계를 단절하고 멕시코 정부가 손실액에 대해 보상하도록 압력을 가했다. 다른 석유업체들은 셸과 협력하여 세계 시장에서 멕시코 원유의 구매를 거부하기 시작했다. 이에 따라 멕시코의 원유 생산은 거의 중단되었고, 1975년이 되어서야 다시 석유 수출국으로 등록되었다. 이 40년 동안 멕시코는 자국의 석유 회사인 페멕스Pemex를 발전시켜 석유를 생산, 정제, 배급할 수 있는 능력을 보유하게 되었다. 1970년대 미국 뉴욕은행에서 사용되고 이후 개발도상국들에 대한 융자로 활용되었던 석유 자본과 정유 자본을 수중에 넣게 된 멕시코는 1938년 이후로 계속 꿈꿔왔던 개발 계획들에 투자했다. 그러나 멕시코의 산업이 활황을 이어가던 1980년대 석유 수요가 급감하면서 멕시코는 국가 채무의 위기에 빠지고 만다.

1950년대 초반 이란에서는 국유화로 인한 폐해가 더욱 심각하게 나타났다. 20세기 초반 20여 년의 기간 동안, 영국은 네덜란드인들이 맨하탄 섬에 대해 인디언들에게 24달러를 지불했던 정도로만 이란에 지불하고 석유 발굴 권한을 구매했다. 1948년 민족주의가 발흥하던 와중에 사우디아라비아와 이란은 베네수엘라에 위원단을 파견하여 선진 7개국들과 맺은 새로운 50 대 50의 이익 분배 계획에 대해 배웠고, 사우디아라비아는 1950년 이 계획을 채택했다. 영국 소유의 앵글로-이란 석유 회사는 모사데가 이끄는 이란의 의회가 요구한 이익 분배를 거절했다. 이란 경제는 침몰하기 시작했지만 미국은 약속한 융자를 중단했고, 미국인이 이끌던 세계은행 역시 공동 융자를 거부했다. 민족주의가 등장한 이래로 미국의 석유 회사들은 이란산 석유의 구매나 판매를 중단했다. 미국 법무부는 부정부패 혐의로 여러 시장들을 처벌했지만, 이것은 단지 국가안보 때문이었다. 1953년까지 미국 해군은 이란 석유가 소비자들에게 선적되는 것을 막기 위해 아라비안만을 차단했다. 베트남의 노 딘 디엠과 같은 미국의 꼭두각시였던 이란의 팔라비 국왕은 대중들의 지지로 선출된 모사데를 축출하려고 했지만 실패로 돌아갔다. 3일이 지나자 국왕은 군대와 미국 CIA의 지원을 받아 권력을 재탈환했다.

미국은 이중의 성공을 거두었다. 사회주의자였던 모사데를 몰아냈고, 이란 원유에 대한 영국의 독점권을 몰아낸 것이다. 앵글로-이란 석유 회사는 미국 시장들이 대부분의 지분을 갖고 있던 컨소시엄Consortium으로 전환되었다. 곧이어 50 대 50이라는 이란의 이익 분배 요구가 받아들여졌다. 하지만 멕시코에서와 마찬가지로 국가 안보의 위기는 또 다른 문제를 야기했다. 1978년 이란의 국왕은 대중들에 의해 축출되었고 시아파 이슬람 정권이 들어섰다. 미국은 모사데보다 이란의 새로운 정권을 더 증오했고 제2차 에너지 위기를 초래했다.

모사데가 축출된 지 2년이 지나자 OPEC 이전의 콧대 센 석유 산업이 다시 등장했다. 방탕한 파루크Farouk 왕을 폐위 시킨 이집트의 나세르 대통령이 1956년 수에즈운하를 점령하게 된다. 나세르는 이집트 전역에 전기를 공급하고 나일 강 유역을 넘어 농경지를 확충하기 위해 아스완 댐을 건설하고자 했다. 나세르는 이 사업을 위해 미국, 세계은행, 영국이 함께 하는 융자를 조달했다. 그러나 나세르는 비동맹의 원칙에 따라 영국에게 공군기지의 철수를 요구했다. 미국은 이집트가 융자 상환 능력이 없다는 판단하에 거부 의사를 밝혔다. 당시 이집트는 체코슬로바키아로부터 3억 달러 상당의 무기를 구입했다. 비록 세계은행이 독립적인 다자간 융자 기관이었지만 미국이 융자 의사를 철회하자 영국과 세계은행 역시 융자 거부를 결정했다. 이틀이 지난 1956년 7월 21일 나세르는 운하를 소유했던 프랑스와 영국 합작의 민영 기업이 운영하던 수에즈운하를 국영화하기에 이른다.

이 업체의 기술 이전 정책은 너무 열악했다. 당시 회사는 운하의 운영이 너무 어렵다고 밝혔고 이집트는 어떠한 책임도 지지 않았다. 그러나 티그노R. L. Tignor가 기록한 바에 의하면 현실적으로 수에즈운하는 비교적 작동이 쉬운 물길이었다. 책임자들은 이 회사를 금융 서비스 공급자로 보았고 운영에서 나온 이익은 대부분 이집트가 아닌 해외로 유출되었다. 이집트 군대가 급진적인 성향을 띠었을 때, 운하 회사의 운영자들은 정치적 신념이나 행동에 있어 극도로 보수적이었고 그들 가운데 대부분은 전쟁 기간 동안 프랑스의 파시스트 정권인 비쉬를 지지했다. 100년이 흐르는 동안 이집트는 자국의 땅에 존재하던 세계에서 가장 경영이 쉬운 수에즈운하로부터 거의 아무런 개발 이익을 챙기지 못했다.

프랑스, 영국, 이스라엘이 이집트를 공격했을 때 미국은 중립을 지켰으며, 예상했던 일이 벌어졌다. 미국과 중남미는 희망봉을 거쳐 유럽으로 석유를 운반하는 노선을 구축했다. 그 후로 수에즈운하는 과거의 명성을 되찾지 못했고, 이집트는 앵글로-프랑스 운하 회사를 풍요롭게 해주었던 수입을 거두지 못했다. 아스완 댐 건설에 드는 자금을 마련하기 위해 나세르는 러시아와의 관계를 더욱 돈독히 키워갔다.

디엔 비엔 푸 전투 이후 베트남이 그랬듯이, OPEC은 아랍의 완강한 민족주의와 국제적 갈등을 배경으로 구축되었다. 석유 가격이 떨어지고 새로운 운송 통로가 마련되었지만 석유는 그 어느 때보다 중요한 자원이 되었다. 모든 것을 감안해 보면 중동에서 첫 번째 미제국의 존재는 더욱 위태로워졌다.

최고의 권위를 지닌 OPEC은 모든 회원국가의 석유장관들로 구성된 회담의 성격을 지녔다. 최대의 석유 매장량을 지녔던 사우디아라비아가 가장 큰 권력자였다. 처음에는 급진적 민족주의 성향을 띤 압둘라 타리키Abdullah Tariki가 사우디아라비아를 대표했지만, 파이잘Faisal 국왕에 의해 해고되었다. 그의 자리를 대신하기 위해 파이잘 국왕은 보수적이고 친미성향을 지닌 자키 야마니Zaki Yamani를 등용했다. OPEC에 대한 그의 영향력은 그 후 20여 년 동안이나 지속되었다. 야마니는 카이로대학, 뉴욕대학, 하버드 로스쿨을 다니고 석유 자문 회사를 운영했던 능력 있고 지적인 관료였다. 호탕한 성격의 소유자이고 여덟 명의 자녀와 세 명의 부인을 거느렸던 야마니는 롤스로이스를 타고 OPEC 회담에 참여했으며, 잠시 회의가 중단되면 명품 의류를 입고 보석 쇼핑에 나섰다. 호치민이나 보 누엔 지압과는 전혀 다른 모습이었다.

 1960년대 OPEC은 석유업체들의 복잡한 가격 책정 체계를 이해하기 위해 노력했다. 시장의 수요와 전쟁으로 인해 회원국들의 원유 생산량과 국제 가격에 대한 장악력을 갖지는 못했지만 OPEC은 회원국들이 석유를 통한 소득을 증대시키는 방법을 진지하게 연구하기 시작했다. 이들의 소득은 관세율, 관세 계산 기준, 인세, 소비 기준, 마케팅 비용, 할인율, 해외 소유에 대한 참여, 민족주의의 요소들과 밀접히 연관되어 있었다. 1970년대는 제3세계 민족주의가 집중된 시기였으며, OPEC의 소득은 역대 최고의 상승세를 보였다. 1980년대까지 이란, 이라크, 카타르, 베네수엘라는 자국의 해외 석유 생산업체들의 모든 지분을 소유했으며, 쿠웨이트와 알제리는 외국 생산업자들을 몰아내고 자국의 민족 기업들에 대한 지분을 모두 소유했다. 사우디아라비아는 아람코 지분 모두를 소유했고, 리비아는 아라비안 걸프 지분을 모두 소유했다. 나이지리아는 셸 지분의 80%와 아지프Agip, 엘프Elf, 걸프Gulf, 모빌, 텍사코Texaco 지분의 60%를 소유했다. 원유공급이 낮은 나라일수록 지분율은 떨어졌다. 가령, 엘프와 셸에 대한 가봉의 지분율은 25%에 그쳤다.

1970년대 민족주의의 폭발적 인기가 미국 도시 주유소에서의 가격 급등을 초래했다. 1969년 무아마르 카다피Muammar Qaddafi 장군의 쿠데타는 리비아를 혼란에 빠뜨렸고, OPEC을 거대 기업들에 대항한 소규모의 독립적 원유 생산자로 전락시켰다. 1973년 욤키푸르 전쟁 이후에 석유 가격은 70%나 상승했고, 결국 석유 가격은 4배나 상승하게 되었다. 1978년 국왕의 몰락과 테헤란의 미국 대사관 점령으로 인해 원유 가격은 두 번째 급등을 맞이한다. 이제 세계 권력은 맨하탄의 거대 석유 귀족들이 즐비하던 마천루에서 OPEC이 있던 오스트리아 빈으로 옮겨 갔고, 결국은 원유 생산 국가들로 넘겨졌다. 세계의 소득원도 재분배의 과정을 겪었다. OPEC은 제3세계의 비산유국들을 지원하기 위한 자금을 마련했지만, 대부분의 비산유국들은 여전히 어려운 상황에 놓여 있었다. 상당한 양의 원유를 생산하던 브라질도 1973년 17억 달러에 이르던 재정 부채가 2년 후 71억 달러로 급증하게 되었다. OPEC을 제외한 대부분의 개발도상국들의 경제는 막대한 부채 위기를 감당하기에 너무 허약했다.

고통과 교훈

베트남 전쟁과 OPEC의 출현 이후에 첫 번째 미 제국은 쇠퇴를 경험했고, 스스로 생각하고 행동해야 했던 제3세계 국가들도 마찬가지의 상황에 놓이게 되었다. 레이건 정권 초기에 백악관에서 재무성으로 옮긴 제임스 베이커 3세James A. Baker Ⅲ는 새로운 정책을 발표한다. 부채국가들은 IMF가 제시한 바에 따라 뼈를 깎는 아픔을 덜고 더 많은 자금을 얻기 위해서 비생산적인 국가경영 체제로부터 경제를 혁신해야 한다는 것이다. 성장이 없는 새로운 개혁의 시대가 시작된 것이다.

8
밀짚 바구니는 이제 그만

> 연방의 긴축 금융 정책은 부채라는 문제를 야기했다. 세계 수출은 10여 년 사이에 두 배로 증가했다. 개발도상국들 가운데 많은 국가들의 GNP가 10년 사이에 두 배로 증가했다. 역사상 이와 유사한 일은 없었다.
>
> _월터 위스톤, 씨티 그룹 회장

부유함의 의미

OPEC의 정책과 베트남 전쟁으로 인해 미국의 인플레이션이 심화되자 연방 준비위원회는 자금 공급을 줄이고 이자율을 높였다. 그 결과 새로운 투자 가능성으로 기뻐하던 제3세계의 경제가 하룻밤 사이에 극심한 빈곤상태로 전락했다. 첫 번째 미 제국하에서 여전히 경험이 부족한 상태에 있던 개발도상국들은 엄격한 규제를 통한 금융 거래에 익숙해 있었다. 역사적으로 볼 때, 2차 세계대전 이후 25년은 미국 정부의 광범위한 감독이 시행된 시기였다. 아이헨그린B. Eichengreen이 《자본의 세계화Globalizing Capital》에서 주장한 바와 같이 이자율이 승리를 거두었다. 은행들이 투자할 수 있는 자산은 규제되었다. 정부들은 전략 산업 부문에 대한 여신을 감시하기 위해 금융 시장을 규제했다. 자본의 통제는 급물살을 잠재우는 제방이나 갑문과 같은 중요한 의미를 지녔다.

전에 없이 더욱 거대해지고 목소리가 커진 은행들은 미 재무성을 압박하였고 미 재무성은 개발도상국들의 금융 시장을 자유화하기 위해 그들을 괴롭히기 시작했다. 1984년과 1994년에 미 재무성은 금융 시장에 대한 통제를 완화하는데 소극적이었던 특정 국가들에 대한 규제들을 강화하기 위해 방대한 내용의 학술도서를 발간했다. 여전히 순진한 상태에 있었던 개발도상국들은 하나둘 해외에 자본 시장을 개방하기 시작했다. 미국의 핵심 경제학자이자 케인스 학파였던 에드워드 번스타인Edward Bernstein은 1944년 브레튼우즈 회담에서 이 비극적인 상황을 다음과 같이 지적했다. "상업은행들은 돈을 긁어모으는 과정에서 부채 위기에 대해 관심을 쏟지 않고 있다. 1979년 석유 가격 상승 이후로 대출이 급격히 증가했다. 도대체 IMF는 어디서 무엇을 하고 있는가? 연방 준비위원회는 어디에 있었는가? 사람들은 은행이 관리 감독을 소홀히 하고 있다고 생각할 것이다."

미국 은행들에 대한 멕시코의 부채가 840억 달러에 이르러 채무 불이행이 나타났을 때 세계에서 가장 복잡한 금융 서비스 산업은 경악을 금치 못했다. 백악관의 고위 관리는 "저를 믿으세요. 멕시코는 우리가 감시를 하지 못했던 대상이었습니다."라고 말했다. 또한 그로부터 몇 년 전만 해도 닉슨이 개발도상국들에 대해 "우리가 무슨 일을 해도 아무도 신경 쓰지 않았다."고 할 만큼 미국은 철저하지 못했다. 멕시코의 금융 위기는 이미 만성적인 상태였고 곧이어 다른 채무 국가들이 금융 도산의 위기에 놓여 있었다. 사람들은 그제야

정신을 차리기 시작했다.

　채권 국가들은 자신들의 자금을 회수하기 위해 두 가지 일반적인 방법을 채택했다. 일단 채권 국가들이 채무 국가들을 성장하게 도와주고 채무를 챙기거나, 채무 국가를 더욱 옥죈 다음 그나마 남는 것이라도 챙기는 수법이었다. 그러나 은행들은 두 번째 방법을 항상 선호했다.

　1860년대 터키의 채무 문제를 조사했던 영국 위원단의 조언은 1980년대 터키의 채무 문제를 조사한 IMF의 권고와 별 차이가 없었다. 두 기관 모두 터키 정부로 하여금 단기적 안정을 위해서는 예산을 증가시키고 금융 성장을 제한하며 실질적인 통화의 평가 절하를 단행하라고 말했다. 또한 장기적인 성장을 위해서 시장의 규제를 풀고 정부의 역할을 축소시켜 해외 무역과 해외 자본 유입을 자유화할 것을 강요했다. 그러나 새로운 복합적 금융 경영 수단과 남반구에서 북반구로의 지식 이전에도 불구하고 아무런 변화가 나타나지 않았다.

　이러한 금융 붕괴가 동아시아 국가들에 대해서는 거의 아무런 영향을 주지 못했다. 1997년 동아시아 국가들에게 닥친 금융 위기는 그 이후로 15년 동안 다른 개발도상국보다 더욱 확실한 성장의 기회를 제공했다. 중국, 인도, 대만은 자신들의 금융 시장에 대한 규제를 결코 풀지 않았고 부채 위기도 경험하지 않았다.

시가 자본주의

　투명성과 미국 재무성은 서로 어울리지 않는 정반대의 개념이다. 재무성에 관해 배울 수 있는 질문과 답변의 내용은 다음에서 확인할 수 있다.

> 외부인: 1997년 금융위기가 있기 직전에 한국이 금융 시장을 개방하여 450억 달러를 맞출 수 있던 요인은 무엇인가?
> 내부인: 잘 모르겠습니다.
> 외부인: 내가 알아내려고만 한다면 알아낼 수 있네. 그러면 내가 당신을 정보 자유화 조치에 따라 고소할 수 있지.
> 내부인: 그렇게 하시죠. 3년 정도 시간을 주시면 그 정보를 알아봐 드릴 수 있으며, 알고자 하는 모든 것은 보안상의 이유로 삭제될 것입니다.

하루에 수십억 달러가 오고 가는 금융 시장은 경쟁이 매우 치열하다. 즉 개념적으로 볼 때 금융 거래는 투명하다. 하지만 게임의 법칙은 거대한 포식자에 의해 정해지고 실행된다. 1990년대 중국의 WTO 가입에 대한 논의가 진행될 때 월스트리트의 은행, 투자은행, 보험회사, 그리고 그 외의 금융 기관들은 미국 재무성을 압박하여 중국으로 하여금 자본에 대한 통제를 완화하고 해외 기업의 중국 금융 시장 진출을 허용하도록 요구했다. 투명성이 담보되지 않은 상태에서 거대한 포식자들은 가난하고 힘없는 국가들에게 치명적인 존재였다.

금융 서비스 부문은 명예와 신뢰에 따라 운영된다. 어떤 사람들은 이것을 족벌주의라고 부른다. 제3세계의 부채 위기가 터졌을 때 IMF와 연방 준비위원회가 이 문제를 다루었다. 당시 IMF의 사무총장은 연방 준비위원회의 의장인 폴 볼커Paul Volcker의 친한 친구이자

낚시 동료인 자크 드 라로시에르Jacques de Larosière였다. 비록 이 관계가 원활한 의사소통을 위한 것이었다고 하지만 외부 사람들은 개입의 기회를 전혀 얻지 못했다.

무지는 은총이 아니다

1970년대 미국과 영국의 금융 시장에는 OPEC의 석유달러가 풍부하게 공급되어 채무자나 채권자 모두에게 큰 도움을 주었다. 제3세계의 민영과 국영 채무자들은 부에노스아이레스의 놀이공원이나 서울의 자동차 공장과 같이 높은 이자율에서는 이익을 낼 수 없지만 오랫동안 꿈꿔 왔던 사업 부문에 투자할 수 있는 기회를 제공했다. 융자를 얻고자 하는 국가들의 열망은 컸지만 돈을 꿔주는 입장에 선 채권 국가들은 큰 관심을 보이지 않았다. 왜 경험 많은 은행가들이 파산의 위험성이 많은 빈곤 국가들에게 융자를 해 주어야 한단 말인가?

석유달러는 너무 저렴했고 재융자가 더욱 이익이 컸기 때문에 은행들은 채무 국가들이 망하더라도 높은 수익을 거두었다. 민영 은행 부문에 대한 인센티브들은 강압적인 융자를 꾀했다는 점에서 너무나 왜곡되어 있었다. 글로벌 금융의 새로운 엘리트층으로 등장한 융자 담당자들의 보너스는 융자 금액에 따라 결정되었으며, 인센티브란 가능한 많은 융자를 유도하고 융자 수준이 채워지면 다른 일자리로 옮겨주는 것이었다. 대부분의 융자 이율은 다양했으며 일부 국가들을 어려움으로 몰아갔다. 미국 경제에서는 이자율이 상승했을 때 대출에 대한 이자율도 올랐다.

연방 준비위원회는 어디서 무엇을 했는가? 1978년 미국의 소비자 가격 지수가 11%에 이르렀을 때 미국 연금 수령자들과 봉급자들은 큰 위기를 느껴야 했다. 미국인들은 중남미에서 발생한 인플레이션에 익숙하지 않았다. 다행히도 미국은 재무성 차관을 비롯해 다양한 정부 요직을 거친 폴 볼커와 같은 유능한 인물들을 보유하고 있었다. 로이터 통신사가 선정한 경제부 기자들을 축하하기 위해 2003년 콜롬비아대학에서 개최한 만찬에서 볼커는 가장 존경하는 경제학자가 누구인지에 대한 질문을 받았다. 그는 케인스라고 답변했다. 그리고는 그가 왜 자본 공급을 막고 인플레이션을 억제할 수 있는 계획에 관하여 개발도상국들에게 경고하지 않았는지에 관해 질문을 받았다. 그는 "그들이 내 말을 들으려 하지 않았기 때문입니다."라고 답했다. 제3세계 국가들의 생사를 결정하는 데 있어 정보를 주지 않는 것은 빈곤국에서 선진국으로 정보를 재분배하는 것을 의미한다. 세계는 지구 축을 중심으로 뒤로 돌아가고 있었다.

케인스는 한때 이렇게 말한 적이 있다. "만약 당신이 은행에서 100달러를 대출 받고 갚지 못하면, 당신이 곤란한 처지에 빠지지만, 은행에서 100만 달러를 대출 받고 상환하지 못하면, 은행이 어려움에 빠지게 됩니다." 파산의 위험에 처해 있던 멕시코에 너무 많은 융자를 해 주었기 때문에 월스트리트의 은행가들은 위험을 느낄 수밖에 없었다. IMF와 연방 준비위원회는 협력을 통해 행동을 취하게 되었다. 그리고 당분간 자유방임 정책을 포기했다.

멕시코 정부는 IMF와 연방 준비위원회가 자국의 성장을 도와준다면 채무를 충분히 갚을 수 있을 거라는 탄원을 제출했지만 그들은 이 제안을 거부했다. 멕시코를 거대 석유 수출국가로 만들겠다던 호세 로페즈 포르티요Josè López Portillo 대통령의 요구는 실패로 돌아갔다. 볼커와 라로시에르는 지출을 늘리고 이자율을 낮추며 외환 통제를 실행하고 임금을 올리려는 멕시코의 노력에 대해 강경한 자세를 취했다. 예일대학에서 교육을 받은 멕시코의 재무장관인 헤르조크Herzog는 IMF와 연방 준비위원회의 편에 서서 상관의 의견에 반대 입장을 취했다. 몇 개월 후 로페즈 포르티요 대통령이 눈물을 흘리며 권좌에서 물러나는 연설을 했을 때 그는 멕시코의 빈민들의 희망을 저버린 사실에 대해 사과했다. 전 재무 장관이었던 헤르조크는 미국 대사로 임명되었다. 멕시코는 국가 파산을 막기 위해 더 많은 융자를 얻었다. 그 조건은 바로 포괄적인 시장의 자유화였다. 멕시코의 개발 정부는 무방비 상태에 빠졌고 성장률은 장기적인 침체를 겪게 되었다.

월스트리트의 거대 투자가였던 헨리 카우프만Henry Kaufman에 의하면 폴 볼커는 20세기의 가장 중심적인 은행가들 가운데 한 명으로 손꼽힌다. 당시 씨티 그룹의 회장이었던 월터 위스톤Walter Wriston에 의하면 볼커는 너무 과도하게 행동한 나머지 황금알을 낳을 거위를 죽여 버린 셈이었다. 〈뉴욕 타임즈〉에 실린 볼커와의 인터뷰에서 위스톤은 은행시스템에 대한 자신의 영향력에 있어 연방 준비위원회와 경쟁관계에 있다는 사실을 털어 놓았다. 볼커에 대한 최후의 평가가 무엇이건간에, 1980년대의 구제 금융은 비전의 부재로 인해 놀라울 정도였다. 그들은 미래의 전망에 대해 아시아의 대안이 시사하는 바에도 불구하고 식민주의 시대와 유사한 조건들을 내세웠다. 오토만 제국 시절 터키의 채권자들이 훨씬 나았다. 그들은 바스라의 전통적 실크 산업을 부흥시키고 더 많은 수입을 올리며 적극적으로 행동했고 자국 내의 실크 생산을 발전시키기 위해 관세를 부과하기도 했다. 그러나 1980년대에는 이러한 왕성한 행동주의 조치들이 취해지지 않았다.

죽은 자를 되살리다

미국 정부는 제3세계의 국영 기업들을 민영화하고 다국적 기업들의 진출을 유도하기 위해 자금을 투자했다. 채무 위기는 제3세계 기업들을 황폐화시켰다. 소유권이 외국인들에게 넘어가면서 미국의 산업과 마찬가지로 적자생존의 법칙이 적용되었다. 충분한 해외 직접 투자FDI만 있으면 죽은 사람도 살릴 수 있을 정도였다. 하지만 제3세계 정부들은 절대로 이러한 새로운 사업에 진출할 수 없었다.

1980~1995년까지 외국 기업들은 실패한 수입대체 가운데 하나인 브라질의 컴퓨터 산업 생산에 대한 지분을 33%에서 72%로 끌어올렸으며 전기설비 산업에서는 30%에서 57%로, 비전기설비 산업에서는 41%에서 64%로, 화학 산업에서는 46%에서 68%까지 차지하게 되었다. 중남미에서는 국경을 넘은 인수와 합병이 급증했다. UN의 정보에 의하면 현지 회사들에 대한 외국인들의 인수 합병 규모는 1988년 11억 달러에서 1998년 639억 달러 수준으로 급증했다.

인수와 민영화에 의존했던 중남미의 새로운 엘리트 금융 관리자들과는 달리 정부와 지역 기업들은 수출 공정 지역의 노동집약 산업 이외의 부문에 대한 다국적 기업들의 존재에 대해 재고하기 시작했다. 최고의 국영 기업들과 비교해서 평균적인 다국적 기업들은 관료주의, 낮은 기업가 정신으로 어려움을 드러냈다. 구조조정을 위해 원료를 지방 기업으로 이전해 주어야 했는지도 모른다.

관료주의에 사로잡힌 통제 체계로 인해 해외 원조가 효과를 나타낼 수 있는 기간은 더욱 길어졌다. 인도의 의약 산업에서 지역 기업은 애초에 의약품을 개발한 다국적 기업의 지원보다는 시장의 논리에 따라 더 빠르게 성장할 수 있었다. 한국의 삼성전자는 특정 분야에 있어 일본의 소니전자를 따라잡기 시작했다. 브라질의 임브레어Embraer는 캐나다의 봄바르디어Bombardier를 따라잡고 있었고, 인도의 타타 철강은 이미 미국의 USX를 폐쇄시켰다.

식민지 시대에 다국적 기업들은 새로운 부문에 먼저 나서서 투자하는 경우가 거의 없었으며, 이는 재벌 기업들의 전형적인 모습이었다. 2장에서 말했듯이 이들은 투자와 개발의 선두주자들이 아니었다. 일본의 역사에서 드러났듯이 19세기 미국의 경험은 이러한 평가를 강하게 반증한다. 일본이 급격한 성장과 특정 산업에 대한 우수성을 증명하고 나서야 제조업에서 외국인의 직접 투자가 이루어졌다. 인도에서도 외국인들은 철도를 포함한 일부 산업의 시작을 담당했지만 인도인들은 그 외 대부분의 산업을 주도했다.

앞서 지적했듯이, 텔레비전은 1950년대에 고가의 품목이었기 때문에 선진국들은 일본, 멕시코, 한국, 대만, 싱가포르 등에 건설된 자신들의 공장에서 상품을 조립하기 시작했다. 대만 전자 회사의 경영자들은 미국의 텔레비전 시장으로부터 현대적인 경영을 배웠다고 말하지만 외국 투자가는 실제로 미개척지를 개간하려는 노력을 전혀 기울이지 않았다. RCA는 대만의 텔레비전 산업에 진출한 최초의 회사였지만 대만 기업인 타퉁Tatung은 이미 일본의 기술을 바탕으로 선풍기와 전기밥솥을 생산하고 있었다. 타퉁의 조립 공장은 수많은 대만 노동자, 경영자, 기술자들에게 훌륭한 스승이 되었다. 부품 수요의 급증은 대부분의 전자제품을 위해 반드시 필요했던 대만 중소기업의 탄탄한 네트워크를 강화시켰다. 외국 제조업자들이 저임금 국가에 진출하는 것을 알고 있던 대만 정부는 합작 사업을 장려하는 인센티브를 도입하여 대만과 일본의 텔레비전 제조업자들을 유인했다.

계산기, 컴퓨터, 핸드폰과 같은 전자제품을 아웃소싱할 때 다국적 기업들은 더 이상 자신들의 생산설비를 해외에 투자하지 않았고, 대신에 생산 설비와 세부 디자인을 제3세계 기업들의 손에 맡겼다. 다국적 기업들은 제3세계 기업들에게 기본 모델을 보냈고 모든 나머지 업무를 담당하게 했다. 아웃소싱을 통해 제3세계의 우수 기업들은 우수 제조업과 통합적 연구개발에 전력을 기울일 수 있었다. 하지만 채무가 있는 제3세계 기업들은 절대적으로 자본을 필요로 했고, 가족 사업을 유지하는 데 관심이 없었던 2세대 소유주들에게는 해외 투자가 매력적으로 보였다.

두 가지 문제가 해외 직접 투자를 어렵게 만들었다. 우선 해외 직접 투자를 가장 간절히 원했던 빈곤 국가들이 가장 적은 혜택을 받았다. 그리고 정부 소유 기업들은 정부의 착취를 피하기 위해 민영화를 해야 했다. 하지만 아무도 이러한 정부 소유 기업을 인수하려 하지 않았고, 그들은 이미 민영화가 상당부분 이루어진 우수 기업들에만 관심을 두었다.

빈곤 국가들이 해외 투자를 유치하는 것은 언제나 마법처럼 거의 불가능해 보였다. 아프리카 최초의 독립국가인 가나의 개발 계획을 마련했던 아더 루이스는 1957년 해외 직접 투자를 유치해야 하는지에 대한 논쟁에 불을 붙였다. 마침내 루이스는 해외 직접 투자의 역할을 고민하게 되었다. 하지만 가나의 원료를 채굴하는 사업 이외의 다른 분야에 대해서는 전혀 아무런 투자가 유치되지 못했다. 제조업에 대한 대부분의 해외 투자가 북미, 유럽, 일본 사이에서 이루어졌듯이, 개발도상국들에 대한 할당은 브라질, 말레이시아, 멕시코, 싱가포르, 그리고 중국에 집중되었다.

작은 규모의 빈곤 국가에 대한 해외 투자는 오랜 기간에 걸쳐 이루어졌다. 1991~1996년에 전체적인 고정 자본 형성 비율로써의 해외 직접 투자가 스위스에서는 24%였으며, 싱가포르에서는 29%, 트리니다드토바고에서는 38%에 이르렀으며 모두 작은 규모의 경제 국가들이었다. 때로는 활발한 국가들에서도 이 비율이 높아졌다. 석유가 풍부한 나이지리아는 29%, 관광 국가였던 가이아나는 35%, 기회가 많았던 베트남은 35%를 기록했다. 멕시코의 위치를 감안할 때 비교우위는 바로 북미와의 경제 통합이었다. 멕시코의 대단위 수출 공정 지역에 대한 미국의 투자는 증가했지만 그 외의 경제 분야는 거의 전무하다시피 했다. 심지어는 미국의 공장들마저 중국으로 향했다.

대부분의 개발도상국들은 외국 투자가들과의 협력으로 인한 이익이 얼마 안되더라도 그것만이 유일한 방법이라고 설득을 당했다. 위에서 언급된 몇 가지 예를 제외한 남반구의 자본비율에 있어 해외 직접 투자는 매우 적은 비율을 차지했다. 1990년대 해외 직접 투자의 자본 비율은 세계적으로는 4.4%, EU에서는 5.5%, 원자재를 포함한 개발도상국들에서는 6.5%, 아프리카에서는 5.3%, 남아메리카에서는 6.9%, 중동에서는 1%, 중국에서는 11%를 차지했다. 자국의 기업들을 적극적으로 성장시키던 국가에서 해외 직접 투자가 차지하는 비율은 미미했다. 인도에서는 1%, 한국에서는 1% 미만, 대만에서는 2%, 태국에서는 4% 정도였다.

두 번째 미 제국 시기에 빈곤국들의 천연자원 생산과 수출은 이미 해외 기업들이 소유하거나 통제하고 있었다. 식민지 시대부터 존재했던 프랑스의 거대 다국적 기업인 피셰니Pechiney는 당시 세계 최대 보크사이트 매장량을 자랑하던 기니의 알루미늄 생산 업체 지분의 51%를 소유하고 있었다. 기니는 2001년 세계 제2의 보크사이트 생산국이었지만, UN의 인구개발지표에서는 173개국 가운데 159위에 머물렀다. 천연자원을 외국자본이 소유하게 될 경우 이익은 항상 해외로 유출되고 관세와 로열티는 항상 현지의 나약한 정부의 몫으로 갈등의 원인이 되었다. 첫 번째 미 제국 시기를 제외하고 식민지 시대부터 두 번째 미 제국 시기까지 천연자원 부문에서는 거의 아무런 변화가 일어나지 않았다. 빈곤 국가들이 그나마 소유했던 대부분의 부의 원천이 외국의 통제하에 있었기 때문에 빈곤 국가는 그 이상으로 부를 축적하지 못했으며, 설령 부를 축적했다 하더라도 더욱 빈곤한 상황에 빠졌고, 더 많은 해외 투자에 의존해야 했던 개발 정책은 개선될 가능성이 보이지 않았다.

빈곤 국가들 가운데 많은 수가 천연자원을 국유화하고 그로부터 이익을 얻었다. 그들은 외국 채굴 업체들과 합작을 통해 국영 기업들을 설립했다. 대부분의 경우 부정부패는 드문 현상이었다. 칠레와 엘살바도르는 1966~1976년이 되어서야 아나콘다 코퍼Anaconda Copper(구리를 생산하던 기업)를 국영화했지만 칠레는 신자유주의 독재 정권인 피노체트 집권하에서도 국가 주도로 채굴 사업을 진행했다. 개발을 위한 핵심 자본의 원천이자 경영자 양성을 위한 세금 수입과

로열티를 거둬들이기 위해서 천연자원을 국영화한 것이다. 당시의 노동 여건은 너무나 열악했다. 1962년 기니의 피셰니에서 여름 인턴으로 근무했던 던컨 케네디는 현장에서의 진급과 보수에 관해 아프리카 노동자들을 인터뷰했다. 그들은 프랑스 감독관들이 모두 인종 차별주의자라고 주장했다. 하지만 최고 관리 책임자에게 심각한 인종 차별 문제를 제기한 케네디는 해고되었다.

두 번째 미 제국 기간 동안에 천연자원에 대한 소유권 이전은 전혀 다른 방식으로 전개되었다. 대부분의 국영 채굴 기업들이 민영화된 것이다. 남미에 있던 캐나다 광산이 폭발했다. 투자가들은 IMF와 세계은행의 권고에 따라 규제완화, 민영화, 정부의 축소, 수출 장려로 화답했다. 1980년대 후반 빈곤 국가들, 특히 아프리카는 금융 수지의 균형을 맞추기 위해 기업의 보유 자금을 방출하고 이를 통해 자금을 확보하고자 했다. 그러나 역설적이게도 외국 투자가들에 대한 민영화와 관세 인센티브는 오히려 채광 산업 분야에서의 정부 수입을 감소시켰다. 민영화를 위해서 그다지 큰 자본이 드는 것은 아니었지만 여전히 일괄 타결의 대상이었다. 1990년 초에 남반구의 15대 국영 기업들은 모두 중공업 업체들이었다. 15개 기업들 가운데 13개 기업은 정유나 야금 산업, 특히 철과 강철 분야였다. (표 8.1 참조) 이들은 대부분 부정부패의 영향에서 벗어나 있었으며 새로운 조직을 구축하고 수준 높은 경영 기술 능력을 축적하여 민영화 부문에 대한 능력을 발휘했다. 국영 정유 회사들은 화학 제조업의 하류 부문까지 손을 뻗었다.

아르헨티나를 제외한 현명한 국가들이 소유하고 있던 가장 강력한 국영 기업은 자국의 국가 정체성을 확립하는 데 중요한 역할을

표 8.1

판매 수치로 본 개발도상국들의 15대 공공기업

	판매 수치 (단위 : 달러)	이 름	나 라	활동 분야
1	21,023	페트롤레오 브라질레이로	브라질	석유
2	20,270	페토롤레오스 멕시카노스	멕시코	석유
3	11,836	중국 석유 공사	대만	석유
4	9,900	포스코	한국	제철, 철강
5	8,077	인도 석유 공사	인도	석유
6	6,833	발레 도 리오 도체	브라질	광물, 금속, 종이
7	6,821	페트로브라스 디스트리뷰이도라	브라질	석유
8	5,924	페르타미나	인도네시아	석유
9	4,021	인도 철강 공사	인도	제철, 철강
10	3,865	대만 인삼와인 공사	대만	담배, 음료
11	3,207	인도 석유천연가스 공사	인도	석유
12	3,002	인도 힌두스탄 페트롤륨	인도	석유
13	2,490	페트로나스*	말레이시아	석유
14	2,126	바라트 페트롤륨	인도	석유
15	1,201	바라트 헤비 일렉트리칼스	인도	다업종

*1990년 판매 수치

출처 : 214페이지에서 저자가 언급한 내용들 참고(2001년)

했다. 한국의 포스코, 우시미나스, 브라질의 야금업체인 발레 도 리오 도체와 같이 가장 민족주의적인 기업들은 이런 과정을 통해 민영화되었으며 단독 소유주나 정부가 전적인 권력을 행사하지 못하도록 제한했다. 우시미나스의 배당은 26.8%의 연금 펀드, 금융기관 23% 등으로 분산되었고, 꼼빠니아 발레 도 리오 도체는 자신의 지분을 다양한 소유자에게 15%, 신니폰 철강이 소유한 우시미나스의 원소유주였던 니폰 우시미나스에 13.8%를 분배했고, 직원과 직원 연금 펀드에 11.1%, 철강 유통업자들에게 4.4% 분배했다. 1991~

1993년 매각 처분된 24개의 브라질 업체들 가운데 12개 업체들만이 단독소유주에게 넘어갔다. 한국의 포스코는 비교적 작은 규모의 업체에게 공매되었다. 포스코는 적대적 인수를 피하기 위해 자신의 스승격인 일본의 신니폰과 동등한 거래를 주재했다. 한국의 주요 대기업인 선경의 내부 핵심은 공공기관이었던 유공 정유였다.

자신의 국영 기업을 소유하지 못한 국가들은 해외에 대한 외국 투자의 형태를 통해 세계화를 할 수 없다. 개발도상국에 외국계 기업들이 존재해야만 이러한 기업들의 해외 투자가 개발도상국들에게 영향을 미칠 수 있다. 국영 기업들은 첫 번째 미 제국 기간에 살아남은 제3세계 국가의 혁신 시스템과 제도들로부터 도움을 얻을 수 있었다. 하지만 일반적으로 제3세계의 민영 기업들은 과다 경쟁과 개발 국가들의 부활을 두려워했던 북반구 국가들의 희생양이 되었기 때문에 이들의 부활을 위해서는 반드시 해외 자본을 필요로 했다.

두뇌 혹은 지구력?

폴 볼커가 제3세계 채무 국가들에 대한 어떠한 경고의 메시지도 없이 미국의 자금 지원을 중단했을 때 세계는 새로운 변화를 맞이하게 되었다. 첫 번째 미 제국은 두 번째 위기를 맞이했으며 제3세계에도 직격탄이 되었다. 수많은 개발도상국들이 채무의 덫에 걸려들었고 수십 년간 경제 침체에 빠졌다. 이제 민영화와 해외 투자라는 처방은 무용지물이 되었다.

자본 공급과 수요의 급변을 완화시키기 위한 제도들을 갖고 있지 못했던 국가들에게 금융 시장의 탈규제에 대한 대가는 엄청난 채무였던 것이다. 자금의 대량 유입으로 행복감을 느낄 수 있었지만 목적이 수단을 정당화시키지는 못했다. 자금의 유출은 마치 안락사와도 같았다. 금융 시장의 자유화가 어느 곳에서나 옳은 이론이라고 주장한 사람들의 책임감은 과연 무엇일까? 미국 재무성이 말한 투명성은 과연 어디로 사라져 버린 것인가?

사람보다 사상의 타당성에 대해 고려해 보아야 할 것이다. 두 번째 미 제국의 사상들은 거대한 빙산과도 같아서 꿈쩍도 하지 않고 보이지 않는 위험성을 갖고 있었다.

성장의 침체가 계속되면서 제3세계에서 채무로 곤경에 처한 기업들의 구조조정은 더욱 다급한 사안이 되었다. 매각이나 구제가 되려면 기업을 정비하고 합리화해야 했다. 두 번째 미 제국이 근본적으로 개발도상국들을 선호하지 않았기 때문에 이 작업은 점점 더 어려워졌다.

9
미국의 이데올로기

> 반대의견을 인정하지 않는 완고한 태도 때문에 훌륭한 연구 결과에 대한 지식인들의 열린 대화의 분위기는 위축되었다.
>
> _D. 카푸르, 《세계은행: 초기 50년의 역사 The World Bank: Its First Half Century》에서

아이디어에서 이데올로기로

기업이 채무상태에 빠지게 되면 정상적인 산업 활동이 불가능해진다. 설비는 낙후되고 기계는 낡고, 생산라인은 생기를 잃고 연구개발비는 축소된다. 외국의 다국적 기업들은 이러한 상황을 극복하는 데 도움이 되지 못할 뿐더러, 그럴 의지도 없기 때문에 기업 스스로 새로운 아이디어와 참신한 공정을 도입해야 한다. 한국과 같이 재벌 그룹을 가진 개발도상국에서 보유자산이 많은 그룹의 건실한 단위 업체는 다른 자매 회사에 도움을 주거나 노동자를 해고하고 임금을 낮춤으로써 위기를 피할 수 있다. 하지만 미국의 가장 일반적인 이러한 '해고' 방식은 임금이 전체 비용에서 차지하는 부분이 극

히 적은 개발도상국들에서는 흔한 일이 아니다.

두 번째 미 제국은 구조조정을 위해서 명령이라는 방법을 택했다. 명령이 주어지면 개발도상국들이 할 수 있는 일은 거의 없었다. 또 이러한 명령하에서는 어떠한 아이디어도 쓸모없었다. 암흑의 시기가 찾아오면 새롭고 왕성한 지식 활동은 사라지고 만다. 두 번째 미 제국은 스미스, 리카도, 맬서스Malthus, 마르크스Marx 등의 위대한 정치경제학자들의 말에 귀를 기울였다. 하지만 근본적인 사상은 허울만 있는 이데올로기로 둔갑하여 문제가 많은 주장이 진실이 됐고 이론은 타당성을 잃어갔다. 변화의 시기에는 의미 없는 주장들이 불가능한 것들을 양산해냈다. 기업들은 경험이 있든 없든 동등하게 경쟁을 해야 하는 평준화 정책이 바로 그것이었다.

레이건 대통령이 채무 위기 기간에 세계은행 총재로 임명한 클라우젠A. W. Clausen은 초강경 보수 경제학자인 앤 크루거Anne Krueger를 세계은행의 경제연구개발 팀장으로 기용했다. 그녀는 38명의 직원을 해고하고 7명의 보수적 기업가 출신 관리들만 남겨 두었다. 세계은행의 인사부는 상임위에게 크루거가 직원들의 정치적 성향을 일일이 점검하는 정보시스템을 구축했다고 비난했다. 세계은행의 공식 역사에서는 이것을 '사상 통제'라고 칭했다. 미국이 세계은행의 상임위에 대한 투표수를 17% 보유하고 있었기 때문에 미국의 말은 곧 법으로 통했다. 약 20년 후 크루거는 조지 부시 대통령으로부터 IMF의 2인자 자리를 부여받았다.

미국 국무성, 재무성, 무역대표부, NAFTA, 세계은행, IMF, 인터아메리칸 개발은행, OECD, WTO를 아우르는 비공식 회의기관인 워싱턴 회의가 구성되었다. 이들은 자유화, 규제완화, 민영화를 주장했으며 개발 국가에 대한 진정한 논쟁은 과거의 일이 되어버렸다.

도망갈 곳이 없다

개발도상국들의 경제 개발을 지원하기 위해 브레튼우즈에 세계은행이 세워졌다. 하지만 그 존재는 늘 논쟁거리가 되었다. 세계은행은 민간 부문을 중요시했지만, 실제로 민간 부문에 대한 융자는 허용하지 않았다. 제3세계 민간 대출 신청자에 대한 융자는 첫 번째 미 제국의 개별 융자가들이 담당했다. 그것이 그들의 사업이었고 의회는 민간 부문을 침해한 공공기관에 대해 지원하지 않았기 때문이다. 초기에 세계은행은 사회간접자본을 지원했지만, 소규모 산업을 제외한 제3세계 민간 산업에 대해서는 망각했다. 제3세계 산업의 구조조정은 다국적 기업들이 감당할 것이라는 생각이 늘 존재했기 때문이다.

클라우젠 시대가 지나가고 세계은행 총재는 경제 개발에 관한 경험이 거의 전무했던 북부 뉴욕 공화당 출신의 정치인인 바버 코너블 Barber Conable이 맡았다. 그는 미국 국무성이 세계은행의 독립성보다는 시장과 민간 부문에 더 신경 쓰도록 압력을 행사하는 데 앞장섰다. 세계은행은 구조조정 융자SALs를 만들어 채무국이 수입에 대한 대금을 지불하되 그 수입 품목과 경쟁했던 산업을 구조조정하는 데는 사용하지 못하도록 규제했다. 이것은 수입대체의 반대개념으로 국내 생산을 대신하여 수입을 장려하는 장치였다. 곧이어 더욱 가혹한 규제들이 구조조정 융자에 덧붙여졌다. 1980년대 후반에 통상적인 융자에는 56개의 조건이 따라 붙었는데, 해당 국가의 최소 예산

규모와 연금 펀드의 모델까지 요구하기도 했다.

아프리카 구조조정 융자의 선구자이자 클라우젠의 동료인 엘리어트 베르그Ellior Berg는 아프리카의 개발이 산업 정책, 기술 정책, 이민 정책이 아닌 자금의 공급과 이자율만을 통제하면 성공을 거둘 수 있다고 보는 거시경제 정책의 입장을 고집했다. 아프리카에 대한 융자는 주로 세계은행 대표부들을 채무자의 정책결정에 개입시키는 방편으로 활용되었으며, 구조조정이 아닌 거시경제 원칙에 아프리카 채무자들을 익숙하게 만들려는 속셈이었다.

두 번째 미 제국이 정책의 고삐를 더욱 옥죄는 동안 개발도상국들은 자신의 운명을 결정하는 데 있어 거의 아무런 권리를 행사할 수 없었다. 가령, 1988년 이래로 파키스탄의 경제 정책, 경영, 목표 수준은 IMF와 세계은행이 지원한 구조조정 프로그램에 의존했으며 파키스탄 정부는 스스로 통제할 수 있는 경제 개발 프로그램을 전혀 구축하지 못했다.

클린턴 대통령에 의해 임명된 세계은행 총재인 제임스 볼펜손James Wolfensohn은 제조업 투자를 위한 융자를 장려하는 것 대신에 자신의 카리스마와 매력, 이따금 폭발하는 성격을 활용하여 은행 직원들과 임원들의 관심사를 빈곤을 완화시키는 방향으로 바꾸려고 노력했다. 노벨상을 수상했고 하버드대학과 옥스퍼드대학에서 철학과 경제학 교수로 재직 중이던 아마티아 센Amartya Sen 박사가 볼펜손에게 영감을 주었다. 센 박사는 《자유로서의 발전Development as Freedom》에서 전문적인 경제 분석과 대중적 논쟁 모두에서 발견되는 개발 과정에 대한 두 가지 보편적 태도를 지적했다. 우선 개발을 강경한 지혜가 필요한 세상의 '피, 땀, 눈물'이 서린 '치열한' 과정으로 보았다. 이러한 상황에서 민주주의나 시민의 권리와 같은 정교한 부분은 논외로 치부되었다. 이 접근 방식은 최악의 자본주의, 혹은 칼 마르크스가 말한 '어두운 사탄의 굴레'와 같은 것이다. 이렇듯 개발을 고난으로 가득 찬 자본 축적의 과정으로 보는 시각과는 달리, 개발에 대한 또 다른 시각은 '작은 것이 아름답다.'고 국제 비정부기구NGO들이 장려한 것으로 헤르난도 데 소토 교수Hernando de Soto와 아마티아 센 교수의 의견이었다. 이 접근 방식은 개발을 '우호적인' 과정으로 보았으며, 아담 스미스가 말한 상호 이익적인 교역으로 대표되는 것으로 생산보다는 교역, 사회 안전망, 정치적 자유, 또는 지원활동의 결합을 중시했다. 센 교수는 1809년 프랑스의 가난한 집안에서 태어나 자본주의, 사회주의, 착취, 국가주의에 반대하고 자율적으로 운영되는 사회를 주장한 삐에르 프루동Pierre Joseph Proudhon과 같은 시각을 견지했다.

인도와 호주의 예가 각각 보여 주듯이 개발이 성공을 거두기 위해서는 이 두 가지 접근 방식을 모두 적용해야 한다는 것을 센 교수나 볼펜손 교수 모두 간과했다. 4장에서 설명했듯이 자본 축적이 실패하면 빈곤문제를 성공적으로 해결할 수 없다. 그러나 동아시아가 점차 미국의 산업을 위협함에 따라 세계은행은 개발에 대한 강압적 접근법에 매달리게 되었다.

세계은행의 차기 총재는 조지 부시의 측근이었으며 금융에 대한 경험이 거의 없었던 폴 볼포비츠Paul Wolfowitz로 신보수주의 관료들을 자신의 참모진들로 고용하고 수석 임원들을 해고했다는 소문이 나돌았다. 신보수주의자들은 구조조정을 필요로 하는 국제적인 긴급 상황에서도 민간 분야에 대한 접근만을 주장했다. 2004년 12월 26일 인도양에 쓰나미가 발생하자 현대 역사상 최대의 구조 노력이 기울여졌다. 약 20만 명의 사상자가 발생했고, 수천 명의 아이들이 고아가 되었으며, 50만 명이 넘는 사람들이 집을 잃었다. 옥스팜Oxfam과 국경없는 의사회와 같은 민간 자선 단체들에 대한 전대미문의 기부가 이뤄졌다. 미국 정부의 군사 지원도 뒤따랐다. 24대의 헬리콥터를 실은 항공모함 본옴 리차드호와 항공모함 아브라함 링컨호가 수질정화시스템, 군사 식량, 의류, 의약품, 의료설비를 실어 날랐다. 식수를 생산하는 6대의 컨테이너선도 도착했다. 미국의 긴급구조위원은 이러한 군사 시설이 "동일한 무게의 금괴만큼이나 가치가 있는 것이다."고 말했다. 이를 보고 보수적 참모그룹인 허드슨 연구소의 USAID 관료들은 "실제로 해외 원조가 사유화되고 있다."고 표현했다.

서인도 출신의 노벨 경제학상 수상자인 루이스 박사, UN의 중남미 경제위원회 의장이던 프레비쉬, 인도의 계획입안자였던 마할라노비스Mahala-nobis와 같은 첫 번째 미 제국의 지식인들 모두가 개방적인 인물들은 아니었다. 하지만 한 가지 사실로 인해 이들은 공통적인 관심사에 대한 세계인으로서의 면모를 보여주었다. 그들은 관세, 고용창출, 개발은행 등에 대한 다양한 의견을 수렴하여 평균점을 찾아냈다. 다양성에 대한 인정은 사람들의 마음을 열게 만든다는 면에서 경제 성장에 긍정적인 영향을 미친다. 그와는 반대로 두 번째 미 제국의 지식인들은 성별과 인종이 다양하고 많았으며 동일한 자유시장 이론을 하나같이 동일한 가정들 위에서 펼쳤다. 그들은 정부를 포함하여 동일한 기관들에 대해 거만한 태도를 보였다. 그들은 아담 스미스와 맬서스가 주장한 내용들을 정확히 파악하며 경제학의 고전들을 섭렵하기보다는 고전경제학자들의 이론을 선배 학자들이 해석한 대로 받아들였다.

이디 아민 이해하기

두 번째 미 제국의 복병은 부정부패였으며 말 그대로 국가를 악마의 역할로 규정했다. 이러한 개념은 부정부패가 정부와 관련되어 있었으므로 하나의 이데올로기가 되었다. 항상 수익을 생각하는 정부는 본질적으로 부패된 것으로 간주되었기 때문에 엄격히 금지되었지만, 민간사업 부문은 순수한 분야로 남아 있었다. 문명화 초기부터 공공 부문과 민간 부문이 동등한 관리를 받았기 때문에 이러한 시각은 오류였다. 1870년대 인도의 봄베이에서 직물 산업이 거대한 착취 시스템을 양산하는 상황이 벌어졌다. 민간 부문은 뇌물을 만들고 가격을 올리기 위해서 품귀 현상을 조장하고 세금 탈루를 일삼으며, 상품을 부정하게 만들고 적절한 임금도 지불하지 않았다.

대부분의 제3세계 정부들이 개입하기 시작하면서 부정부패가 만연하게 되었다. 실제로 정부의 시장 개입 여부와 관계없이 부정부패는 어디에나 존재했으며, 이는 과거나 현재 모두 마찬가지이다. 390년경 로마제국에 대한 연설에서 리바니우스Libanius는 지방숙소에 사는 병사들이 집세와 세금 징수원에 대항하여 사령관의 지휘하에 '보호직'을 어떻게 매직했는지를 묘사했으며, 이런 관행들로 인해 도시의 개발 수익은 궁핍해졌다. 부정부패는 자본주의, 사회주의, 북반구, 남반구, 모든 국가, 모든 산업에서 존재한다. 인류는 자신의 욕망을 충족시키기 위해 모든 법칙을 파괴하기 때문이다.

하지만 어떤 산업은 다른 산업에 비해 부정부패가 더욱 심한 경우가 있는데, 특히 개발 국가가 장려하는 철강, 고무 타이어, 정유, 기계, 자동차와 같은 중간 산업에서 두드러진다. 빈곤 국가들의 제도는 빈곤 국가가 부유한 국가로 발전하기 힘든 입법 과정 때문에 부정부패를 다루는 데 있어 허술하기 짝이 없었고, 따라서 부정부패가 빈곤 국가에서 더욱 만연하게 된 결과를 불러왔다. 때로는 부정부패가 개발을 파괴하기도 하고, 때로는 평화롭게 공존하기도 한다.

부정부패가 개발 국가와 동일한 개념이 아니라면 살인적인 독재자였던 이디 아민을 어떻게 부정부패의 최악의 상징으로 말할 수 있겠는가?

부정부패에 대해 저명한 사립 기관인 국제투명기구는 2,000여 개의 다국적 기업들을 인터뷰해서 얻은 추측, 감정, 직감, 주장들에 따라 부정부패의 정도를 측정한다. 하지만 직관에 의존하면 잘못된 결론을 내릴 수 있다. 미국인은 미국 정부의 입법자에게 로비하는 것보다 인도에서 공무원에게 뇌물을 주는 것을 더욱 부패한 것으로 볼 수 있지만, 두 경우의 거래 모두 같은 개념으로 보아야 한다. 제3세계의 정부 관리들이 부패한 다국적 기업들을 매일 점검하면서 얻은 교훈은 무엇일까? 미국의 다국적 기업들은 WTO 국가들 가운데 가장 거대한 로비스트 집단이다. 2004년 도하에서 열린 무역협상에서 남반구의 위원단들은 부패한 기업들의 문제, 미국 의회와 백악관에 막대한 규모의 선거 자금을 기부하는 문제, 법과 규정을 자신들에게만 유리하게 만드는 문제 등을 미국이 제기하지 않는 것에 대해 실망을 금치 못했다. 일반적으로 사업이 하나의 상황에 정체되면 부정부패가 또 다른 곳까지 확산되기 마련이다.

전세계에 부정부패의 문제를 폭로한 주요 기관들은 민간 부문에서는 언론이며, 공공 부문에서는 법원이었다. 이 두 기관은 시민사회에서 등장했고 경제 개발에서 핵심적인 역할을 해왔다. 개발 국가를 폐쇄하는 것은 개발의 원동력을 잃는 것뿐만 아니라 성장이 뒷걸음치면서 이러한 기관들의 역동성마저 잃게 만든다.

 나이지리아와 같이 천연자원이 풍부한 빈곤 국가들은 부정부패의 온상이 되기 쉬운 대상이었다. 외국 기업들은 사업허가를 원하고 정부 관리들은 뇌물을 원한다. 그러나 OPEC 회원국들인 석유 생산 국가들의 부정부패는 모두 사라진 것처럼 보인다. OPEC은 전문적이고 투명하며 뛰어난 회계 시스템을 보유하고 있으며 석유의 판매와 소비에 관한 정보를 공개한다. 아프리카의 유사 기구인 아프리카 금속 수출 국가AMEC(African Metals Exporting Countries)는 수입과 외환 거래에 관한 업무를 관장한다. 하지만 두 번째 미 제국은 OPEC을 지원하는 것보다는 또 다른 기관들이 출현하지 않도록 하는데 더 많은 신경을 썼다.

 제조업의 경험, 활발한 언론, 합리적인 법제도가 없는 빈곤 국가에서의 부정부패는 최악의 상황을 불러왔다. 이러한 국가들에 대한 경제적 지원을 둘러싼 부정부패는 황금알을 낳는 거위를 죽여 버리는 셈이다. 경제적 지원은 투자로 연결되어야 하며 투자는 지원금을 생산적으로 활용한다는 조건을 충족시켜야 한다. 그렇지 못하면 이디 아민과 같은 인물이 또 다시 등장하기 마련이다. 아민이 영국 식민 군대에 동참했을 때 그의 잔혹한 성격이 드러났으며, 그의 통치를 가능하게 했던 상황들 속에서 정권의 출현과 생리에 밀접히 연관된 부정부패에 대한 일반적인 시각도 엿볼 수 있다. 아민은 극빈 국가였던 우간다 출신으로 아프리카가 채무로 인해 붕괴될 때 통치권을 장악했으며 남반구에서 가장 부패했던 산업 가운데 하나였던 군대를 통해 국가를 경영했다.

변동이 가장 큰 비용

1990년대 금융 거품이 붕괴하고 일본이 그러했듯이 대부분의 정부는 구조조정을 반기지 않는 경향이 있다. 가장 우려되는 것은 구조조정이 실업률을 더욱 악화시키는 문제였으며 이것은 노동자를 해고하는 것과는 또 다른 문제였다. 보호 장치를 통해 고용이 유지된 상황에서 두 번째 미 제국의 시장개방 정책은 고용을 줄이게 될 것이고, 상대 국가의 사회적 선택에 더욱 부정적인 영향을 미칠 것이다.

특정 생산단계의 변화가 다른 단계들의 변화도 초래한다는 것을 알고 있었던 인도와 이집트는 자신들의 거대한 직물 산업의 구조조정 과정에서 나타날지도 모르는 변화들에 대해 조심스러운 태도를 보였다. 저렴한 합성섬유를 수입하면 천연 목화의 소비는 떨어지게 된다. 정책 결정 과정에서 더 큰 효율성을 위한 대가가 너무 컸다.

1960년대 인도의 민주주의가 여전히 정착하지 못한 상태에서 인도 정부는 공개적이고 신중한 태도로 경제적 효율성보다는 사회 통합을 외쳤고, 그 결과 수백만의 수직기 노동자들이 구제를 받았다. 이미 실업률이 높아 있고 노동력이 풍부한 경제체제에서 현대화를 위한 정책을 추진하는데는 복지에 대한 조심스러운 접근이 필요하다. 인도 정부는 1960년대 직물 제조업자들이 일정 정도의 목표를 달성할 경우 구조조정에 대한 규제를 완화시켜 주기로 합의했다. 그 조건은 50% 이상의 생산품을 수출하여 외환 부족을 경감시키고 더 많은 일자리를 창출하기 위한 것이었다. 제조업자들은 회사의 구조조정을 감당할 비용 마련이 쉽지 않았기 때문에 인도 정부의 조건을 받아들일 수밖에 없었다. 다른 한 편, 1960년대와 1970년대 직물 산업이 대성공을 기록했던 한국과 대만은 미국의 원조를 받았다. 모든 직물 기업들이 새로이 설립된 상태였기 때문에 이들은 굳이 노동자를 해고할 필요가 없었다. 실제로 인도는 중국의 방식을 모델로 삼아 구조조정을 실시했으며, 새로운 직업의 기회가 확충되기 전까지 그 속도는 더디게 진행되었다.

이집트의 직물 산업은 19세기로 거슬러 올라간다. 2,000여 개의 업체에서 이집트 노동자의 5분의 1을 채용할 정도였으며, 이 업체들 대부분은 국가에 의해 운영되었다. 강제 해고란 있을 수 없는 일이었다. 복지 문제에 대한 이집트 정부의 정책적 전통은 앞서 논의했던 바와 같이 파루크 왕이 축출되고 나서 나세르가 집권하던 시대로 거슬러올라간다. 나세르와 젊은 장교들은 민간 부문과 긴밀히 협조하려 했으며 민간 부문이 자신들의 요구사항을 제출하도록 요청하기도 했다. 하지만 대부분의 이집트 기업가들이 원한 것이 임금 삭감과 해고에 대한 자율권이라는 점을 깨닫게 되자 관리들은 실망을 금치 못했다. 그 후로 이집트 정부는 공공 부문에 대한 관심을 쏟기 시작했다.

미국 정권이 자유화에 가장 적합하다고 여겼던 중남미에서도 실질적인 구조조정은 거의 진행되지 못했으며 기업주의의 형성을 위한 인센티브는 전혀 존재하지 않았다. 가령 멕시코의 은행들은 1980년대 초반에 금융대란을 막기 위해서 국민들의 세금으로 국영화 과정을 진행했다. 그러고 나서 은행들은 1990년대 초반에 다시 민영화되었다가 정부에 의해 유리한 가격으로 공공 분야의 투자가들에게 매각되기에 이른다. 그러나 누가 소유하는지는 그다지 중요해 보이지 않았다. 정부, 공공기관, 혹은 외국 기업으로 소유권이 바뀌어도 은행의 구조조정은 거의 진행되지 않았으며 국민들은 막대한 손해를 감수해야 했다. 2005년에 대부분의 은행들은 융자에 대한 이자수익보다는 수수료 등의 수익을 통해 50% 이상의 수익 증가를 올렸다. 아르헨티나에서는 장기적인 발전 모델을 구축할 새로운 전문화 과정을 발전시킬 정도로 강력하고 급격한 구조조정이 진행되지 못했다.

임금 삭감과 대량 해고가 일반적인 법칙으로 받아들여졌다. 1980년대 44개 개발도상국들 가운데 실질적인 제조업 임금 상승이 있던 곳은 10개국에 머물렀으며 4개국에서는 현상 유지를 할 정도였고 30개국에서는 오히려 임금 하락이 나타났다. 국제노동기구가 2005년 발표한 UN의 조사 결과에 따르면 전세계 노동자의 절반인 14억 인구가 하루에 불과 2달러의 임금을 받는다고 한다. 1990년 아르헨티나의 임금은 1970년대의 임금 수준보다 3분의 1로 감소했다. 최저 소득 기준을 나타내는 빈곤선 이하의 가정 비율이 1980년도의 8%에서 1990년에는 27%로 상승했으며, 이는 아르헨티나가 극도로 심각한 금융 위기를 겪기 바로 전 해의 수치이다. 멕시코의 실질 제조업 임금 지수는 NAFTA의 기간인 1982년에 127이던 것이 1999년에는 74로 급격하게 하락했다. 비공식 부문에서는 실업률이 폭발적으로 증가했으며, 이로 인해 발생한 더욱 심각한 문제는 바로 세금 납부가 전혀 이루어지지 못한다는 것이었다.

결국 대부분의 제3세계 국가들의 민간 부문은 실질 임금과 고용 비율을 낮춤으로써 구조조정을 감행했다. 하지만 비용 절감 효과는 미미했고, 노동력 수급이 풍부했음에도 불구하고 연금과 의료 보험 혜택은 보잘 것 없었다.

해방

역사적으로 제국주의자들은 자신들이 식민지화시킨 지역의 대중들에게 단 한 번도 인간적인 태도를 취해 본 적이 없다. 대영제국 시절 '원주민'은 어리석고 게으른 자들로 천대받았고 인종 차별적 표현이 일반적으로 통용되었다. 첫 번째 미 제국에서 원주민들은 민족주의자, 고집불통, 어리석은 사람들로 인식되었다. 두 번째 미 제국 시기에는 신흥 성장 국가들보다 신흥 시장에 대해 부정적으로 표현하는 정도였다. 그 대신 식민 사회가 과거에 보였던 어리석음과 아둔함에 대한 비난은 여전히 존재했다. 아시아를 포함한 개발도상국들은 놀라운 성장률을 보였음에도 불구하고 초기의 정책들에 대해 비난을 받아야 했다. 1993년 세계은행이 발표한 〈동아시아의 기적 $East\ Asian\ Miracle$〉 보고서에 따르면, 아시아는 시장을 좀더 일찍 개방했을 경우 성장의 속도가 다르게 나타날 수 있었다는 점을 전혀 모르는 무지한 존재였다고 비춰졌다.

사실 이러한 조건부적 주장은 추측일 뿐이다. 같은 상황에서 다른 일이 발생했을 때 과연 어떤 결과가 나타날지를 예견하는 것은 불가능한 일이다. 하지만 두 번째 미 제국은 이러한 추론 방식으로 과거의 정책을 비난하거나 자신과는 관련이 없다는 식의 자세를 취했다.

일반적으로 볼 때 국가주의 정책하에서 제3세계는 매우 빠르게 성장했으며, 자유 시장 정책하에서는 성장이 더디게 진행되었다는 것을 볼 수 있다.

　이론상으로나 현실적으로 두 번째 미 제국의 사상들은 어떠한 반대에도 부딪치지 않고 견고한 이데올로기로 자리 잡았다. 경기 지체 증상은 현재 시점에 나타나고 있다. 거대한 후발 경제 대국들이 지구상에 등장하고 두 번째 미 제국의 운명이 위협을 받고 나서야 이데올로기에 대한 집착이 다소 느슨해진 듯하다.

10
악마가 모든 것을 장악하다

> 우리는 전세계적인 권력의 재분배 현상을 목도하고 있다. 인류 역사상 유럽 중심이나 서구의 정치적 장악의 시대는 종말을 고하고 있다. 미래에는 우리가 개발도상국이라고 부르는 나라들이 세계의 부를 나눠 갖는 비율이 높아질 것이며 그들의 국민들은 수준 높은 교육과 다양한 정보의 수집을 통해 정치적으로도 자신들의 목소리를 높일 것이다.
>
> _1979년, 카터 대통령의 국가안보 고문 즈비그뉴 브레진스키

혼자보다는 둘이 낫다

에드워드 기번은 자신의 고전 연구에서 로마의 몰락을 두 가지 개념이 역설적인 관계로 조합된 '극단적인 위대성'에 기인한다고 말했다. 주변을 빈곤하고 무지하게 만드는 위대성이 부족한 제국은 왜 살아남지 못할까? 이것에 도전할 새로운 경쟁자들은 등장하지 않는다. 반대로, 어떤 제국이 경제 발전을 장려하며 위대성을 발휘한다면 왜 그 통치력에 도전할 새로운 도전자들이 등장하지 않을 것으로 생각할까?

제국에게 전세계적인 성장은 좋은 것인가 나쁜 것인가? 중국은 과연 미국에게 도움을 줄 것인가, 아니면 해를 끼칠 것인가? 1823년

먼로독트린이라는 역사의 먼 이야기로부터 우리는 과연 교훈을 얻을 수 있을까? 성장이 더뎌지면 정치적 반대파들이 등장하기 때문에 늘 부정적인 결과를 초래한다. 반대파들은 군사력을 동원해 느린 성장에 반대할 것이고 그 반대파는 성공을 거둘 것이다. 우리는 이미 쿠바와 베트남에서 이러한 역사를 경험했다. 또는 중동의 비석유 부문과 같이 느린 성장은 외국 투자가들에게 위험성을 높이는 요인이 되거나 경제적 풍요를 감소시킨다. 국내 기업들을 위한 실질적인 경제적 혜택이 없을 경우 아무리 위대한 제국이라도 무력해질 수밖에 없다. 제3세계의 높은 성장률과 미국과의 경쟁관계가 첫 번째 미 제국에게 반드시 해를 끼친 것이라고 볼 수 없다. 실제로 미국이 세계를 규제하는 일을 그만두더라도 제3세계 국가들은 미국을 더욱 부유하게 만들 것이다.

에드워드 기번이 18세기에 로마 제국의 몰락에 관해 썼을 때 '쇠락'은 갈리아족처럼 피를 들이마시며 로마 제국을 몰락시킨 야만주의로 변질되는 것을 의미했다. 하지만 이탈리아의 도시 국가 시대 이래로 제국의 쇠락은 단지 절대 권력으로부터 쇠퇴하는 것을 가리켰다. 이전의 제국들은 모두 풍요로운 상태로 남아 있다. 네덜란드, 영국, 프랑스, 일본, 로마와 같은 과거의 제국들은 모두 여전히 풍요롭고 세계적인 지위를 누리고 있다. 새로운 경쟁 국가들로 인한 쇠퇴는 절대 권력의 상실을 말하는 것이지 권력과 부 자체의 상실을 의미하는 것은 아니다.

그러나 역사가 늘 똑같이 반복되는 것은 아니다. 두 번째 미 제국은 역사상 그 어느 제국보다 강력한 소프트파워(문화권력)와 하드파워(정치권력)를 동시에 보유하고 있다. 아마 미 제국이 쇠락하는 일은 절대로 없을 것이다. 단지 세상이 전반적으로 더욱 낙후되거나 양극화될 뿐이다. 첫 번째 미 제국의 통치하에서 깨우친 거대 국가들이 이해를 나눠 가지려 하겠지만 미국은 여전히 부와 권력을 지닌 제왕으로 군림할 것이다. 가장 중요한 문제는 과연 미 제국이 변화를 꾀할 수 있을 만큼 충분히 민첩해질 수 있을지 여부이다.

만약 과거가 우리에게 무언가를 말해주려 한다면 권력과 부를 위해 필요한 것은 소득 분배와 지역 통합을 위한 제도와 사상들일 것이다. 중국은 아시아의 다른 국가들과 경제적으로 폭넓게 연계되어 있다. 비록 중국이 지난 몇 년 사이에 모든 사람들의 소득이 평등해야 한다는 순수한 개념의 평등주의에서 다소 후퇴한 자본주의를 채택해 왔지만, 비교적 평등주의에 입각한 국가 경영을 표방하고 있다. 통합과 평등이라는 주요 정책을 통해 중국은 치열한 국제경쟁에 필수적인 국영 사업들을 다양하게 구축해 왔다. 미국은 여전히 중남미에 뿌리를 두고 있지만 미국과 중남미를 엮고 있는 끈은 너무나 연약하다. 중남미는 전세계에서 가장 성장이 느린 지역들 가운데 하나이자 가장 불평등한 지역으로 미국에게는 큰 고민거리가 되었다. 중국의 새로운 기업들과 경쟁할 수 있는 활발한 다국적 기업이 중남미에는 거의 존재하지 않는다.

중국과 미국은 아시아와 중남미 지역에서 서로를 바라보게 될 것이다. 아시아는 이제 동서양과 일부 소비에트 연방의 절묘한 혼합체의 모습으로 등장하고 있다. 유연성은 가장 중요한 성과이다. 유교는 근면성실을 강조하고, 그 외의 사상들은 이미 사라진지 오래이다. 그와는 반대로 미국의 사상은 계몽주의에서 출발한다. 이제는 사라져버린 반문화에서 실험정신이 존중받고 있다. 하지만 현재의 문화 속에서 그 메시지는 명확하다. 미 제국이 자유무역과 자유선거라는 원칙으로 유지될 수 있을 것인가? 이러한 해결책이 전세계에 평화를 가져오고 미국에도 긍정적으로 작용할 것인가?

소득의 평등

경제 개발 초기에 사람들은 토지와 그에 관련된 농업, 어업, 목축업, 광산업과 같은 산업에 집중적으로 힘을 쏟는다. 중남미에서 보듯이 인구 밀도가 낮고 토지가 풍부할수록 토지 분배와 소득 분배의 불평등은 심화되기 마련이다. 18세기 아르헨티나에서는 불과 몇 가구가 광활한 대초원을 독점적으로 소유하고 있었다. 반면 미국에서는 1862년 자영농지법인 홈스테드 법안에 의해 5년간 농사를 질 수 있는 사람한테는 무조건 160에이커의 땅을 분배했다. 자유의 몸이 된 노예들에게도 40에이커의 땅과 말 한 마리씩이 주어졌지만, 이러한 토지개혁은 재건법이 발효되자 폐기되었다. 1960년도 아르헨티나의 토지 분배 지수는 0.86이었고, 브라질은 0.83, 한국은 0.35, 그리고 대만은 0.45를 나타냈다(수치가 클수록 불평등이 큰 상황을 말한다). 1960년도에 미국은 파산, 합병, 인수, 토지 재분배로 인해 0.71이라는 높은 수치를 기록했다. 그와는 반대로 일본은 개혁 이후에 토지분배수치가 0.41정도도 낮아졌다.

1980년대까지 남반구의 소득 분배는 산업이 밀집된 도시 지역의 경제상황에 따라 결정되었다. 그러나 소득 분배에 대해 토지가 미치는 영향은 여전히 컸다. 1986~1995년에 도시 인구 상위 5분의 1의 소득에 대한 하위 5분의 1의 소득 비율은 다양하게 나타났지만 아시아는 다른 곳보다 불평등 지수가 비교적 낮게 나타났으며, 중남미에서는 불평등 지수가 크게 나타났다(이 지수 역시 수치가 클수록 불평등이 큰 것을 의미한다). 브라질은 28, 멕시코는 15, 인도는 10, 중국은 8, 한국은 5, 대만은 4를 가리켰다. 미국의 소득 비율은 11이었으며 일본은 4를 기록했다. 일본에서는 비록 1990년대 제도개혁을 통해 소득 분배의 불평등이 심화되긴 했지만, 아시아와 중남미, 일본과 미국의 소득 분배의 차이는 여전히 크게 벌어졌다.

토지가 평등하게 분배되지 않을 경우 몇 가구만이 다양한 농작물의 경작이 가능하고, 관개설비와 시장에 대한 접근성이 좋은 땅을 독식하게 된다. 이러한 과정을 통해 그들은 평균 이상의 이익을 거두게 된다. 만약 경작지 한 필지를 열로 나누어 열 가구에 분배하는 대신 한 가구에 독점적으로 제공할 경우 시장에서의 경쟁은 사라지고 가장 큰 경작지를 가진 사람이 가장 높은 수익을 거두는 것이다. 소수의 사람들이 대규모의 땅을 소유하게 되고 관련된 농업과 금융을 독점하게 되면서 자본을 축적하고 자손을 특권층으로 교육시키게 되며 그 자손들 역시 높은 수익을 올리게 된다. 그러나 부유한 사람들은 위험성 때문에 실험정신이나 투자를 위한 동기를 얻지 못하게 된다. 기술적 노하우는 점점 더 느리게 일반 대중들에게 전파되고 대부분의 사람들은 기술이 없었기 때문에 농업과 광산업 같은 저임금 분야에 종사해야 했다. 능력을 중시하는 풍조가 설 자리를 잃으면서 교육에 대한 필요성은 점차 사라졌다. 중요한 것은 바로 누가 무엇을 얼마나 가졌느냐이다.

풍요로운 천연자원은 오히려 소득의 불평등을 심화시킬 수도 있지만 천연자원이 소득의 불균형에 미치는 영향은 어떻게 분배하느냐에 의해 결정되었다. 중남미의 최대 토지소유자들은 노동력의 수요가 늘어나고 임금이 상승하는 것을 두려워한 나머지 자신들의 땅 대부분을 경작하지 않는다. 현대적인 영농법과 과학농법을 도입한 미국의 소규모 영농인들과 중남미의 대규모 토지소유주를 비교해 보라.

개발도상국들이 경험하는 소득 분배의 불균형은 제조업의 위축을 낳는다. 거대 자본은 독점권과 이익이 큰 목축업자, 토지소유주, 광산업자들에게 돌아간다. 몇 가지 예외로는 가장 큰 제조업 부문을 소유한 바 있으며, 가장 불평등한 소득 분배 구조를 가진 브라질이 1990년 GDP의 26%를 차지했으며 칠레는 22%, 한국은 33%, 대만은 36%를 기록한 바 있다. 경제학자들은 어떤 국가가 포테이토칩을 생산하는 것과 컴퓨터칩을 생산하는 것, 광물을 생산하는 것과 기계를 생산하는 것 모두 그 국가의 성장과 관계가 없다고 말한다. 이익은 기술력이 아니라 시장에서의 경쟁에 달려 있다는 말이다. 물론 기술을 획득하는데 장벽이 존재하므로 컴퓨터칩을 생산하는 것이 덜 경쟁적일 수 있다. 따라서 이익은 더 크고 기술에 따라 임금이 더 높게 책정될 수 있다. 이러한 이유 때문에 제조업 분야는 현대 사회의 경제 성장과 사회 복지에 있어 핵심을 차지한다. 그리고 정치적 민주주의에 지대한 영향을 미치는 중산층이 이 과정에서 생겨난다.

아시아의 소득 평등은 뛰어난 기업주의, 교육열, 제조업에 대한 집중력, 강인한 노동윤리, 생산적 농업, 재무회계에 대한 놀라운 인내심 등에서 기인한다고 볼 수 있다. 정치적 안정은 또 다른 문제였다. 중국과 미얀마는 여전히 비민주적이다. 하지만 초기 산업화를 위한 변화의 시기에 중요한 역할을 했던 정치적 안정의 또 다른 형태가 중남미보다는 아시아에서 강력한 효력을 나타냈다. 그것은 바로 경제적 변화의 과정을 운영하는 전문 관료의 등장이다. 아시아의 관료 사회는 두 번째 미 제국이 국가의 개입에 대한 전쟁을 선포한 뒤에도 여전히 존재하고 살아남았다.

막스 베버Max Weber에 의하면 훌륭한 관료사회는 평등의 원칙에 기반을 둔다고 했다. 중국 고대 왕조 시대에 아시아 국가들은 정치적 인맥이 아닌 공식적인 시험을 통해 관리를 등용했다. 그 사회에서 가장 똑똑하고 존경받는 인물들이 최고 공무원이 되었다. 10여 년 전에 한국의 재무부에 의해 조사된 바에 의하면 10명의 고위 공무원 가운데 9명이 한국 최고의 교육기관인 서울대학 출신이었으며 나머지 1명은 고려대학교 출신이었다. 그와는 대조적으로 미국 재무성은 관료계급 내부의 정치적 지명자들로 가득하다. 중국과 인접 국가들에서 정치적으로 임명될 경우 장관이나 총리직을 사임한다. 모든 인사들은 전문가들로 구성된다.

국내의 투자 기회가 전무한 상황에서도 최고의 공무원과 제조업에 대한 열정으로 아시아 국가들은 1980년대에 중남미를 앞지르기 시작했다. 칠레와 대만을 비교해 보면 그 핵심적 내용을 다시 한 번 확인할 수 있다. 이 두 나라는 인구와 면적상으로 거의 비슷한 규모이며 농업 분야가 활발하다. 하지만 칠레는 거대한 규모의 구리 채광 업체가 국영으로 운영되었으며 악명 높은 소득 불균형, 1973년의 쿠데타와 연이은 '실종자' 사건으로 몸살을 앓고 있었다. 반면 대만은 비록 수십 년의 계엄령 통치라는 아픔과 국민당 정권과 원주민들 사이의 갈등이 오래 지속되었지만 소득 분배는 매우 균형 잡힌 상태였고, 제조업은 전세계의 평균 수준을 상회했다. 대만에서 1995년 전체 수출 가운데 제조업 제품의 비율은 93%를 차지했으나 칠레는 불과 13%에 그쳤다. 대만의 인구는 급속히 증가했지만 제조업에 대한 투자는 늘어나는 인구를 흡수하기에 충분했다. 칠레가 중남미 대륙의 경제 성장에 선두 주자이긴 했지만 대만은 훨씬 높은 성장세를 유지했다. 1973년에 대만의 1인당 국민소득은 칠레의 73%에 불과했지만 1995년 칠레의 1인당 국민소득은 대만의 68% 수준에 머물렀다.

전적으로 미국의 무역 정책으로 인한 것은 아니었지만, 중남미 지역의 불안정한 성장은 미국에게 큰 짐이 되었다. 천연자원에 대한 중국의 소비 증가에 의존하고 있는 중남미의 성장이 더뎌질수록 미국 제품에 대한 수요와 미국 기업들의 투자 기회는 점차 줄어들게 된다. 미국으로 향한 중남미 국민들의 이민이 증가하면서 미국인의 임금 수준마저 하락하게 된다. 중남미의 빈곤 국가 국민들은 이민을 해야 했고, 현재 미국 전체 인구 가운데 14.1%를 중남미 출신들이 구성하고 있다.

개발도상국에게 평등은 큰 재산이다. 이는 자국의 인구 자산이 더욱 건실한 제조업체를 만드는데 도움을 주기 때문이다.

록펠러

기업의 소유권은 기술적으로 가장 낮은 지위에 있는 사람들에게는 큰 문제가 되지 않는다. 더 많은 해외 투자와 국내 투자만 된다면 좋은 것이다. 하지만 경제가 중간 수준의 기술적 산업에 다다르

표 10.1
연구 개발비용 경쟁

나라	GDP 비율당 연구 개발비용 지출(1996~2002년)
개발도상국	
한국	2.53
싱가포르	2.15
중국	1.23
브라질	1.04
인도	0.85
남아프리카	0.67
터키	0.66
선진국	
이스라엘	5.08
스웨덴	4.27
핀란드	3.46
일본	3.12
미국	2.66
스위스	2.57
독일	2.53

출처 : 세계개발보고서 개발 지표 (2005년 세계은행)

게 되면 국가가 소유하는 것이 큰 이점이 된다.

성과가 우수한 미국 기업이 선거가 치러지는 연도에 해외 기업에 매각되면 해외 투자위원회에서는 혼란이 발생한다. 비록 미국 서안 대부분의 항구가 중국에 의해 운영되지만 여섯 개의 미국 항구에서 두바이가 터미널 운영권을 인수하려 할 때 의회는 이를 반대했다. 일본이 록펠러 센터를 인수할 때 그저 불만만을 표시했던 미국은 두바이가 에섹스 하우스Essex House를 인수하려 할 때 역시 묵살했다. 독일의 다임러 벤츠Daimler-Benz가 크라이슬러Chrusler를 인수한 것에 대해서는 유감만을 표시했지만 중국이 IBM의 PC에 대한 경영권을 장악하게 되었음에도 불구하고 중국의 국영 기업인 CNOOC가 미국의 에너지 회사인 유노칼Unocal을 합병하려 할 때 제지를 당했다. 유럽 역시 미국과 같은 방식으로 행동했으며 그다지 원치 않는 해외 기업이 등장할 때마다 행패를 부렸다. 인도가 소유한 네덜란드 기업인 미텔 철강Mittel Steel이 프랑스의 철강 대기업인 아셀로Arcelor를 인수하는 것을 저지했으며, 이탈리아의 에네이Enei에 의한 인수를 저지하기 위해 수에즈Suez와 가즈 데 프랑스Gaz de France는 합병을 서둘렀다. 러시아의 가즈프롬Gazprom은 영국의 천연가스 업체인 센트리카Centrica를 인수하는 데 실패했다. 이런 일들은 대부분 2005년 전후에 이루어졌는데 이때가 바로 전세계가 세계화에 대한 찬양으로 들썩일 때였다.

만약 유럽연합과 미국이 개발도상국들에 대한 해외 투자를 중요시한다면 왜 그들은 자신들의 특정 분야를 보호하며 수많은 해외 기업들의 일상적인 인수합병을 묵살하는가?

그 이유 가운데 하나는 바로 민족주의이고 또 다른 이유는 우수 기업의 소유자가 외국인일 때 보다는 자국민일 때 더 많은 이익을 챙길 수 있다는 대중적 의식이다. 특정 산업에 따라 개발도상국들의 민족적 소유권을 말할 때는 이러한 국민적 감정이 틀림없이 맞는 말이다. 하지만 대부분의 기업들이 상품에 대한 끝없는 요구를 충족시켜야 하는 낮은 수준의 기술력과 노동집약적 산업 부문에서 민족주의는 불필요한 이야기이다. 1960년대 한국과 대만의 예에서 보듯이 개발도상국들은 이러한 분야에 대한 해외 기업들의 투자를 긍정적으로 받아들여야 한다. 전세계적인 수요와 국내의 풍부한 노동력 덕택에 의류, 양초, 조리기구와 같은 낮은 수준의 기술력을 필요로 하는 산업에 대해서는 외국과 자국의 기업들이 얼마든지 생산에 참여할 여지가 있다. 이러한 산업들은 고용을 창출하고 또 다른 산업 분야에 활용할 수 있는 경영 노하우를 확산시킨다. 따라서 실업과 사회불안 요소를 경감시켜준다.

중간 수준과 높은 수준의 기술력을 필요로 하는 산업 부문에서 해외 기업들은 현지 기업들을 몰아내는 경향이 있다. 노하우와 수요가 적은 관계로 이러한 산업에 대한 진출은 제한되기 마련이다. 외국 기업들은 더 많은 경험과 브랜드 가치, 기술적 노련함을 이미 보유하고 있다. 그러나 국내 업체들이 이러한 부족함을 채울 때까지 중간 수준의 산업 부문에 대한 해외 기업들의 진출을 늦출 필요는 있다.

개발도상국들에게 있어 자국민에 의한 소유권이 갖는 장점에 네 가지가 있다. 우선, 개발도상국들이 경영하는 다국적 기업들은 모두 최고의 인재들을 기업의 수뇌부에 배치한다. 보조금은 관리들에 의해 운영되고 시장에 영향을 미치기까지는 오랜 시간이 걸린다. 반면 자국민 소유의 기업들은 기업주의에 입각하여 발 빠르게 움직이는 면이 있다. 1980년대 초반까지 현대자동차는 GM과 한국 기업이 합작하여 설립한 대우자동차보다 훨씬 더 많은 수익을 내고 있었다. 한국의 대표적인 재벌인 현대자동차는 성장률, 생산성, 수출, 부품 산업에 대한 노하우 전수 부문 모두 대우자동차를 앞질렀다.

두 번째로, 자국민 소유권하에서 기업의 수익이나 기술 이익은 해외로 유출되기 보다는 자국 내로 환급되기 마련이다. 이러한 이익을 증진시키는 기술력 역시 국내에 머무른다. 이러한 기술력은 이후에도 반복적으로 활용된다. 최고의 경영자, 운영자, 재무담당관 등도 마찬가지이다. 만약 소유권이 해외로 넘어갈 경우 이러한 수준 높은 기술과 이익은 국내에 남지 못한다. 대부분 그룹을 형성하는 대기업들은 경영자를 양성하는 연구소와 같다. 한국의 삼성그룹은 본부에서 경영자들을 직접 채용한다. 같은 교육 과정을 마친 경영인들이 서로 친해지면 이들은 각기 다른 분야로 분산 채용된다. 모든 경영인들은 전혀 다른 분야에 대한 전반적인 소질을 지니고 있으므로 서로 의사소통이 원활해진다. 자국 내의 뛰어난 경영인들이 부족하다는 생각은 이제 과거의 이야기가 되었다. 기업은 이들을 훈련시키고 활용하며 전혀 다른 산업에도 재활용하게 된다. 그에 반해 다국적 기업들은 특정 분야에 전문화된 인력만 보유하고 있으므로 다른 산업으로 인력을 확산시키지 못한다.

세 번째로, 다국적 기업의 우수 인력들, 특히 연구 인력들은 대부분 다국적 기업의 본사가 있는 자국에 머무르기 때문에 개발도상국들에 대한 연구개발 투자는 황금보다 귀한 가치를 지닌다. 가장 핵심적인 프로젝트는 본부의 전문 기술자들과 최고 경영진들의 보호와 관리를 받게 된다. 예를 들어, 제너럴 일렉트릭GE(General Electric)은 600명의 노동자가 있는 방갈로르에 위치한 연구소에 대하여 2,000여 명이 근무하는 뉴욕에 있는 기업 연구소에서 진행되는 업무를 중첩되게 진행하지 못하도록 했다. 기업 연구소는 고급 수학을 활용한 수준 높은 연구를 진행한 반면 방갈로르에서는 일반 수학을 활용한 응용연구가 진행되었다.

네 번째로, 대외투자 형식에 의한 세계화를 통해 기업은 사업의 비전을 관찰하고 다른 국가의 업체들이 진행하는 업무에 대해 점검할 수 있다. 하지만 자국 기업을 소유하지 못한 나라는 투자를 통한 세계화를 할 수 없다. 외국 기업을 통해 세계화를 진행하는 외국 기업은 존재하지 않는다. 만약 GE가 파키스탄에 공장을 설립하게 되면 그것은 인도에 의한 세계화가 아닌 미국에 의한 세계화이다. GE가 미국 기업이기 때문이다. 아시아와 중남미에서 나타난 대외 투자의 차이는 긴 역사를 통해 드러난다. UN의 해외 투자보고서에 따르면 1986~1991년에 아르헨티나, 브라질, 칠레, 멕시코에서의 해외 투자는 불과 6억 3,400만 달러였으며 이는 특히 그 외의 중남미 국가들에 대한 것이었고, 한국, 대만, 말레이시아, 인도네시아에 대한 투자는 44억 3,200만 달러를 기록했다. 중국에 대해서는 7억 4,500만 달러를 기록했다. 미국의 인터넷 사업의 폭발이 있기 직전인 1997년에는 중남미에는 45억 8,300만 달러였지만 아시아의 네 국가에 대해서는 168억 9,600만 달러, 그리고 중국에는 25억만 달러를 기록했다. 따라서 투자의 세계화는 중남미보다 아시아가 4배 가까이 높았다.

독립의 유산

개발도상국들은 2차 세계대전 이후 가장 중대한 역사적 운동이었던 독립의 성과로 기업들에 대한 자국의 소유권을 쟁취하게 되었다. 알제리, 중국, 인도네시아, 케냐, 베트남에서처럼 치열하고 극렬한 민족적 독립 투쟁이 있고 나서야 독립이 찾아왔다. 첫 번째 미 제국은 미국 내의 반식민지 운동으로 인한 압력과 함께 국무성과 재무성이 프랑스와 영국에 의해 지배되던 식민지 시장을 자유화해야 한다는 주장에 떠밀려 독립을 두둔하게 되었다. 그러나 2차 세계대전 이후에 모든 개발도상국들이 독립의 기쁨을 맛본 것은 아니다. 대부분의 중남미 국가들은 1820년대에 이미 스페인과 포르투갈로부터 정치적 자유를 쟁취했다. 따라서 중남미 국가들은 전후 독립운동으로 인한 대격변과 과거 청산, 재분배의 혜택을 받지 못했다.

식민지가 자유를 얻게 되면 해외 기업들을 포함한 구시대의 장벽을 청산하는 과정을 밟는다. 외국 정부들이 떠나고 나면 외국 기업들 역시 철수하게 된다. 중국은 공산당혁명 이후에 일본의 중공업 제조업체들을 만주에서 몰아냈으며, 현재 만주는 중국의 자동차와 석탄 산업의 중심지가 되었다. 그러나 여전히 일본의 식민지 시대에 제조된 트럭들이 중국 북부 도시를 달리는 모습을 볼 수 있다. 간디에 의해 인도가 해방을 맞이했을 때 영국 기업들은 인도를 떠나거나 인도의 기업들과 경쟁을 할 수 없어 파산하는 경우가 속출했다. 1953년 인도네시아가 네덜란드로부터 독립을 쟁취했을 때 인도네시아인들은 은행, 공장, 탄광 등을 포함하는 400여 개에 달하는 기업들의 경영권을 장악했다. 태평양 연합군에 의해 한국에서 일본이 물러나게 되었을 때 일본은 선박, 현대적 시멘트 공장과 같은 다양한 제조업 회사들을 그대로 남겨 둔 채 떠나야만 했다. 또한 일본은 잘 훈련된 한국 관료들을 채용했던 주요 5개 은행을 포함한 모든 금융 시스템마저 남겨 두었다.

이렇게 남겨진 기업체들을 운영할 능력을 자국민들이 지녔을 경우 새로 독립한 국가들은 안정적인 출발을 할 수 있었다. 더욱 중요한 것은 독립을 통해 식민지 국가들이 숨통을 열 수 있었다는 것이다. 경험과 정치적 인맥, 세계화된 지명도를 지닌 외국 기업들은 더 이상 시장을 독점하고 식민지의 성장을 억제할 수 없게 되었다. 인도에 주둔했던 IBM과 한국에 있었던 일본의 섬유기업들처럼 거대한 외국 기업들이 다시 식민지로 진입하는 것을 저지하는 법들이 통과되었다. 민족 기업들에 대한 차별이 없어지면서 그들은 중간단계의 기술 분야를 소유하고 운영할 수 있게 되었다. 그 대표적인 예로 펄프와 종이, 자동차, 철강, 정유, 선박, 그리고 은행과 보험 같은 금융 분야, 통신 분야가 여기에 해당한다.

중남미 국가의 기업들이 외국인 소유로부터 벗어날 해방의 기회를 갖지 못한 상태에서 중남미의 자국민 소유 기업들은 아시아 기업들보다 더 힘겨운 경쟁 상황을 맞이해야 했다. 1917년 아르헨티나에 설립된 최초의 다국적 기업인 피렐리Pirelli와 같은 수많은 외국계 기업들이 등장하기 시작했다. 이들은 현지 기업들이 전후에 진입할 수도 있었던 중간 수준의 산업 부문 가운데 상당수를 이미 독점하고 있었다. 1950년대에 첫 번째 미 제국은 아르헨티나의 프론디지 정권으로 하여금 외국 기업들을 적극적으로 유치하도록 독려했다. 1977년 전체 중남미 산업에서 미국인에 의한 투자는 비전기 공구 분야에서 23%, 전기 공구 분야에서는 31%, 운송수단 분야에서는 65%나 차지하게 되었다. 제조업에 대한 해외 지분 평균이 20%에 달했다. 당시 아시아에서는 미국과 일본의 해외 투자가들을 거의 찾아볼 수 없었다. 일본의 제조업을 모델로 삼아 아시아 국가들은 이미 자국의 사업들을 구축해가고 있었다.

중남미는 브라질의 항공 분야 국영 기업이었던 엠브레어Embraer, 멕시코의 시멘트 분야인 세멕스Cemex와 같은 최고 수준의 자국 기업들을 다수 보유하고 있다. 하지만 중남미에는 아시아의 새로운 경쟁자들과 어깨를 겨루는 데 있어 미국을 지원할 만한 유수한 세계적 기업이 거의 없다. 현재 미국은 아시아에 대해 막대한 무역 적자를 내고 있다. 이론적으로 본다면 미국은 중남미를 상대로 막대한 무역 흑자를 내야 하며 이를 통해 아시아에 대한 천연자원 수출을 통해 무역 흑자를 내야 한다. 하지만 중남미의 수입능력이 미미하기 때문에 이러한 무역의 삼각관계는 찾아보기 힘들다. 2005년도에 미국과 중남미의 무역 수지는 1,000억 달러의 적자로 멕시코가 그 절반을 차지했다. 중남미의 흡입력이 부족하고 미국의 상품을 구매할 능력이 없기 때문에 8,000억 달러가 넘는 미국의 대중남미 무역 적자는 도저히 해소될 가능성이 보이지 않는다.

부자에서 가난한 삶으로의 추락

중남미가 2차 세계대전으로부터 재등장했을 때 개발도상국들 가운데에서는 가장 부유한 지역이었다. 1980년대에 들어서는 아시아가 1인당 국민소득, 수입, 수출, 빈곤완화 분야에서 중남미의 지위를 넘어섰다. 2002년 발표된 UN의 개발보고서에 따르면 1990년대에는 하루 1달러 이하의 인구 소득 비율 상황이 중남미에서는 거의 개선되지못했지만 동아시아에서는 상당 부분 개선되고 있었다. 도대체 무슨 일이 일어난 것일까?

이는 포르투갈과 스페인 점령 시절의 중남미 지역에서의 토지 분배에서 원인의 일부를 찾아볼 수 있다. 역사적으로 중남미의 토지 분배, 소득 분배, 부의 분배는 전세계적으로도 가장 불평등한 상황이었으며 극소수의 부유한 사람들에 의해서 지식기반 투자가 이루어졌다. 또 다른 원인은 독립을 계기로 한 과거 청산의 기회를 갖지 못한 것으로 볼 수 있다. 토지개혁, 해외 기업의 철수, 전문 경영인들에 의해 운영될 수 있는 기업들의 출현을 경험하지 못한 중남미 국가들은 고도의 기술력으로 경쟁해야 하는 세계 무대를 향한 준비가 되어있지 않았다. 경제 성장은 도약과 후퇴의 과정을 겪기 마련이지만 중남미는 미국에 의한 자유화에 의존했기 때문에 소득, 고용, 지역 간 무역, 기술력 모두 정체를 겪었다.

두 번째 미 제국의 주요 관심사는 사유화, 탈규제, 자유화였으며, 먼로독트린 이후에 강화된 미국과 중남미의 밀착된 관계로 인해 중남미에 대해 더욱 강압적으로 시행되었다. 중남미의 사유화로 인해 산업과 금융 분야에서는 더 많은 해외 기업들의 인수 합병이 진행되었고 인플레이션을 부추기기도 했다. 탈규제로 인해 투기성 단기 자금과 냉정한 대부업자들이 판을 치게 되었고, 결국 1982년 멕시코를 필두로 지역 전체의 만성적인 부채를 심화시켰다. 그 이후로 아시아 지역 역시 부채의 늪에 빠지게 되었다. 하지만 동아시아의 어려움은 과잉생산에 기인한 것이었고, 중남미의 문제는 무책임한 규제정책으로 인한 것이었다. 미국이 1991년에 멕시코, 2006년에 중남미 국가들과 체결한 자유무역 협정에 의하면 미국 시장의 관세 면제 과정을 감시하는 대가로 국가 주도의 구조조정을 불법화했다. 첫 번째 미 제국 시기에 중남미가 설립한 공장들에 대한 대대적인 구조조정이 필요했지만 반국가주의 정책이 국가의 자금 지원과 협력을 통해 이러한 기업들을 재건하는 작업을 원천적으로 차단했다.

첫 번째 미 제국에 번영을 보장하던 개발 정부는 몰살당했고 그 어느 것도 이를 대체할 만한 것이 없었다. 비록 시장개방 이론이 논리상으로는 이상적이지만 중남미를 포함한 남반구에서는 더 이상

의미가 없었으며 두 번째 미 제국에서의 압력은 강압적이고 기회주의적이며 창의적이고 실용적인 정책들마저 말살했다. 중남미의 경제는 개발도상국들 가운데에서도 한 단계 낮은 자리로 밀려났으며 남반구 전체의 상황을 더욱 악화시켰다. 세계 인구의 상당수를 보유한 거대한 아시아는 아놀드 토인비가 예견한 바와 같이 인구와 권력이 상승효과를 내면서 시장에 대해서도 커다란 부분을 차지하게 되었다. 두 번째 미 제국은 자국만의 이익을 챙겼고 중남미 국민들은 스스로 자구책을 찾아야 했다. 악마가 모든 것을 장악한 것이다.

11
위대한 후발주자들

복수는 가장 잔인한 선택이다.

_이탈리아 속담

권력

한순간에 개발도상국들에서의 미국의 행동이 '거대한 후발주자들'에게는 거부의 대상이 되었다. 일부 거대 국가들은 낮은 임금, 많은 인구 수, 높은 기술력, 기술교육과 연구개발에 대한 대대적인 투자, 시장을 역동적으로 운영하는 탄력적인 정부들이라는 복합적인 요소들을 보유하고 있다. 가령, 중국과 인도는 낮은 임금과 세계적인 수준의 경영인과 기술자들을 결합했다. 이러한 거대 국가들은 거대 규모의 군사력과 내수 시장도 가지고 있다. 석유를 포함하여 이들의 전략적 이익을 방해하는 것은 대단한 장애를 만나게 될 것이다. 이들은 전세계를 움직이는 위대한 후발주자들이라고 할 수 있다. 그리고 이것은 미국에게 있어서는 절대 권력의 상실을 의미하기도 한다.

베트남 이후로 현대 역사상 두 번째로 다른 선진국이 아닌 또 다른 절대주의 후진국들로부터 절대주의에 대한 위협이 등장하고 있다. 따라서 세계는 진정한 변화를 겪은 셈이고 더욱 좋아진 것이다. 경제 성장이 없이는 더 이상 제국의 위대함은 존재할 수 없으며 이러한 위대성이 퇴색하게 될 경우 제국은 개발도상국들의 틈으로 흔적 없이 사라질 것이다.

두 번째 미 제국은 자국의 체면을 세우기 위해 일단 중국에 대해 평화적인 접근 방식을 취했다. 중국과 미국 당국은 각자의 몫에 관한 이견을 좁히기 위해 전략 회담을 극비리에 여러 차례 진행해 왔다. 평화의 시기에 가장 중요한 것은 시장에서의 주도권이다.

중국과 비교해서 미국은 경제 규모GNP, 국제적 수준의 기술금융, 혁신 시스템, 다국적 기업, 높은 교육 수준, 월스트리트를 중심으로 한 은행가, 헤지 펀드 매니저, 벤처 자본에 관해서는 경쟁력의 우위를 점하고 있다. 중국의 이점이라면 높은 성장률과 높은 인구 수라고 할 수 있다. 또한 중국은 높은 고용률과 점차 낮아지는 빈곤율을 내세울 수 있다. 중국의 유연성은 장차 거대 성장 국가가 되고자 하는 국가들에게는 존경의 대상이 되고 있다. 인도나 중국(또는 대만)은 자본의 유출입에 있어 자본 시장의 규제를 완화하지 않으면서도 채무 위기에 흔들리지 않았다. 수십억의 인구를 대상으로 모험을 하는 것은 너무나 위험한 일이기 때문이다.

정치적으로 거대 시장 국가와 제국은 권력의 구도에서는 서로 양극에 처한 이방인의 관계이다. 중국은 국내에서는 독재 권력을 행사하지만 해외에서는 상대적으로 평화적인 관계를 유지하고 있다.

중국이 티베트를 공격하긴 했지만 베트남 전쟁을 지원했으며 나중이 되어서야 침공했다. 그리고 홍콩과 대만에 대해서는 주권을 주장한다. 하지만 중국의 영토 확장 정책은 아시아 지역 이외에서는 거의 드러나지 않는다. 중국의 군사력은 인도와 마찬가지로 여전히 지역적인 편중을 보이지만 미국과 같은 제국은 전세계를 상대로 군사력을 행사하고 있다. 미국의 군사적 점령은 지구 반대쪽이나 달 탐사 등에서 나타나기도 한다. 전후 기간 동안 미국은 선진화된 기술력과 거대한 이주민 인구에 힘입어 절대 권력을 행사해 왔다. 또한 미국은 소프트파워를 보유하고 있다. 영어는 세계의 언어가 되었으며 모든 사람들이 미국의 패션을 따라하고 미국의 패스트푸드를 즐기며 미국식 건축을 본 따고 있다. 극히 일부의 개발도상국들만 점령했던 알렉산더 대왕의 제국과는 달리 미국은 간접적으로나마 전세계를 지배하고 있는 셈이다. 미국 국방부의 미군기지 건설 보고서에 따르면 2005년에 국방성은 130여 개국에 700개가 넘는 미군 기지를 운영하고 있었다. 또한 이라크에 14개의 장기적인 기지를 건설 중이며 군사교육과 훈련은 113개국에 제공했다. UN 회원국인 191개국이 실시하고 있는 미미한 비율과 비교한다면 이 수치는 엄청난 것이다.

그러나 과거의 권력은 스스로의 계략에 의해 완성되지 못했고 미군 기지들은 사막의 성처럼 사라져갔다.

중국은 미국이 절대로 따라가지 못할 중요한 이점을 가지고 있다. 중국은 미국의 주변과는 달리 급성장을 기록하고 있는 지역에 속해 있다. 유럽 통합에 있어 미국의 지원이 중요한 요소로 작용했지만, 미국이 아시아 지역의 통합을 지원하지는 않을 것이다. 말레이시아의 마하티르 무하마드Mahathir Muhamad 총리가 아시아 통화 협정을 제안했을 때 미국은 아시아만의 지역주의를 우려하여 이를 반대했다. 일본이 아시아 지역의 IMF를 제안했을 때에도 미국 정부는 아시아 지역이 독점적 성격을 갖게 될 것이라고 거부했다. 그럼에도 불구하고 미국의 지원이 없더라도 아시아 지역의 협력을 막지는 못했다. 무역과 투자 혜택을 무시하더라도 아시아 국가들은 서로에게 가치 있는 정보를 공유할 기회를 만들었다. 중국은 초창기 수준의 자동차 산업을 위하여 한국의 현대자동차 공장을 받아들였고 일본은 아시아 전체 지역에 대하여 24캐럿의 금궤를 수출했다.

아시아 국가들은 이미 19세기부터 국가 간의 교역 관계를 유지해 왔다. 그와는 반대로 중남미 국가들은 식민지 형태인 북과 남의 교역을 제외한 상호 무역이 거의 존재하지 않았다. 수출입, 항공노선, 금융이 마이애미를 통해서만 이루어졌을 뿐이다. 미국은 아시아 국가들과 힘을 겨루기 위해서 중남미와의 관계를 강화해야 한다. 그렇지 않을 경우 중국과 경쟁이 되지 못할 것이며 중남미는 계속 추락할 것이다. 중국에 대한 중남미 국가들의 천연자원 수출이 도움이 되고, 아르헨티나와 브라질의 교역이 증가하면 브라질이라는 거대 국가가 눈을 뜨게 되고 모든 일이 수월해질 것이다. 중남미를 부강하게 만들기 위해서는 기존과는 다른 마셜플랜이 필요하지만 미국의 정부 기관들은 기존과 다른 어떠한 정책도 받아들일 준비가 되어 있지 않다. 이것이 과거 미국의 대외 경제 정책과 비교하여 가장 큰 문제로 대두되고 있는 부분이다.

마지막 의문은 과연 두 번째 미 제국이 이전의 다른 제국주의적 기준에 비해 더욱 강경해진 원인이 무엇인가이다. 다시 말하자면,

왜 미국은 똑같은 규칙, 법령, 제도를 탈출구나 선택권이 전혀 없는 개발도상국들에게 똑같이 적용하는가이다. 이 의문은 GATT 체제하에서 전세계가 자유무역을 향해 표류하고 관세가 급격히 하락했을 때부터 대두되었다. 제3세계 국가들의 관세가 전혀 하락하지 않은 것도 아니고 낙후된 산업에서 새로운 산업으로 전환하지 못한 것도 아니다. 남반구가 아닌 북반구가 이 모든 사태를 엉망으로 만든 장본인일 것이다. 1990년대까지 대부분의 아프리카 국가들은 자신들의 면화, 옥수수, 설탕, 쌀을 일본과 미국, 그리고 유럽에 수출하기 위해 자유무역을 지지했지만 무역장벽으로 인해 이들의 지지는 그 어디에서도 성과를 거두지 못했다. 제3세계 국가들은 일상용품에 대한 시장 개방을 반대한 것이 아니라 기업 경영인, 은행, 해외 투자 제도, 편의점, 자영 기업, 수자원 체계, 통신 서비스, 공장 등이 시장 개방에 노출되는 것을 반대했다.

반제국주의는 여전히 거대 후발 국가들에게 의미가 있으며, 미국과 영국에서 훈련된 대부분의 현지 전문가들은 강경한 자유무역주의자들이다. 하지만 이들 역시 실망한 것은 사실이다. 속담에서 말하듯이 복수는 가장 잔인한 선택이다.

천국이 자유방임주의에 대해 배우다

첫 번째 미 제국이 자유방임주의를 '스스로의 방식대로 하라.'로 해석한 것에서 자유는 예외에 해당했다. 이것은 계몽주의 경제학자들이 말한 일반적인 의미에서의 "네 식대로 하라."와 유사했지만 19세기의 시각은 시장을 중시했기 때문에 다시 해석하면 시장이 알아서

하도록 정부는 개입하지 않는다가 정확한 의미일 것이다. 그 대신에 첫 번째 미 제국은 제도를 중시했다. 제도를 중시한 것은 시장보다는 더 많은 노동력을 통해 성장의 엔진을 돌리기 위해서 교조적 사고방식을 버려야 했기 때문인지 모른다. 대영제국은 자유방임주의를 '품위를 잃지 않는 수준에서 최소한으로 개입하라.'는 보다 정확한 개념으로 해석했으나 인도에서 보듯이 그 꿈은 붕괴되고 말았다. 두 번째 미 제국이 등장하면서 자유방임주의의 개념 자체가 '모든 것을 우리 식으로 한다.'와 같이 그 어느 때보다 강경해졌다. 성장은 더뎌지기 시작했고 미국의 권력은 쇠퇴했다.

독립의 시기 이후에 미국이 마주한 새로운 국가들이 갈피를 잡지 못하고 방황하던 상황이었으므로 첫 번째 미 제국이 부드러운 자세를 취했던 것은 납득이 가는 부분이다. 미국 정부는 한 가지 정책을 모든 국가들에게 적용하는 것보다 마셜플랜의 공적은 유럽으로 돌리고 제3세계 국가들에게는 공산주의를 멀리하는 대가로 공공 부문과 민간 부문을 자율적으로 운용하여 산업에 대한 규제를 스스로 정하며 자신들의 개발계획을 수립하고 실행할 수 있도록 지원했다. 미국이 긍정적인 효과를 지원한 것은 이것이 처음은 아니었다. 페리 제독이 1868년 일본을 개항시킨 이후로 미국은 일본 정부로 하여금 자신의 운명을 스스로 고민하도록 했었다.

1세기 후에야 자신들의 개발 계획을 실행한 국가들 역시 일본과 마찬가지로 스스로 자신의 길을 걸었다. 브라질, 칠레, 멕시코, 터키, 인도, 중국, 인도네시아, 한국, 말레이시아, 대만, 태국과 같이 전쟁 기간 이전에 충분한 제조업의 경험을 쌓은 국가들은 기술에 대한 자유로운 접근을 통해 놀라운 속도로 산업화에 박차를 가했다. 자국 내에서는 다국적 기업들이 기술력으로 경쟁할 수 있는 상황이 아니었다. 그 대신 기술의 미래가 어떤 방향으로 발달할지에 대한 비전을 자유로이 제시할 수 있는 자문위원, 은퇴자, 부품과 기계 제공업자 등 외부로부터 노하우를 얻을 수 있었다. 철강, 펄프와 종이, 직물, 자동차와 같은 산업의 자유로운 분위기로 인해 제3세계 국가들은 자신들의 국내 기업들을 설립했다. 특히 전후 시기에 독립을 쟁취한 국가들이 이와 같은 특혜를 얻었다. 독립의 과정에서 외국 정부와 외국 기업들은 철수했고, 자국의 기업들이 거대 규모의 경제에 생긴 빈자리를 메우며 경제 성장의 발판을 마련했다. 중국은 외국 기업들을 징발했고, 인도는 위협을 했으며 한국과 대만은 일본이 급하게 떠나면서 남긴 금융시스템과 같은 분야를 쉽게 차지했다. 이미 1세기 전에 독립을 얻고 유럽과 미국의 비효율적인 다국적 기업의 지사들이 2차 세계대전 이후에도 여전히 존재했던 중남미는 이런 행운을 얻지 못했다. 아시아의 국영 기업들은 차근차근히 성장을 거듭했고, 기계 공급 업체, 정부 보조금, 기업주의 결단 등에 의한 개발이 순조롭게 진행되었다. 최고 기업가를 필두로 한 전문 경영 체제의 가족 기업들이 등장했던 것이 현대적 경제 개발을 달성하는 데 가장 어려운 부분이었으며, 정부와 사업 분야의 협력으로 이루어졌다. 대외적인 해외 투자는 국영 기업들의 세계화를 통해서만 가능했다. 이런 과정을 통해서 다국적 기업계에 새로운 경쟁이 생겨난 것이다.

첫 번째 미 제국은 전세계에 긍정적인 영향을 미치며 황금의 시대를 풍미했다. 보호 장치가 없던 몇몇 지역들은 너무 지나친 영향을 받기도 했다. 그 외에 노하우를 이미 축적한 국가들만이 이러한 혜택을 누렸다.

일반적으로 스스로 정책을 결정할 자유가 많이 주어질수록 개발도상국의 성장은 더 빨리 진행된다. 개발도상국들은 높은 교육 수준과 제조업 분야의 경험을 많이 축적할수록 부정부패의 영향에서 벗어나 더 큰 경제적 성장을 이룩할 수 있다. 2차 세계대전 이전에 제조업의 경험을 축적했는지 여부가 운명을 갈라놓았다. 일본의 침략이 임박했다는 것을 예견한 유럽의 제국들은 전쟁과 관련된 산업을 포함하여 자신들의 식민지를 전쟁 준비에 동원했다. 일본의 식민지였던 한국의 사업가들은 일본이 만주를 공격했을 때 전쟁을 통한 이익을 챙길 수 있다는 사실에 기뻐했다. 중국과 인도는 19세기에 대규모 사업들을 발전시켰으며, 이러한 산업들은 대부분 외국의 기술 지원을 통한 현지 기업들에 의해 진행되었다. 아르헨티나, 브라질, 칠레, 멕시코 역시 해외로부터의 이주민들을 통해서 제조업 경험을 받아들였다. 빈곤 국가가 자유 시장 경제를 통해 부강한 국가가 되거나 하룻밤 사이에 민주국가로 변화된 증거는 없다. 경제 개발을 통해 소상공인이나 전문 경영자들과 같은 대규모의 중산층을 양산하면서 민주주의가 뿌리를 내릴 기회가 더욱 넓어진 것이다. 따라서 자유방임주의는 '스스로 모든 것을 결정할 수 있을 때' 가장 효과적이다.

거대한 중국과 더욱 방대한 아시아

유럽에서 보듯이 경제 성장이 다른 지역으로 확산되기 전에 한 지역 내에서 강화되는 측면을 감안한다면 역동적인 지역 블록을 위해 협력함으로써 제국은 더욱 거대하고 강력해진다. 유럽의 개발은 다른 국가들의 현대화를 위협하는 양상으로 진행되어 다른 지역에는 확산의 기회를 제공하지 않았다. 1830년대 초반 유럽 무역의 68%가 유럽 내에서 이루어졌으며, 1990년에는 80%로 증가했다.

중국이 자체로 거대하지만 급속하게 성장하는 아시아의 일부분이라는 면에서 보면 중국의 존재는 더욱 거대하다고 할 수 있다. 2005년에 중국이 수입한 물량의 50%는 아시아 지역에서 나온 것이며 불과 10%만이 미국산이었다. 중국은 아시아 지역에 수출하는 것보다 더 많은 물량을 수입해서 무역 적자를 기록했다. 그러나 중국의 대내 해외 투자는 홍콩이나 대만의 대부분을 차지하는 화교들이 중국에 대한 장기 투자의 절반 이상을 담당하면서 미국에게는 그다지 큰 이익을 주지 못했다.

아프리카와 같이 성장이 느린 지역에서 남아프리카와 남부 나이지리아가 성장이 빠른 지역에 위치했더라면 산업화에 있어 더욱 어려운 시기를 맞이했을 것이다. 인접해 있는 국가들은 뒤처지는 것을 우려하기 때문에 서로에게서 배우기 마련이다. 지역주의를 통해 국가들은 세계적인 불안정으로부터 보호를 받고, 지역의 생산물들의 브랜드와 품질이 알려지면서 기업들의 해외로의 진출이 쉬워진다. 공산주의가 붕괴하고 난 뒤에 동유럽의 구매자들은 한국의 자동차가 일본에 의해 제조된 것으로 여겼기 때문에 한국은 더 많은 차를 이 지역에 판매할 수 있었다. 아담 스미스가 격찬한 바와 같이 지역 통합은 전문화와 노동 분화를 가속화시킨다. 시간이 지나면서 운송 비용이 급격히 낮아졌지만 지역적 접근성은 여전히 시간과 운송비용을 절감시키는 장점이 있다. 기술적 문제가 발생했을 때 사후관리를 좀더 신속하고 효율적으로 제공할 수도 있다. 서로에게 익숙한 법적인 체계나 회계 체계를 함께 공유할 경우 잘못된 판단을 줄일 수 있기 때문에 재정 조달을 보다 원활히 처리할 수 있다. 아울러 다른 지역들과의 가격 경쟁이 생길 경우 가격을 높게 책정하는 위험성도 줄어들게 된다.

1976년 모택동이 사망하고 등소평鄧小平이 등장하면서 아시아 지역의 통합은 더욱 가속화되었다. 중국은 아시아의 다른 국가들에 비해 자국이 경제적으로 뒤처져 있다는 사실을 깨달았다. 등소평이 북경으로 향하는 기차를 탔을 때 중국계 미국 소녀가 디지털시계를 목에 걸고 통로를 지나가는 것을 보았다. 등소평과 수행원들은 그 시계를 보고서 자신들이 기술적으로 낙후되었다는 것을 실감했다. 중국인들은 오랜 기간 동안 다른 아시아 국가들로 이주해서 살아온 경험이 있으므로 자신들이 쉽게 소통할 수 있는 네트워크를 이미 형성했다는 점에서 기술에 대한 학습이 쉽게 이루어졌다. 2006년의 한 보고서에 의하면, 중국은 미국과 일본을 제외시킨 동남아 국가연합을 통해 아시아 국가들의 경제통합을 주도하게 되었다. 2010년까지 중국과 아시아의 무역은 미국과의 교역량을 훌쩍 뛰어 넘을 것으로 보인다.

미국은 본의 아니게 동아시아 지역의 개발을 장려했다. 미국 시장에 대한 의존도를 낮추고 워싱턴의 미국산 제품에 대한 수입 압력을 피하고 미국의 무역적자를 감소시키는 데 도움을 주고자 한국은 아시아에 대한 판매 전략을 추진했다. 한국의 전체 수출 물량 가운데 일본을 제외한 나머지 아시아 국가들에 대한 비율은 1970년에 7%에 머무르던 것이 2000년에는 35%로 급증했다. 한국 정부는 미국의 견제를 피하기 위해 기업들에게 정부 지원을 제공하여 미국 이외의 시장으로 수출을 다변화하도록 노력했다. 과거 일본의 정치인인 키

표 11.1

중국 수출 상대국

상대국	전체 비율
제조업 수출(1995)	
미국	1%
일본	2.5%
그 밖의 동아시아 국가	44.2%
제조업 수출(2000)	
미국	15.9%
일본	15.8%
그 밖의 동아시아 국가	24.9%
화학 수출(1995)	
미국	9.8%
일본	15%
그 밖의 동아시아 국가	27%
화학 수출(2000)	
미국	14.4%
일본	14.1%
그 밖의 동아시아 국가	21%

출처: UN 컴트레이드 데이터베이스

요시 코지마Kiyoshi Kojima 의원은 미국이 자신들에게만 유리하고 신속한 무역 자유화를 진행하도록 아시아 국가들에게 압력을 행사했다고 증언했다. 대부분의 아시아 국가들은 지역 통합이 주로 경제 개발을 장려하는 데 집중되어야 하며 무역자유화는 점진적으로 진행되어야 한다고 주장했다.

두 번째 미 제국은 아시아 국가들이 개별적으로 미국과 자유무역협정을 체결하기를 원했다. 1990년대 초반에 아시아에는 자유무역협정이 거의 존재하지 않았다. 그 후로 인도네시아, 말레이시아, 필리핀, 싱가포르, 태국이 1967년 가입하고, 브루나이가 1984년 가입했으며, 1995년에는 베트남, 1997년에는 미얀마와 라오스, 1999년 캄보디아가 가입한 동남아시아 국가연합ASEAN은 미국의 가입을 제한한 뒤에 유럽연합과 NAFTA의 경쟁을 경계하며 미국 정부와 개별적 혹은 집단적으로 협정에 서명하기 시작했다. 2006년 3월 인도의 만모한 싱Manmohan Singh 총리는 봄베이에서 열린 아시아 총회에서 다음과 같이 연설했다.

아시아 지역의 통합 과정이 본격적으로 시작되었다. 나는 아시아의 통합이 성공적으로 지속될 것으로 본다. 우리는 인도를 자유무역과 경제협력 협정을 통해 아시아 국가들과 동반자 관계를 연계하고 있다. 우리는 남아시아 지역 협력연합SAARC, 싱가포르, 태국, ASEAN과 자유무역 협정을 체결했다. 우리는 일본, 중국, 한국과도 유사한 협정을 체결하기 위해 노력 중이다. 이러한 연계망을 통해 아시아의 주도 국가들과 뉴질랜드, 호주를 아우르는 아시아 지역의 궁극적인 자유무역지대를 이끌어 나갈 수 있을 것으로 본다. 아시아 자유무역 협정이 바로 아시아의 미래가 될 것이다.

인도가 '아시아를 주목하는' 정책을 강화하면서 아시아의 결속은 강화되었다.

표 11.2 에서 1970~2000년의 아시아 무역 성장 추세를 확인할 수 있다. 대만에 대한 지역 내 수출은 1970년 20%에서 2000년 40%로 두 배 가량 증가했으며 말레이시아와 인도네시아에서는 50%의 증가세를 나타냈다. 2004년 중국에 대한 인도네시아의 수출은 전년

표 11.2
무역 상대국

나라	수출국		
아르헨티나	미국	유럽	지역
1970	10.3	55.5	21.1
1980	10.5	31.9	24.5
1995	10.8	22.5	47.2
2000	18.1	19.8	39.1
브라질	미국	유럽	지역
1970	26.2	43.5	11.7
1980	18.6	32.2	18.1
1995	11.8	27.9	23.3
2000	23.4	24.4	23.3
칠레	미국	유럽	지역
1970	14.4	30.9	11.5
1980	11.5	41.7	24.7
1995	13.2	27.0	10.9
2000	18.1	24.3	21.7
멕시코	미국	유럽	지역
1970	71.2	11.1	10.5
1980	66.0	16.2	6.9
1995	86.2	5.0	6.1
2000	86.7	4.2	3.8
인도	동유럽	유럽	지역
1970	20.4	20.1	10.0
1980	20.3	25.3	10.7
1995	0.5	21.1	20.9
2000	2.6	23.0	31.8
중국	일본	유럽	지역
1970	–	–	–
1980	22.3	8.6	36.5
1995	19.1	16.6	37.3
2000	16.7	20.9	31.1

인도네시아	일본	미국	지역
1970	33.3	14.1	21.4
1980	41.3	11.8	16.7
1995	27.1	14.7	33.5
2000	23.2	14.3	38.1
한국	일본	미국	지역
1970	27.7	41.4	7.0
1980	17.3	28.4	14.7
1995	13.7	21.5	34.3
2000	11.9	23.4	35.1
말레이시아	일본	미국	지역
1970	18.3	20.9	33.1
1980	22.8	18.0	33.3
1995	12.7	14.2	44.4
2000	13.0	21.4	44.1
대만	일본	미국	지역
1970	15.1	46.4	20.3
1980	11.0	36.6	17.7
1995	11.8	25.0	40.7
2000	11.2	23.5	38.7
태국	일본	미국	지역
1970	26.3	13.6	30.7
1980	15.3	13.2	26.9
1995	16.8	19.0	35.5
2000	14.7	17.2	35.8

＊UNCTAD의 구분에 따른 지역 개념은 다음 순서와 같다.
다른 아메리카 개발도상국 : 아르헨티나, 브라질, 칠레, 멕시코.
홍콩을 포함한 다른 동아시아 지역 : 중국, 인도네시아, 한국, 말레이시아, 대만, 태국.
다른 서아시아 동아시아 : 인도.
출처 : 2001년 UN 무역과 개발에 관한 회의

도에 비해 232%나 증가했다. 2000년경 인도네시아와 태국의 아시아 수출 비율은 35%가 넘었으며 말레이시아는 44%를 기록했다. 인도의 전체 수출 가운데 아시아에 대한 비율은 1970년 10%에서 1995년에는 21%, 2000년에는 30%를 넘을 정도였다. 그에 반해 중남미에서는 아르헨티나만이 1995년 47%로 다른 중남미 국가들에 대한 높은 수출 비율을 보였다. 1995년 브라질은 23%, 칠레는 11%, 멕시코는 6%를 차지할 뿐이었다.

아픈 과거를 뒤로 하고 중국은 새로운 협력 국가들을 갖게 되었다. 싱가포르의 일간지인 〈스트레이트 타임즈 Strait Times〉에 의하면 중국은 인도네시아에 대하여 활발한 경제 협력을 의심했던 관계로부터 발전하여 우호적인 태도를 취했다. 중국의 국영 에너지 기업들이 인도네시아의 자바와 파푸아에 있는 석유와 천연가스 발생지를 매입했으며 새로운 전력 공장의 매입을 위한 입찰에 추가적으로 참여할 것으로 예상된다. 아시아 국가들이 과거에 서로에 대해 가졌던 적대감은 아시아 블록이라는 새로운 개념에 밀려나고 있는 듯하다.

천국은 고집불통을 싫어한다

2차 세계대전 이전 고립주의 정책을 고수하던 미국은 제3세계에 대해 아무런 책임을 지지 않았다. 그러나 2차 세계대전이 지나자 제3세계에 대한 책임이 미국의 몫으로 등장했고 미국은 한 가지 방식을 선택해야 했다. 미국은 프랑스나 영국이 그러했듯이 경제적으로는 아무런 도움을 주지 않으면서 정치적으로 제3세계를 통제할 수 있었다. 그러한 방식을 위해서는 법과 질서 유지에 막대한 비용을 쏟아 부어야 했다. 식민의 역사를 보면 이런 방식이 얼마나 잔인한 것인가를 알 수 있으며, 현재는 더욱 심각한 상황을 낳고 있다. 무장 게릴라들로 가득하던 감옥에는 알콜중독자들이 자리를 채우고 있다. 또 다른 선택으로, 첫 번째 미 제국과 두 번째 미 제국이 노력했던 바와 같이 미국이 제3세계의 경제 발전에 대해 책임지는 것이다. 이 선택에는 부정부패가 만연하고 성장과 후퇴를 반복하는 빈곤하고 제도적으로 무능한 국가의 독재자들을 다루어야 하는 문제가 남는다. 하지만 부정부패와 성장 간에는 결코 단순하지 않은 복잡한 문제들이 연관되어 있다. 첫 번째 미 제국 시기에 고성장을 기록하던 한국과 대만의 경우나 두 번째 미 제국 시기에 이와 반대의 경우를 보인 아프리카와 중동에서 보듯이 대부분의 제3세계 국가들에서 나타난 부정부패는 극심한 상황이었다. 공산주의나 자본주의, 약탈이건 로비에 의한 것이건 간에 부정부패는 전세계적으로 어디에서나 존재하지만 그 파괴력의 수준은 각 나라의 제도적 틀에 따라 달라진다. 성장과 부정부패가 공존할 수도 있고 그렇지 않을 수도 있지만 성공적인 개발 정책들이 큰 역할을 했던 첫 번째 미 제국에서는 일반적으로 그 파괴력이 낮게 나타났다.

자신들의 삶의 질이 제3세계에 달려있는 미국은 제3세계 국가들에 대한 책임이 있다. 제국의 유일한 존재 근거는 자신들의 기지를 보호하는 것이기 때문에 국내의 강력한 이익집단들에게 순순히 굴복하면서 외부 세계에 대해서는 폭정을 휘둘렀다. 미국 정부에게 있어 사업가들은 가장 활발한 로비스트이자 가장 큰 수혜자였다. 빌 클린턴 행정부의 미국 무역대표부가 월스트리트의 아이콘인 모건 스탠리Morgan Stanley를 위한 정부 내의 권력 브로커였다는 것은 그다지 놀라운 일이 아니다. 1930년대 대공황을 이겨내고 전쟁 동원을 위해 정부의 규모가 확대된 반면, 미국의 사업은 1880년대부터 이미 거대해지기 시작했다. 1929년 주식 대폭락으로 인해 사업 부문이 비난을 받고 나서야 그 명성은 주춤하게 되었다.

대공황이 지나고 얼마 되지 않아 사업 부문은 다시 미국 정부의 지원을 원하기 시작했다. 미국이 냉전에서 우위를 점하기 위해 대외 원조에 역점을 두었지만 80%의 지원금은 미국 기업의 구매에 사용되었다. 이런 대외 원조는 공산주의의 위협을 받고 있던 한국과 대만과 같은 국가들의 군사적 방어에 대해서 관대했다. 중남미에 대한 어떠한 대외 원조도 모두 거부되었기 때문에 이들은 다국적 투자로부터 자본을 조달해야 했다. 전세계적으로 행해진 미국의 원조는 자국의 이익과 결부되어 있었다. 비록 미국이 빈곤 국가들에게 식량을 지원했지만 이러한 원조는 거대 규모의 미국 농업인들이 생산한 잉여농작물을 처리하기 위한 것이었을 뿐이었다. 미국은 독립을 장려했지만 미국 기업들이 영국과 프랑스가 독점적으로 운영하던 식민지에서 활동할 수 있는 길을 열어주었다. 미국이 유럽에게 마셜플랜을 제안한 것은 유럽의 식민지들이 재건하면서 미국의 이익을 창출할 것으로 믿었기 때문이다. 미국은 민주주의를 주장했지만 1954년에는 미국의 과일 생산업체인 유나이티드 푸르트 컴퍼니를 간접적으로 지원하기 위해 과테말라의 민주적 대통령을 전복시켰다. 비록 미국이 개발도상국들로 하여금 관세를 부과하는 것을 허용하기는 했지만 이러한 정책은 오히려 미국의 다국적 기업들이 산업에 투자하는 데 도움을 주었다.

첫 번째 미 제국은 항상 사업 부문에 굴복하긴 했지만 미국 사업 부문이 비교적 허약했기 때문에 본의 아니게 개발도상국들이 스스로 결정하고 행동하도록 허용할 수 있었다. 앞에서도 언급했지만, 루즈벨트는 사업 부문과 그 측근들을 '로열리스트(강경한 보수적 기업가)'라고 칭했으며 정부 경제 분야의 역할을 두고 이들과 대결했다. 뉴딜 정책과 2차 세계대전을 거치면서 계획의 중요성이 부각되고 노동조합이 합법화되었다. 아이젠하워가 1960년에 집무실을 떠날 때 그는 군사 산업에 대한 불만을 표시했다. 해외에서 제조업을 하던 미국의 다국적 기업들이 여전히 소규모였기 때문에 사업 부문과 정부 사이에 적절한 거리가 유지될 수 있었다. 미국의 다국적 기업들이 프랑스 산업을 독점하던 당시의 현실에 대해 저명한 프랑스 언론인이던 장 자크 세르반 슈리버Jean-Jacques Servan Schreiber가 1967년도에 불평을 토로했을 때에야 비로소 경종이 울리기 시작했다.

1930년대의 악몽에 대한 기억을 잊게 되면서 미국의 사업 부문은 더욱 강해졌다. 월스트리트의 금융가들은 1970년대 석유 폭등 기간에 전세계적인 호황을 누리면서 미국 정부에 대출을 제한하는 국내의 금융규제를 철폐하도록 요구했다. 1960년대 후반에는 다국적 기업들이 제3세계에 착륙하기 시작했다. 미국의 자동차와 전자 조립업체들이 비용절감을 원했을 때 이들은 미국 정부에 자신들의 공장이 위치한 국가들의 시장을 개방하여 해외의 다른 업체들로부터 부품을 수입할 수 있도록 요구했다. 정보혁명은 젊은 기업 혁신가들을 신적인 존재로 만들었으며 이들은 강력한 지적재산권법을 강화하도록 미국 정부에 요청했다. 학습과 훈련을 위한 관세 보호는 더 이상 의미가 없어졌다.

위대한 결말 : 탐정의 재등장

이 책의 서문 부분에 숨어 있던 탐정이 위대한 결말을 내리기 위해 천국과 지옥에서 다시 현실 속으로 등장했다. 이제 그는 두 개의 마법의 유리구슬을 바라보고 있다. 하나는 제국을 다른 하나는 거대 후발국가들을 각각 상징한다. 유리구슬들이 그림자를 드리우자 첫 번째 미 제국을 향한 빛을 발산한다. 미 제국은 제3세계의 정치에 대한 강압으로부터 가장 자유로운 자유방임주의의 개념에 이르기까지 정부 개입과 시장의 힘 사이를 민첩하게 움직이며 경제 발전이라는 전성기를 누렸다. 이러한 첫 번째 미 제국은 신중하지 못한 판단으로 베트남 전쟁에 개입하면서 막을 내렸지만 그 '위대성'에 찬사를 받으며 어려움 속에서도 힘차게 나아갔다.

이제 두 번째 미 제국이 나타난 유리구슬이 보인다. 그것은 여전히 우리의 현실 속에 존재하고 있다. 제3세계의 추락을 제외한 눈에 띄는 활동을 찾아볼 수 없다. 이는 모든 시장은 자유롭고 모든 국가가 개방해야 한다는 '모든 것을 우리 방식으로 해결'하려는 미 제국의 대외 경제 정책의 핵심을 보여준다. 그 핵심의 주위에는 사업부문의 로비스트들과 이를 지도하는 미국 정부의 내부인사들이 어슬렁거리고 있다. 기업의 소유권이 어디에 있는지는 중요하지 않으며 노동자를 언제든지 고용하고 해고할 수 있으며, 지식은 자유로운 것이라는 믿음에 근거하여 시장을 개방하는 제도들이 존재한다.

그리고 멀지 않은 곳에 뜨겁게 역동하고 있는 거대 후발국가들이 또 다른 유리구슬에 나타난다. 이들의 정책은 지속적인 논의의 중심을 구축하고 있다. 거대한 후발국가들은 수질을 검사하고 다양한 시장에서 가치 있는 모든 지식을 수집하는 실험을 진행하고 있다. 그들의 중심에는 다른 어떤 국가들보다 성공적으로 산업화하는 데 사용했던 실험의 결과들이 존재한다. 이들은 제조업의 경험, 높은 교육 수준, 사업 부문과 정부가 협력하여 새로운 필요성이 등장하고 외부의 충격이 발생할 때마다 신속하게 변화할 수 있는 정책들을 받아들인다. 그 중에서도 가장 우수한 거대 후발국가들은 새로운 제도적 틀을 통해 마련된 성취 기준의 원칙에 따라 선택된 기업들에게 지원과 장려를 아끼지 않는다. 세계은행, IMF, WTO가 정해 놓은 자유방임이 한계를 지니고 있기 때문에 시장은 항상 존재하고 더욱 자유롭게 성장한다. 그러나 자유화가 반드시 강한 확신 속에서 진행된 것은 아니다. 문제는 노동과 소득의 분배였으며 거대한 후발국가가 성공할 수 있는지 여부는 고도로 숙련된 경영자와 기술자들을 위해서 얼마나 많은 일자리와 기회를 창출할 수 있느냐에 달렸다. 현대 역사상 처음으로 거대 후발국가들이 이렇듯 화려한 과정을 밟고 있다.

  거의 만기에 이른 두 번째 미 제국은 자신의 비밀스러운 기술력과 독점적 브랜드를 이미 모두 활용한 상황에서 효율성에 근거하여 전 세계를 상대로 경쟁을 치르고 있다. 효율성은 자유시장 경제의 핵심이다. 그러나 높은 실업률, 소득 불균형을 경험하고 있는 후발주자들은 새로운 기술력을 빨리 학습할 수 있는 능력을 필요로 한다. 계산기, 컴퓨터, 핸드폰처럼 이미 엄청난 물량이 판매된 제품의 판매 수익성이 하락하고 나면 얼마나 많은 단위의 제품을 생산할 수 있느냐에 따라 뒤늦게 진입하는 자들의 생존 여부가 결정될 것이다. 따라서 거대 후발국가는 자신의 생존과 직결된 물량을 확보하기 위해서 프로젝트를 실행할 능력을 길러야 한다. 대단위 생산 규모와 수많은 숙련공들에 따라 비용을 절감할 수 있는 자동차나 철강과 같은 중간단계의 기술 산업에 대해서는 선진국들과의 경쟁이 더욱 치열하다. 이러한 산업은 산업 사회의 골격을 이룬다. 사업 부문과 정부는 서로 협력하여 덤핑에 대응해야 한다. 그리고 브랜드의 지명도가 높아지고 기술 이전이 완료될 때까지 두 주체의 협력은 계속 유지되어야 한다. 효율성은 여전히 현실 속에서 가장 큰 의미를 지닌다. 시장에서의 독점적 권리를 얻기 위해 큰 도약을 하려면 반드시 필요한 덕목이다.

경제적 발전에는 두 가지 접근 방식이 존재한다. 부유한 나라나 빈곤한 나라에게 모두 적용될 수 있는 첫 번째 방식은 효율성을 극대화하기 위해 자유시장 경제를 장려하는 것이다. 효율성이 클수록 경제는 크게 발전한다. 또 다른 하나는 개발 기술 능력을 학습하고 시장을 포함한 제도를 정비하는 것이다. 제도가 제대로 작동할수록 개발은 빠르게 진행하는 것이다. 수세기 동안 광산업이나 모조인형 제조업에 머물게 했던 비교우위의 정체 상황을 타파하고 개발도상국들이 자신들의 모델을 스스로 찾도록 선택권을 줘야 한다.

이러한 논쟁이 올바르고, 거대 후발국가들이 지구 곳곳에서 등장한다면 세계는 또 다시 개발 모델을 향해 달려갈 것이다. 이는 알제리, 이집트, 남아프리카, 페루와 같이 전후 제조업의 경험을 획득한 국가들에게 생활수준을 높일 수 있는 기회를 제공할 것이다.

미국의 관료들과 팔로 알토의 사업가들은 중국이나 다른 거대 후발국가들처럼 발전에 속도를 내고 싶어 한다. 앞서간 자들을 따라잡으려면 낡은 짐을 가볍게 비우고 더 빨리 속력을 내야 한다. 미국은 자신의 대외 경제 정책을 바꾸고 두 번째 미 제국을 넘어서 모두가 성공할 수 있는 방법을 찾아야 한다. 지구온난화와 같이 이제는 모든 것이 전세계적인 문제가 되고 있으며, 그 해결책을 찾기 위해서는 책임감을 가지고 협력하고 권력을 분산해야 한다.

참고문헌

Acheson, D. (1969). *Present at the Creation : My Years in the State Department.* New York : Norton.

Adelman, C. (2005). "A High Quality of Mercy." *New York Times*, January 4.

Agosin, M. R., and D. Tussie (1993). *Trade and Growth : New Dilemmas in Trade Policy.* London : St. Martin's Press.

Amsden, A. H. (1989). *Asia's Next Giant : South Korea and Late Industrialization.* New York : Oxford University Press.

Amsden, A. H. (2001). *The Rise of "the Rest" : Challenges to the West from Late Industrializing Economics.* New York : Oxford University Press.

Amsden, A. H., and W. -w. Chu (2003). *Beyond Late Development : Taiwan's Upgrading Policies.* Cambridge : MIT Press.

Amsden, A. H., and L. Kim (1985). "A Comparative Analysis of Local and Transnational Corporations in the Korean Automobile Industry." In D. -K. Kim and L. Kim, eds., *Management behind Industrialization : Readings in Korean Businss.* Seoul : Korea University Press, 579~596.

Amsden, A. H., and K. Suzumura (2001). "An Interview with Miyohei Sinohara : Nonconformism in Japanese Economic Thought." *Journal of the Japanese and International Economies* 15.

Anderson, R. S., E. Levy, et al. (1991). *Rice Science and Development Politics.* Oxford : Clarendon Press.

Baldwin, D. A. (1966). *Economic Development and America Foreign Policy, 1943~1962.* Chicago : University of Chicago Press.

Banco Nacional de Desenvolvimento Econômico e Social (1992). *BNDES, 40 Years : An Agent of Change.* Rio de Janeiro : BNDES.

Banerjee, D. (1999). *Colonialism in Action.* Hyderabad : Orient Longman.

Bassett, T. J. (2001). *The Peasant Cotton Revolution in West Aprica : Côte d'Ivoire, 1880~1995*. Cambridge : Cambridge University Press.

Baysan, T., and C. Blitzer (1990). "Turkey's Trade Liberalization in the 1980s and Prospects for Its Sustainability." In T. Aricanli and D. Rodrik, eds., *The Political Economy of Turkey : Debt, Adjustment and Sustainability*. Basingstoke, U.K. : Macmillan, 9~36.

Becker, E. (2004). "October Trade Gap a Record : Up 9 percent in Month." *New York Times*, December 14, C4.

Blair, C. P. (1964). "Nacional Financiera : Entrepreneurship in a Mixed Economy." In R. Vernon, ed., *public Policy and Private Enterprise in Mexico*. Cambridge : Harvard University Press, 191~240.

Blustein, P. (2005). "World Bank Chief to Leave Position Later This Year." *Asian Wall Street Journal*, January 4, A8.

Bulmer-Thomas, V. (1994). *The Economic History of Latin America since Independence*. Cambridge : Cambridge University Press.

Cairncross, A. K. (1962). *Factors in Economic Development*. New York : Praeger.

Chandler, A. D., Jr. (1977). *The Visible Hand : The Managerial Revolution in American Business*. Cambridge : Harvard University Press.

Chao, K. (1975). "The Growth of a Modern Textile Industry and the Competition with Handicrafts." In D. H. Perkins, ed., *China's Modern Economy in Historical Perspective*. Stanford : Stanford University Press, 167~202.

Chokki, T. (1979). "Labor Management in the Cotton Spinning Industry." In N. Keiichiro, ed., *Labor and Management : Proceedings of the Fourth Fuji Conference*. Tokyo : University of Tokyo Press.

Chu, W.-w. (1998). "The Effect of Globalization and Democratization on Taiwan's Industrial Policy." Academia Sinica, Institute for Social Science Policy, Taipei.

Clark, E. C. (1969) . "The Emergence of Textile Manufacturing Entrepreneurs in Turkey, 1804~1968." Ph.D. diss., Princeton University.

Coatsworth, J. H. (1981). *Growth against Development : The Economic Impact of Railroads in Porfirian Mexico*. DeKalb, Ill. : Northern Illinois University Press.

Cochran, S. (1980). *Big Business in China : Sino-Foreign Rivalry in the Cigarette Industry, 1890~1930.* Cambridge : Harvard University Press.

Crossley, J. C., and R. Greenhill (1977). "The River Plate Beef Trade." In D. C. M. Platt, ed., *Business Imperialism, 1840~1930.* Oxford : Clarendon Press, 284~334.

Diamond, J. (1997). *Guns, Germs, and Steel : The Fates of Human Societies.* New York : Norton.

Dobson, J. M. (1976). *Two Centuries of Tariffs : The Background and Emergence of the U.S. International Trade Commission.* Washington, D.C. : United States International Trade Commission, U.S. Government Printing Office.

Dower, J. W. (1999). *Embracing Defeat : Japan in the Wake of World War II.* New York : Norton.

Eckes, A. E. J. (1995). *Opening America's Market : U.S. Foreign Trade Polity since 1776.* Chapel Hill : University of North Carolina Press.

Eichengreen, B. (1996). *Globalizing Capital.* Princeton : Princeton University Press.

Eisenhower, D. D. (1963). *Mandate for Change, 1953~1956 : The White House Years.* Garden City, N.Y. : Doubleday.

Farmer, B. H., ed. (1977). *Green Revolution? Technology and Change in Rice-Growing Areas of Tamil Nadu and Sri Lanka.* Boulder, Colo. : Westview Press.

Ferguson, N. (2003). *Empire : The Rise and Demise of the British World Order and the Lessons for Global Power.* New York : Basic Books.

Ferguson, N. (2004). *Colossus : The Rise and Fall of the American Empire.* New York : Penguin.

Ffrench-Davis, R., P. Leiva, et al. (1992). *Trade Liberalization in Chile : Experiences and Propects.* Geneva : United Nations Conference on Trade and Development.

Fitzgerald, F. (1974). "Giving the Shah Everything He Wants." *Harper's*, November.

Forero, J. (2004). "Trade Proposal Splits Bolivian City." *New York Times*, March 9, C1.

Gallagher, J., and R. Robinson (1953). "The Imperialism of Free Trade." *Economic History Review* 6, no. 1, 1~15.

Geertz, C. (1963). *Peddlers and Princes : Social Development and Economic Change in Two Indonesian Towns.* Chirago : University of Chicago Press.

Gettleman, M. E., J. Franklin, et al., eds. (1995). *Vietnam and America : A Documented History*, rev ed. New York : Grove Press.

Gibbon, E. (1952). *The Portable Gibbon : The Decline and Fall of the Roman Empire.* New York : Viking.

Goldstein, J., and R. O. Keohane, eds. (1993). *Ideas and Foreign Policy : Beliefs, Institutions, and Political Change.* Ithaca : Cornell University Press.

Goodwin, D. K. (1994). *No Ordinary Time : Franklin and Eleanor Roosevelt : The Home Front in World War II.* New York : Tourhstone.

Graham, R. (1968). *Britain and the Onset of Modernization in Brazil 1850 ~1914.* London : Cambridge University Press.

Haber, S. H. (1989). *Industry and Underdevelopment : The Industrialization of Mexico, 1890~1940.* Stanford : Stanford University Press.

Hao, Y.-P. (1970). *The Comprador in Nineteenth Century China : Bridge between East and West.* Cambridge : Harvard University Press.

Harley, C. K. (1992). "International Competitiveness of the Antebellum American Cotton Textile Industry." *Jounral of Economic History* 52, no. 3, 559~584.

Headrick, D. R. (1988). *The Tentacles of Progress : Technology Transfer in the Age of Imperialism, 1850~1940.* New York : Oxford University Press.

Hikino, T. (2004). "Economic Theories and Japanese Economic Development after World War II." *Kyoto Economic Joural* (Winter).

Hirst, D. (1966). *Oil and Public Opinion in the Middle East.* New York : Praeger.

Hochschield, A. (2005). "In the Heart of Darkness." *New York Review of Books*, October 6, 39~41.

Hourani, A. (1991). *A History of the Arab Peoples.* Cambridge : Belknap Press of Havard University Press.

Huntington, S. P. (1968). *Political Order in Changing Societies.* New Haven : Yale University Press.

Issawi, C. (1988). *The Fertile Crescent 1800~1914*. New York : Oxford University Press.

Jawara, F., and A. Kwa (2003). *Behind the Scenes at the WTO : The Real World of International Trade Negotiations*. London : Zed.

Kahin, G. M. (1987). *Intervention : How America Became Involved in Vietnam*. New York : Doubleday, Anchor.

Kapur, D., J. p. Lewis, et al., eds. (1997). *The World Bank : Its First Half Century*. Washington, D.C. : Brookings.

Keremitsis, D. (1987). *The Cotton Textile Industry in Porfiriato Mexico, 1870~1910*. New York : Garland Publishing.

Keyder, C. (1994). "Manufacturing in the Ottoman Empire and in Republican Turkey, ca. 1900~1950." In D. Quataert, ed., *Ottoman Industry in the Eighteenth Centry : General Framework, Characteristics, and Main Trends*. Albany : State University of New York Press, 123~164.

Khalaf, R. (2003). "Zoellick Criticism Sets Back Egypt Hopes on Free Trade Deal." *Wall Street Journal*, June 24.

Kim, L. (1997). *Imitation to Innovatiun : The Dynamics of korea's Technological Learning*. Boston : Harvard Business School Press.

Kiray, E. (1990). "Turkish Debt and Conditionality in Historical Perspective : A Comparison of the 1980s with the 1860s." In T. Aricanli and D. Rodrik, eds., *The Political Economy of turkey : Debt, Adjustment and Sustainability*. Basingstoke, U.K. : Macmillan, 254~268.

Klare, M. T., and C. Arnson (1979). "Exporting Recession." In R. Fagen, ed., *Capitalism and the State in US-Latin American Relations*. Stanford : Stanford University Press.

Knowles, L. C. A. (1928). *The Economic Development of the British Overseas Empire*. London : George Routledge.

Koh, S. J. (1966). *Stages of Industrial Development in Asia : A Comparative History of the Cotton Industry in Japan, India, China, and Korea*. Philadelphia : University of Pennsylvania Press.

Kojima, K. (2002). "Asian Economic Integration for the 21st Century." *East Asian Economic Perspectives* 13 (March), 1~38.

Korea Development Bank (various years). *Annual Report*. Seoul : Korea

Development Bank.

Kosacoff, B. (2000). *Corporate Strategies under Structural Adjustment in Argentina.* Basingstoke, U.K. : Macmillan.

Krugman, P. (1984). "Import Protection as Export Promotion : International Competition in the Presence of Oligopoly and Economics of Scale." In H. Kierzkowski, ed., *Monopolistic Competition and International Trade.* New York : Oxford University Press.

Krugman, P. (2006). "Graduates versus Oligarchs." *New York Times,* February 27.

Lall, S. (1987). *Learning to Industrialize : The Acquisition of Technological Capability by India. Basingstoke,* U.K. : Macmillan

Levy, F. (1998). *New Dollars and Dreams.* New York : Russell Sage Foundation.

Lewis, P. H. (1990). *The Crisis of Argentine Capitalism.* Chapel Hill : University of North Carolina Press.

Lewis, W. A. (1970). *Tropical Development, 1880~1913.* Evanston, Ill. : Northwestern University Press.

Lieu, D. K. (1936). *The Growth and Industrialization of Shanghai.* Shanghai : China Institute of Pacific Relations.

Lim, Y. (1999). *Public Policy for Upgrading Industrial Technologe in Korea.* Massachusetts Institute of Technology.

Low, P. (1993). *Trading Free : The GATT and U.S. Trade Polity.* New York : Twentieth Century Fund Press.

MacMullen, R. (1988). *Corruption and the Decline of Rome.* New Haven : Yale University Press .

Maizels, A. (2003). "Economic Dependence on Commodities." In J. Toye, ed., *Trade and Development : Directions for the 21st Century.* Cheltenham, U.K. : Edward Elgar.

Máttar, J. M. (1994). "La competitividad de la industria química." In F. Clavijo and J. I. Casar, eds., *La industria mexicana en el mercado mundial : Elementos Para una política industrial.* Mexico, D.F. : Fondo de Cultura Económica, 159~312.

McCann, F. K., Jr. (1973). *The Brazilian-American Alliance, 1937~1945.*

Princeton : Princeton University Press.

McCullough, D. (1992). *Truman*. New York : Touchstone.

McGregor, R. (2001). "The World Begins at Home for TCL." *Financial Times*, November 6, 23.

McKinnon, R. I. (2005). "Currency Wars." *Wall Street Journal*, July 29.

Mehta, U. S. (1999). *Liberalism and Empire : A Study in Nineteenth-Century British Liberal Thought*. Chicago : University of Chicago Press.

Moreira, M. M. (1999). *Estrangeiros em uma economia aberta : Impactos recentes sobre productiveidade, concentração e comércio exterior*. Rio de Janeiro : Banco Nacional de Desenvolvimento Econômico e Social.

Moser, C. K. (1930). *The Cotton Textile Industry of Far Eastern Countries*. Boston : Pepperell Manufacturing Co.

Mosley, p., J. Harrigan, et al. (1991). *Aid and Power : The World Bank and Policy-Based Lending in the 1980s*. London : Routledge.

Myers, R. H., and Y. Saburo (1984). "Agricultural Development in the Empire." In R. H. Myers and M. R. Peattie, eds., *The Japanese Colonial Empire, 1895~1945*. Princeton : Prinreton University Press, 420~452.

Myint, H. (1995). *The Economics of the Developing Countries*. New York : Praeger.

Nacional financiera, S.A. (various years). *Informe annual*. Mexiro, D.F. : Nacional Financiera, S.A.

Nayyar, D. (1973). "An Analysis of the Stagnation in India's Cotton Textile Exports during the 1960s." *Oxford Bulletin of Economics and Statistics 35*, no. 1, 1~19.

Neikirk, W. R. (1987). *Volcker: Portrait of the Money Man*. New York : Congdon & Weed.

Norman, E. H. (1940). *Japan's Emergence as a Modern State*. New York : Institute of Pacific Relations.

O'Brien, P. K. (1991). *Power with Profit : The State and the Economy, 1688~1815*. London : University of London.

O'Brien, P. K. (1997). "Intercontinental Trade and the Development of the Third World since the Industrial Revolution." *Jounal of World History 8*, no. 1, 75~133.

Oreffice, P. F., and G. R. Baker (1970). "The Development of a Joint Petrochemical Venture in Chile–The Petrodow Project." In N. Beredjick, ed., *Problems and Prospects of the Chemical Industries in the Less Developed Countries : Case Histories*. New York : American Chemical Society, 122~129.

Organization for Economic Co-operation and Development (1994). *The New World Trading System : Readings*. OECD Documents. Paris : OECD.

Padin, J. A. (2003). "Puerto Rico in the Post War : Liberalized Development Banking and the Fall of the 'Fifth Tiger.'" *World Development* 31, no.2, 281~301.

Park, S.-W. (1999). *Colonial Industrialization and Labor in Korea : The Onoda Cement Factory*. Cambridge : Harvard University Press.

Patcharee, T. (1985). "Patterns of Industrial Policymaking in Thailand : Japanese Multinationals and Domestic Actors in the Automobile and Electrical Appliances Industries." Ph.D. diss., University of Wisconsin.

Pearse, A. S. (1929). *The Cotton Industry of Japan and China*. Manchester, U.K. : International Federation of Cotton and Allied Textile Industries.

Pearson, L. B. (1969). *Partners in Development*. New York : Praeger.

Perlez, J. (2006). "China's Role Emerges as Major Issue for Southeast Asia." *New York Times*, March 14, A3.

Phelps, D. M. (1936). *Migration of Industry to South America*. New York : McGrawHill.

Poot, H., A. Kuyvenhoven, et al. (1990). *Industrialisation and Trade in Indonesia*. Yogyakarta : Cadjah Mada University Press.

Puryear, J. V. (1935). *International Economics and Diplomacy in the Near East*. Stanford : Stanford University Press.

Quataert, D. (1992). *Manufacturing and Technologe Transfer in the Ottoman Empire, 1800~1914*. Istanbul and Strasbourg : Isis Press.

Raffer, K., and H. W. Singer (1996). *The Foreign Aid Business : Economic Assistance and Development Co-operation*. Cheltenham, U.K. : Edward Elgar.

Rapley, J. (1993). *Ivoirien Capitalism : African Entrepreneurs in Côte d'-Ivoire*. Boulder, Colo. : Lynne Rienner.

Reubens, E. P. (1955). "Foreign Capital and Domestic Development in Japan." In S. Kuznets, W. E. Moore, and J. J. Spengler, eds., *Economic Growth : Brazil, India, Japan*. Durham : Duke University Press, 179~228.

Rhee, Y. (2004). "East Asian Monetary Integration : Destined to Fail?" *Social Science Japan Journal* 7, no. 1, 83~102.

Robb, P. (1988). "Bihar, the Colonial State and Agricultural Development in India, 1880~1920. "*Indian Economic and Social History Review* 25, no.2.

Rudner, M. (1994). *Malaysian Development : A Retrospective*. Ottawa : Carleton University Press.

Rutnagur, S. M. (1927). *Bombay Industries : The Cotton Mills*. Bombay : Indian Textile Journal.

Salleh, I. M., and S. D. Meyananthan (1997). "Malaysia : Growth, Equity, and Structural Transformation." In D. M. Leipziger, ed., *Lessons from East Asia*. Ann Arbor : University of Michigan Press, 279~343.

Sampson, A. (1975). *The seven Sisters : The Great Oil Companies and the World They Made*. London : Nodder and Stoughton.

San, G. (1995). "An Overview of Policy Priorities for Industrial Development in Taiwan." *Jounal of industry studies* 2, no. 1,27.

Sato, Y. (1997). "Diverging Development Paths of the Electronics Industry in Korea and Taiwan." *Developing Economies* 35, no.4, 401~421.

Sen, A. (2000). *Development as Freedom*. New York : Anchor.

Senses, F. (1990). "An Assessment of the Pattern of Turkish Manufactured Export Growth in the 1980s and Its Prospects." In T. Aricanli and D. Rodrik, eds., *The Political Economy of Turkey : Debt, Adjustment and Sustainability*. Basingstoke, U.K. : Macmillan, 60~77.

Shapiro, H. (1994). *Engines of Growrh : The State and Transnational Auto Companies in Brazil*. Cambridge : Cambridge University Press.

Sheehan, N. (1988). *A Bright Shining Lie : John Paul Vann and America in Vietnam*. New York : Random House.

Shepherd, F. (1989). "Transnational Corporations and the Denationalisation of the Latin American Cigarette Industry." In A. Teichova, M. Levy-Leboyer, and H. Nuss-baum, eds., *Historical Studies in International*

Corporate Business. Cambridge : Cambridge University Press, 201~228.

Shinohara, M. (1982). *Industrial Growth, Trade, and Dynamic Patterns in the Japanese Economy*. Tokyo : University of Tokyo Press.

Silberner, E. (1972). *The Problem of War in Nineteenth Century Economic Thought*. Princeton : Princeton University Press.

Skidelsky, R. (2000). *John Maynard Keynes : Fighting for Freedom, 1937~1946*. New York : Penguin.

Solimano, A., ed. (2006). *Vanishing Growth in Latin America*. Northampton, Mass. : Edward Elgar.

Sridharan, E. (1996). *The Political Economy of Industrial Promotion : Indian, Brazilian, and Korean Electronics in Comparative Perspertive, 1969~5994*. Westport, Conn. : Praeser.

Thorne, C. (1985). *The Issue of War : States, Societies, and the Far Eastern Conflict of 1941~1945*. New York : Oxford University Press.

Tignor, R. L. (1998). *Capitalism and Nationalism at the End of Empire : State and Business in Decolonizing Egypt, Nigeria, and Kenya, 1945~1963*. Princeton : Princeton University Press.

Tortella, G., ed. (1990). *Education and Economic Development since the Indusrial Revolution*. Valencia : Generalitat Valenciana.

Toynbee, A. J. (1934~1961). *A Study of History*. 12 vols. London : Oxford University Press.

Tripathi, D., and M. Mehta (1990). *Business Houses in Western India : A Study of Entrepreneurial Responses, 1850~1956*. Columbia, Mo. : South Asia Publications.

Türkiye Is Bankasi A.S. (1967). *Development Plan of Turkey, Second Five-year* (1968~1972). Ankara : Economic Research Department, Türkiye Is Bankasi A.S.

United Nations (2002). *Human Development Report 2002*. New York : Oxford University Press.

United Nations (various years). *World Investment Report*. Geneva : United Nations.

United Nations Conference on Trade and Development (various years). *Handbook of International Trade and Development Statistics*.

Geneva : United Nations Conference on Trade and Development.

United States Trade Representative (1998). *Trade Police Agenda and... Annual Report.* Washington, D.C. : Office of the United States Trade Representative.

Wade, R. (1990). *Governing the Market : Economic Theoty and the Role of the Government in East Asian industrialization.* Princeton : Princeton University Press.

Wilkins, M. (1974). *The Maturing of Multinational Enterprise : American Business Abroad from 1914 to 1970.* Cambridge : Harvard University Press.

Willis, E. J. (1990). *The Politicized Bureaucracy : Regimes, Presidents and Economic Police in Brazil.* Boston : Boston College.

World Bank (various years). *World Development Report*, Development Indicators. Washington, D.C. : World Bank.

World Bank (1980, 1994). *World Tables.* Washington, D.C. : World Bank.

World Bank (1990). *World Development Report, Poverty.* Washington, D.C. : World Bank.

World Bank (1993). *The East Asian Miracle : Economic Growth and Public Policy.* New York : Oxford University Press.

Wurfel, D. (1988). *Filipino Politics : Development and Decay.* Ithaca : Cornell University Press.

Yonekura, S. (1994). *The Japanese Iron and Steel Industry, 1850~1990.* New York : St. Martin's.

Zaidi, S. A. (1999). *Issues in Pakistan's Economy.* Oxford : Oxford University Press.

찾아보기

1인당 국민소득 34
1인당 생산 평균 증가율 18
1인당 소득 18, 42, 124
2차 세계대전 9, 31, 109, 123, 128
BAT 51, 53
BNDES 131~132, 139~141, 148
CNOOC 206
GATT 77~78, 80, 219
GDP 202
GE 209
GM 207
IBM 71, 206, 211
IMF 19, 22, 29, 63, 67~68, 70, 166, 170, 172~173, 179, 184, 218, 234
NAFINSA 147~148
NAFTA 184, 194, 226
OECD 160, 184
OPEC 150, 159, 162~165, 171, 191
RCA 125, 127, 175
TCL 137
UN 자금 85
UN 특별 자금 85
USX 175
WTO 77~78, 80, 170, 184, 190, 234

ㄱ

가말 압델 나세르 113
가즈 데 프랑스 206
가즈프롬 206
간디 20, 111, 210
감시 시스템 138, 146
개발은행 131, 134, 139, 146
개발주의 117
걸프 165
게툴리오 바르가스 131
경제 성장률 16
계몽주의 199, 219
고무 산업 45
고임금 경제 49
고전경제학자 24, 38, 188
골드스타인 65
공산주의 74, 81, 85, 106, 119, 220, 223, 230~231
공산주의 게릴라 운동 94
관세장벽 64, 69, 72, 78
구 보엔 지압 154
구조조정 융자 185~186
국가의 소득 19
국경없는 의사회 188
국무성 28, 94, 122, 184~185, 209
국민총생산 22

국제주의자 112
군나르 뮈르달 119
군사 원조 99, 103~106
굿윈 12
그레이엄 50
그레이엄 그린 156
글로벌리즘 79
금융 서비스 28, 54
급진주의 43

ㄴ

나세르 162~163, 193
냉전주의자 62
네루 20
넬슨 만델라 111
노 딘 디엠 156, 158, 161
녹색혁명 12, 59, 85, 94~98, 107
농업 47
뉴딜 정책 12, 63, 231
닉슨 10, 63, 75

ㄷ

다국적 기업 15, 51~53, 70, 110, 123, 178, 183, 185, 190, 199, 207~208, 211, 216, 221, 231~232
다임러 벤츠 205
다자간 무역 시스템 76
대외 원조 16, 70
대우자동차 207
데이비드 벤 구리온 113
도시바 125
독립 전쟁 41
드골 153

디엔 비엔 푸 전투 154
딘 러스크 94
딘 애치슨 69

ㄹ

라마 4세 111
랜스데일 158
러드너 45
러시아 혁명 109
런던 열대위생학회 49
레오폴드 셍고르 112
레이거노믹스 20
레이건 10, 184
레자 팔라비 113
렉스포드 터그웰 63
로데시아 항쟁 41
로버트 맥나마라 91, 104
로페즈 포르티요 173
록펠러 센터 205
록펠러 재단 94~97
루이 몽바통 153
루이스 188
루즈벨트 10, 32, 63, 65, 68, 91, 106, 150, 153, 159, 231
리그웨이 155
리오 제분 공장 55
리오 협약 99
리카도 14, 114, 116, 184
리콴유 111

ㅁ

마르크스 184, 187
마셜플랜 33, 85, 93, 107, 159, 218, 220,

찾아보기 249

231
마쓰시타 125
마우마우 반란 41
마이어스 57
마크 트웨인 109
마하티르 모하메드 111
마하티르 무하마드 218
마할라 노비스 188
막사이사이 111, 158
막스 베버 203
만모한 싱 226
맬서스 184, 188
먼로독트린 32, 198, 213
모건 스탠리 230
모랄레스 23
모빌 160, 165
모사데 15, 113, 161~162
모토로라 125
무아마르 카다피 165
무역 정책 73
무역장벽 219
무함메드 알리 47
문맹률 42
미구엘 알레만 118
미텔 철강 206
민족주의 53, 59, 117, 132, 158, 161, 206
민족주의자 110, 150
민주주의 15, 35~36, 42, 48, 65, 192, 202, 231
밀턴 63

ㅂ

바네르지 45
바버 코너블 185

바셋 47~48
박정희 71, 100, 111, 114, 117, 142
반공산주의 62, 105, 213, 219
방갈로르 21
버마이스터 89
베트남 전쟁 10, 13, 17, 37, 94, 149, 165, 217, 233
벡텔 91
보 누엔 지압 164
보카로 철강 회사 90
보호관세 27
보호주의 68
봄바르디어 175
북미 자유무역협정 144
분배의 불평등 20
브래니슬로브 말리노프스키 112
브레튼우즈 68, 89, 110, 168, 185
비교우위 114~115, 122, 235
비교우위 정책 121
비교우위의 법칙 20, 26, 114~117, 125, 128
비쉬 152, 163
빌 도노반 104
삐에르 프루동 187

ㅅ

사담 후세인 113
사무엘 헌팅턴 106
사부로 57
사티루 반란 41
사회주의 117, 189
사회주의 운동 23
산업은행 147
산요 125

삼성 175, 208
상호주의 68
상호주의 무역협정 74
샤프 125
석유 산업 45
성장률 18, 24, 195, 216
세계은행 17, 29, 63, 67~68, 70, 89, 110, 130, 161~162, 179, 184~187, 195, 234
세멕스 211
세포이 항쟁 33, 41
센트리카 206
셸 160, 164~165
소니 105, 175
소득 분배 계수 21
소득 분배의 격차 36
소득의 균형 분배 19
소득의 양극화 82
소프트파워 31, 198, 217
수에즈 206
수입대체 26~27, 121~123, 127, 129, 132~133, 135~136, 148, 185
수입대체 산업 130, 134
수입대체 전략 16
수출 주도 성장 148
수출대체 128
수카르노 70, 111, 117
수하르토 70, 117
스탈린 152
식민주의 23, 34, 38, 43, 110
신보수주의 30, 187
신자유주의 20
실버너 60
실업률 194

ㅇ

아나콘다 코퍼 178
아나톨 프랑스 64
아놀드 토인비 30, 37, 214
아담 스미스 14, 25, 184, 187~188, 223
아람코 160, 164
아랍 연맹 159
아르투로 프론디지 118
아마티아 센 186~187
아메리카 파브릴 55
아베쿠타 항쟁 41
아샨티 전쟁 41
아서 루이스 43, 47, 176
아셀로 206
아시아개발은행 22
아야툴라 호메이니 113
아옌데 15, 70
아이젠하워 63, 66, 73, 93, 155, 232
아이헨그린 167
아지프 165
알렉산드리아 도서관 131
알프레드 에크스 72
압둘라 타리키 164
애드머럴 125
앤 크루거 184
앵글로-이란 석유 회사 161~162
야와타 웍스 54
에네이 206
에드먼드 실비너 40
에드워드 기번 30, 37, 197~198
에드워드 랜스데일 156
에드워드 번스타인 168
에디슨 즈놉고 112
에섹스 하우스 205

찾아보기 251

엑손 160
엘리어트 베르그 186
엘프 165
엠브레어 211
연방 준비위원회 29
옥스팜 188
올레 소인카 111
우드로 윌슨 111
우루과이라운드 80
워싱턴회의 19
월스트리트 10, 170, 172~173, 216, 230, 232
월터 위스톤 173
윌슨 151
윌킨스 44
유나이티드 푸르트 컴퍼니 231
유노칼 206
의화단 사건 33, 41
이데올로기 33
이디 아민 112, 191
이라크 전쟁 13
이븐 사우드 159
인도 산업 개발은행 141
인센티브 139, 144~145
인종 차별 46, 65
인종 차별주의 42~43
인터 아메리칸 개발은행 68
임브레어 175

ㅈ

자딘 매디슨 앤 컴퍼니 50
자본주의 20, 60, 62, 67, 81, 109, 189, 230
자유무역 13~14, 22~23, 38, 57, 62, 66, 69, 80, 121, 200, 219, 225, 226
자유무역협정 213
자유방임주의 5, 12, 30, 59, 219~220, 222, 233
자유주의 43, 65~66
자크 드 라로시에르 171
장 자크 세르반 슈라이버 232
장개석 152
재무성 28~29, 169, 184, 203, 209
저임금 경제 49
저축률 21
전국 유색인종 발전연합 64
절대주의 31, 216
제국주의 41, 43, 117
제니스 125
제레드 다이아몬드 37
제임스 볼펜손 186
조르주 비돌 153
조모 켄야타 112
조셉 콘라드 39
조지 마셜 85
조지 부시 32, 184, 187
족쇄 원조 91~93, 102, 107
존 케네디 갤브레이스 63
존슨 94, 149
주은래 111
줄루 전쟁 41
줄리어스 니에레레 112
중간 산업 25
지역주의 223
직물 산업 53, 55, 60, 75, 114, 116, 133, 189, 192~193

ㅊ

차 산업 46, 56
철강 산업 52, 54
철도 산업 44
체 게바라 105
치엔 차오 난 53

ㅋ

카멜롯 82
캐봇 로지 159
케네디 12, 63, 75, 94, 100
케인스 12, 69, 82, 168, 172
케인스주의 117
코닝 글래스웍스 52
코델 헐 68
코크란 53
코헤인 65
콘돌리자 라이스 32
쿠비세크 118
큐 왕립 식물원 56
크라이슬러 205
크리스탈레리아스 리골루 52
크와메 은크루마 112
클라우젠 184~186
클린턴 14, 186, 230
키요시 코지마 224

ㅌ

타타 기업 53, 86, 175
타퉁 175
탈식민지화 035
텍사코 165

트루만 69, 73, 91, 151~153
티그노 163

ㅍ

파루크 162, 193
파블로 페레즈 알폰소 159
파이잘 164
팔라비 161
패트리스 루뭄바 112
페르디난드 마르코스 95
페리 제독 60, 220
페멕스 160
포드 재단 94
포스코 철강 회사 89, 180~181
폴 볼커 170, 172~173, 181
폴 볼포비츠 187
폴 호프만 85
프레비쉬 27, 122, 188
프론디지 211
프루이어 13
피노체트 70, 148, 178
피델 카스트로 24, 100, 105, 111
피렐리 211
피셰니 178~179
피어슨 117
피츠버그 글래스 컴퍼니 52
필코 125

ㅎ

하노버 왕조 60
하비브 부르기바 112
한국 전쟁 105
한국개발은행 134, 142, 146

해럴드 맥밀란 66
해외 원조 16
해운 산업 43
헤드릭 43~44
헤르난도 데 소토 187
헤르조크 173
헤스팅즈 밴다 112
헨리 카우프만 173

현대 105
현대자동차 207, 218
호세 로페즈 포르티요 173
호치민 111, 151~152, 155, 164
환태평양 책임론 75
후아리 부메디엔 113
후안 페론 118

어둠 속의 코끼리, 팍스 아메리카나

초판 1쇄 인쇄일 · 2008년 2월 22일
초판 1쇄 발행일 · 2008년 2월 29일

지은이 · 엘리스 암스덴
옮긴이 · 김종돈
펴낸이 · 양미자

편집 · 추미영 · 한지은 · 정안나
경영 기획 · 하보해
본문 디자인 · 이춘희

펴낸곳 · 도서출판 모티브북
등록번호 · 제313-2004-00084호
주소 · 서울시 마포구 동교동 203-30 2층
전화 · 02-3141-6921, 6924 / 팩스 · 02-3141-5822
e-mail · motivebook@naver.com

ISBN 978-89-91195-22-6 03320

- 잘못된 책은 구입한 곳에서 바꾸어 드립니다.
- 이 책은 저작권법에 따라 보호를 받는 저작물이므로 무단 전재와 무단 복제, 광전자매체 수록을 금합니다. 이 책 내용의 전부 또는 일부를 이용하려면 도서출판 모티브북의 서명동의를 받아야 합니다.